JN163952

詳解

会社の解散・清算をめぐる法務と税務

阿部徳幸・松嶋康尚・松嶋隆弘　編著

三協法規出版

はしがき

戦後、わが国は類稀なる経済発展を遂げました。現在でも、中国に抜かれたとはいえGDP世界第３位の経済大国を誇っています。これには、かつて多くの方々が、今風の言葉でいう「起業」を志し自ら会社を設立し、それを自らの分身として捉え、日々、汗にまみれてきた成果が、今日まで引き継がれているという事実がとかく見落とされがちです。今日でも、わが国経済は多くの中小零細企業に支えられているというのが実情です。

しかし、いつしか「高度経済成長」・「バブル経済」といわれた時代も過ぎ、平成の世もかなりの時間が経過してしまいました。そして、そこにはIT技術の目覚ましい発展をはじめとした予想もしなかった中小零細企業を取り巻く環境の激変という現実が待っていました。また、将来に夢を抱き希望に満ち溢れ起業したかつての若き経営者も、自身の高齢化・後継者の不在などにより、自らの分身でもある会社の先行きを危惧されている方々も多いことと思われます。そこでは自ら広げた会社という名の風呂敷を、自ら畳もうかと思慮している経営者の方々も多数いらっしゃるはずです。しかし、いざ畳もうとしたところで、いったい何から手を付けてよいものやらと、自らの事業については誰にも負けないと胸を張れても、法律・税務のことはサッパリという経営者の方々がほとんどなのではないでしょうか。

なお、このような時代背景から税理士・弁護士といった法律家の方々も、この解散・清算実務に携わる機会が増えてきたことと思われます。しかし、事柄の性格からかこの解散・清算実務を得意とされる専門家は少ないのではないでしょうか。ことさら実務経験の少ない若き税理士・弁護士の方々には、解散・清算の全体像がぼんやりとしか浮かばないという現状はないでしょうか。

本書は、木精舎の有賀俊朗氏より、このような経営者の方々、並びに解散・清算実務に携わることとなった若き税理士・弁護士をはじめとする法律家の方々が、最初に手にする書籍というお話を頂いて実現したものです。本書はこのような立ち位置から、単なる法令・税務解説に留まらず、実務経験を盛り込みながらその両者を一冊のものとするため、執筆には多くの実務家に参加してもらいました。さらに解散・清算の際、得てして忘れてしまいがちな税金の滞納についても触れることにし、より実践的に役立つことを目指しました。本書は有賀氏の献身的かつ全面的なご尽力なくしては完成することはありませんでした。心より御礼申し上げます。

本書が、自ら広げた会社という名の風呂敷を、自らの手で畳もうかと思慮されている経営者と、それに携わる若き税理士・弁護士の皆さまの一助となれば望外の幸せです。

平成29年9月

編者を代表して　阿　部　徳　幸

目　次

■法令基準日は、平成29年4月1日とした。

■法令等略称

一般法人：一般社団法人及び一般財団法人に関する法律
会更：会社更生法
会社：会社法
会社施規：会社法施行規則
会社整備：会社法の施行に伴う関係法律の整備等に関する法律
企担：企業担保法
徴規：国税徴収法施行規則
徴基通：国税徴収法基本通達
徴法：国税徴収法
徴令：国税徴収法施行令
通法：国税通則法
通規：国税通則法施行規則
通基通：国税通則法基本通達
通令：国税通則法施行令
宗法：宗教法人法
消法：消費税法
商登：商業登記法
商登規：商業登記規則
所法：所得税法
所規：所得税法施行規則
所基通：所得税法基本通達
所令：所得税法施行令
措法：租税特別措置法
地法：地方税法
地通：地方税法依命通達
地規：地方税法施行規則
地令：地方税法施行令
中企協：中小企業等協同組合法
登録税法：登録免許税法
破産：破産法
破規：破産規則

弁護士：弁護士法
法法：法人税法
法法規：法人税法施行規則
法基通：法人税基本通達
法法令：法人税法施行令
民再：民事再生法
民執：民事執行法
民執規：民事執行規則
民保：民事保全法

第 I 編

総　論

第1　会社解散と清算手続

1　解散・清算手続の概要

1　会社解散・清算とは

「会社の解散」という言葉をよく耳にします。会社の解散と聞きますと、その段階で会社が消えてなくなるようなイメージがありますが、そもそもこの会社の解散とは、いったいどのようなことを意味するのでしょうか。じつは、会社の解散とは、会社の法人格を消滅させるために必要な清算手続に移行するための手続、もしくは法律事実のことをいうのです。つまり、会社を消滅させるための準備期間に入るということです。株主総会の決議や、定款で定めた解散事由の発生、破産手続開始の決定、合併等により、会社は解散することになります。したがって、会社の法人格は解散によって直ちに消滅するわけではありません。会社は解散事由に該当すると清算手続に移行するのです。

では、会社の清算とは何をいうのでしょうか。清算とは、会社が解散した後、会社を取り巻く一切の法律関係を処理するための手続をいい、それまでに発生した債権・債務などを整理する活動をいいます。具体的には、不動産や有価証券などの現金化（これを「換価」という）、売掛金などの債権は回収し、買掛金その他債務は返済することになります。清算手続中の株式会社を「清算株式会社」といいます（会社476条）。清算株式会社は、清算の目的の範囲内で、清算が結了するまで存続するものとみなされます（会社476条）。清算の目的の範囲内で存続するのですから、その営業行為は制限され、取締役は退任となり清算人が選出されます（会社477条1項）。さらに剰余金の配当等の禁止、合併等の制限など解散していない通常の会社とは大きく異なります（会社509条）。

そして清算の結果、会社に資産（残余財産）が残った場合には、株主に対し、その出資割合に応じて残余財産が分配されることになります（会社504～506条）。その後、株主総会で決算報告書を承認し、清算が結了したことになります。この清算結了により、会社は法的に消滅するのです。

2　会社解散・清算と登記

このように会社はその解散事由に該当することになった場合、清算手続に移行し、そこでは取締役は退任となり、清算人が選任されることになります。

清算会社は、解散の日から2週間以内に、本店所在地において「解散」および「清算人」の登記をしなければなりません（会社926・928条）。この「解散」および「清算人」の登記は、同時に登記申請することができます。登記申請人は会社であり、代表清算人が申請することとなりますが、代表清算人を置かない場合には、清算人が申請することになります（商登71条3項）。なお、代理人による申請も可能ですが、この場合、会社の委任状が必要となります。

「解散」登記がなされると、登記簿に、「平成○年○月○日の株主総会決議により解散」と記載されます。「清算人」の登記では、同様に、清算人の氏名、および代表清算人を置いた場合には、代表清算人の氏名と住所、清算人会設置会社の場合には、その旨が登記されます（会社928条1項）。

また、清算が結了した場合にも、決算報告承認の日から2週間以内に、「清算結了」の登記が求められます（会社929条）。

ここでは会社は清算結了の登記によって消滅するのではなく、清算の結了によって消滅するという点に注意が必要です。たとえば、現務の結了・債権の回収・買掛金その他債務の返済・残余財産の分配といった清算事務が終了していない場合や、株主総会による決算報告が承認されていない場合など、清算結了の登記がなされたとしても、会社の法人格は消滅しないのです[1)]。また税務実務においても、清算結了登記後において、税務調査に基づく更正処分により未納税金が発生した場合、この未納税金が納付されるまでは、清算中の法人が存続しているものとして取り扱われ、納税義務も残ることになります[2)]（法基通1-1-7）。

登記申請人は代表清算人です。ただし、代表清算人を置かない場合には清算人となります。登記すべき事項は、清算結了の旨とその年月日となります。登記簿には、「平成○年○月○日清算結了」と記載され、同時に登記簿は閉鎖されます。なお、この清算結了の年月日とは、決算報告を承認した株主総会の日

1）　大判大正5・3・17民録22輯364頁、東京地判平成3・12・26金法1335号58頁。
2）　たとえば、神戸地判昭和63・7・13税資165号250頁。

となります。

3　会社解散・清算と税務

法人税法は、各事業年度の所得に対する法人税の申告と納付を求めます（法法4・5・74条）。会社が解散・清算となった場合、この各事業年度とはどのようになるのでしょうか。

たとえば3月31日決算、すなわち解散以前において、その事業年度が4月1日から翌年3月31日までであって、会社が9月30日に解散した場合、その年の4月1日から9月30日までが「解散事業年度」となり、翌日10月1日から次の年の9月30日までが「清算中の事業年度」となるのです。そして、残余財産が確定するまでは毎年10月1日から翌9月30日までが「清算中の事業年度」となります。さらに残余財産が確定した場合には、10月1日からその残余財産確定の日までが「清算中の事業年度」となります。これを「みなし事業年度」といいます（法法14条、地法72条の13第6項・7項）。

これらを図説すると以下のとおりです。

【解散事業年度と清算中の事業年度】

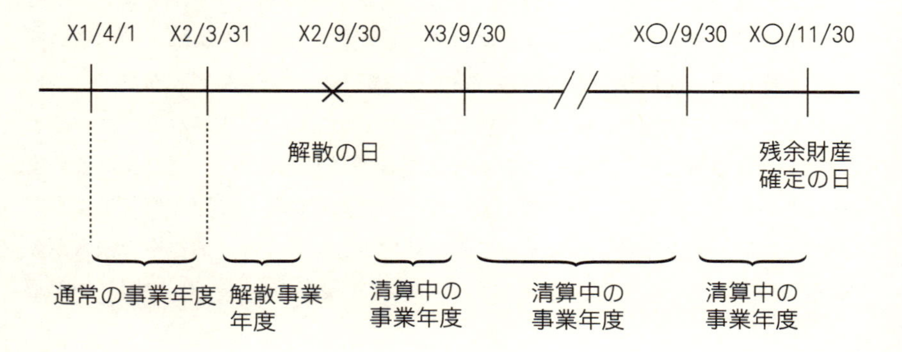

法人税法は、申告期限を、残余財産が確定した日の属する年度以外の事業年度と残余財産が確定した事業年度とに区分して規定しています。

残余財産が確定した日の属する年度以外の事業年度の場合、その申告期限は解散以前と同じです。つまり、原則として、事業年度終了の日の翌日から2月以内です。また、残余財産が確定した事業年度の場合は、その事業年度終了の日の翌日から1月以内となります。ただし、事業年度終了の日の翌日から1月以内に残余財産の最後の分配または引渡しが行われる場合には、その行われる日の前日までが申告期限となります（法税74条1項・2項)。さらに法人税法は、法人税の納付期限を、これら申告書の提出期限までと規定しています（法法77条)。なお、現在、法人税の申告にあわせ地方法人税の申告と納付が求められます（地方法人税法19・20・21条)。

同時に、都道府県に対して法人住民税（都道府県民税）ならびに法人事業税・地方法人特別税が、そして市町村に対して法人住民税（市町村民税）の申告納付も求められます（地方53条1項・321条の8第1項・72条の29第1項・3項)。また基準期間における課税売上高の要件を満たす場合には、消費税等の申告と納付が必要となります（消法4・9条)。

4　税務署等への届出

会社がその解散事由に該当し清算人が選任された場合には、法人税など国税については所轄税務署長に対して、地方税については都道府県税事務所長および市町村長（なお、東京23区の場合には、都税事務所長のみとなります。以下同じ）に対して、遅滞なく、解散した旨および清算人等を届け出なければなりません（法法15条、たとえば東京都都税条例26条2項)。また、清算が結了した場合にも、遅滞なく、清算結了を届け出ることが求められます。

なお、この届出には、それぞれの登記事項が記載されている登記事項証明書（履歴事項全部証明書または履歴事項一部証明書）などの添付が求められます。

5　解散事由

会社は以下の事由により解散します（会社471・472条)。

①　定款で定めた存続期間の満了

定款で会社の存続期間を定めた場合、その存続期間の満了により会社は解散します。ただし、その存続期間は登記が必要です（会社911条3項4号)。

②　定款で定めた解散事由の発生

【解　散　事　由】

①	定款で定めた存続期間の満了
②	定款で定めた解散事由の発生
③	株主総会の決議
④	合併（合併によりその株式会社が消滅する場合に限る）
⑤	破産手続開始の決定
⑥	解散を命ずる裁判（会社824条1項・833条1項）
⑦	休眠会社のみなし解散

たとえば特定の株主の死亡など、定款により会社の解散事由を定めた場合は、その解散事由の発生により会社は解散します。この事由は、客観的・具体的に認識できることが求められます。なお、定款で解散事由を定めた場合であっても、その事由の発生前に株主総会の決議など、他の解散原因により解散することもできます。

③　株主総会の決議

株式会社は、いつでも株主総会の解散決議により解散することができます。ただし、この場合の決議は、議決権を行使できる株主の議決権の過半数（定款で3分の1以上の割合を定めた場合には、その割合以上）を有する株主が出席し、出席した株主の議決権の3分の2（これを上回る割合を定款で定めた場合には、その割合）以上の多数をもって行わなければならないこととされています（これを「特別決議」といいます。会社309条2項11号）。

④　合併（合併によりその株式会社が消滅する場合に限る）

吸収合併における消滅会社は、合併の効力発生日に解散します。また、新設合併における各当事会社は、新設会社の成立の日に解散します。この合併による解散の場合、清算手続なしに直ちに消滅することになります。

⑤　破産手続開始の決定

会社は、破産手続開始の決定の時に解散します（破産30条2項）。

⑥　解散を命ずる裁判

ⓐ　解散命令

裁判所は、次のいずれかに該当する場合には、法務大臣または株主・債権者その他の利害関係人等の申立てにより[3]、解散を命ずる決定をします（会社824～826条）。

3）　大阪地判平成5・10・6判時1512号44頁。

①会社の設立が不法な目的に基づいてなされた場合 ②会社が正当な理由がないにもかかわらず、その成立の日から1年以内にその事業を開始せず、または引き続き1年以上その事業を休止した場合 ③業務執行取締役等が、法令または定款で定める会社の権限を逸脱し、もしくは濫用する行為または刑罰法令に触れる行為をした場合において、法務大臣から書面による警告を受けたにもかかわらず、なお継続的にまたは反復してその行為をした場合

❺　解散判決

ⓐ会社の業務執行において著しく困難な状況に至り、その会社に回復することができない損害が生じ、または生じるおそれがある場合、ⓑ会社の財産の管理または処分が著しく失当で、その会社の存立を危うくする場合、これらⓐ・ⓑいずれかの場合において、「やむを得ない事由」があるときは、総株主（完全無議決権株式の株主は除く）の議決権の10分の1（この数は定款で軽減することが可能）以上の議決権を有する株主または発行済株式（自己株式を除く）の10分の1（この数も定款で軽減することが可能）以上の数の株式を有する株主の請求により、解散の訴えを提起することができます（会社833条1項・834条20号)。

⑦　休眠会社のみなし解散

休眠会社（株式会社で、その株式会社に関する登記を12年間一度もしていない会社をいう）には、法務大臣が、事業を廃止していないことの届出をするように官報で公告し、登記所から会社に通知がなされます。会社が、事業を廃止していないことの届出（会社施規139条)、もしくは何らかの登記を、公告の日から2か月以内にした場合を除き、つまり、いずれも実施せず放置したままの場合には、その2か月を経過した日にその会社は解散したものとみなされます（会社472条1項)。なお、解散したものとみなされた場合においても、3年間は会社継続の決議をすることができます（会社473条)。

6　会社整理の類型と方法

ここでは会社の整理方法について確認してみます。会社の清算という場合、大きく清算手続（以下、清算手続を特別清算と区別するため「普通清算手続」ということにする）と特別清算手続に区分されます。普通清算手続および特別清算手続は、会社法の規定に基づく会社整理、倒産手続です。普通清算手続と特別清算手続の違いは、おおまかに、裁判所の監督下にあるかどうかということです。裁判所の監督に服さない手続が「普通清算手続」（会社475～509条）であり、裁判所の監督に服するものが「特別清算手続」（会社510～574条）ということになります。同じ会社整理、倒産手続でも、破産の場合は会社法の規定は適用されず、破産法により倒産処理が進められます。

特別清算も破産の場合も、債務超過の場合に適用される清算の手続ということでは同じですが、特別清算の場合には、会社の選任した清算人が清算事務を行うことから、債権者との個別的な交渉や和解などが行われやすいという特徴があります。しかし、解散決議や債権者集会での同意が必要となることから、株主や債権者が多数存在する場合には、この特別清算は選択しづらいといったことも考慮しなければなりません。一方、破産手続の場合、裁判所の選任した破産管財人により清算事務が行われるため、会社の意向に沿った処理を進めることが困難であるといった特徴があります。

これら会社の整理方法を図説すると以下のようになります[4)]。

【会社整理の方法】

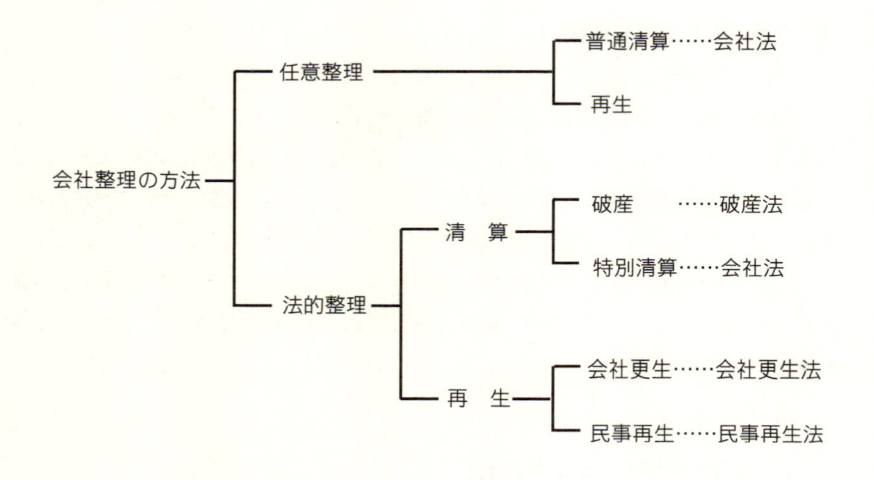

4)　小池正明「会社の解散・清算と清算事業年度の法人税の実務」（東京税理士会「平成26年度第14回会員研修会資料」2頁をもとに作成）。

7　特別清算手続

清算株式会社に債務超過の疑いがある場合、清算人は裁判所に特別清算の申立てをしなければなりません。また、債務超過の疑いの有無にかかわらず、債権者・清算人・監査役・株主は、特別清算の申立てをすることができます（会社511条1項）。この申立てに基づき、裁判所は、①清算の遂行に著しい支障を来すべき事情がある場合、または②債務超過の疑いがある場合には、特別清算の開始を命じます（会社510条）。

特別清算手続は、普通清算手続と異なり、裁判所の監督のもとで行われます。したがって、清算人に権限は制約され、一定額以上の財産の処分行為等には裁判所の許可が必要となります（会社537・565条）。また、その内容は債権者集会の多数決で定める「協定」によることになりますが、協定が可決されたとしても、裁判所の認可が必要となります（会社568条）。

さらに、①協定が成立する見込みがない場合、②協定は成立したが実行の見込みがない場合、または③特別清算によることが債権者の一般の利益に反する場合において、裁判所は、破産手続開始の原因となる事実があると認められるときは、職権で破産手続の開始を決定します（会社574条1項）。また、協定が否決された場合および協定の不許可の決定が確定した場合も、裁判所は、職権で破産手続の開始を決定することができます（会社574条2項）。

特別清算手続は、このように債権者集会の多数決による「協定」案を裁判所が認可することを前提としています（会社570条）。したがって、場合によってはこの協定案が否決されるなど、特別清算手続を選択できないということもありえます（会社569条2項）。

たとえば、親会社がその子会社を清算させたい場合に、その子会社が取引先等への債務を負ったままの状態で特別清算手続をとれば、子会社が債務超過であることから、協定案が否決されることも予想されます。特別清算が否定され破産となれば、そのグループ全体の信用を損ないかねません。このような場合、次のような方法で特別清算手続を進めていく場合もあります。

まず、子会社の負債を全額親会社が支払うのです。この結果、子会社の債権者は親会社のみとなります。これで子会社の解散、特別清算申立て、協定案の作成、債権者集会における決議もすべて簡易迅速になされ、子会社が倒産したことによる親会社のイメージを損なうことなく清算が可能となります。ただし、この場合、税法上の注意が必要です。つまり、親会社が負担した子会社の負債相当額は、親会社において寄附金とされ、子会社は親会社から債務引受益を受けたことになる場合もあるからです。法人税法上、寄附金には損金算入限度額があり、原則として、全額損金となるとは限りません（法法37条1項・2項）。また、子会社が受けた親会社からの債務引受益は益金を構成し（法法22条2項）、原則として課税対象となるからです。

8　破産手続

破産という言葉もよく耳にします。そもそも破産は解散事由の一つでした。

破産とは、債務者が経済的に破綻し債務の弁済が困難になった場合に、債権者の取立てや弁済などの個別的な権利の行使を制限しながら、破産者の総財産を換価し、債権者に対して公平に配当を行う裁判上の手続です。なお、普通清算手続ならびに特別清算手続は、会社法に従ってその手続が進められますが、破産手続は破産法によります。

破産の申立ては、債務者に支払不能など破産の原因があるときに、債権者が裁判所に申し立てることによって開始されます。ただし、債務者自身が申し立てることもできます。これを自己破産といいます。

2　清算手続の流れ

1　解散決議から清算結了までの法務と税務の概要[5)]

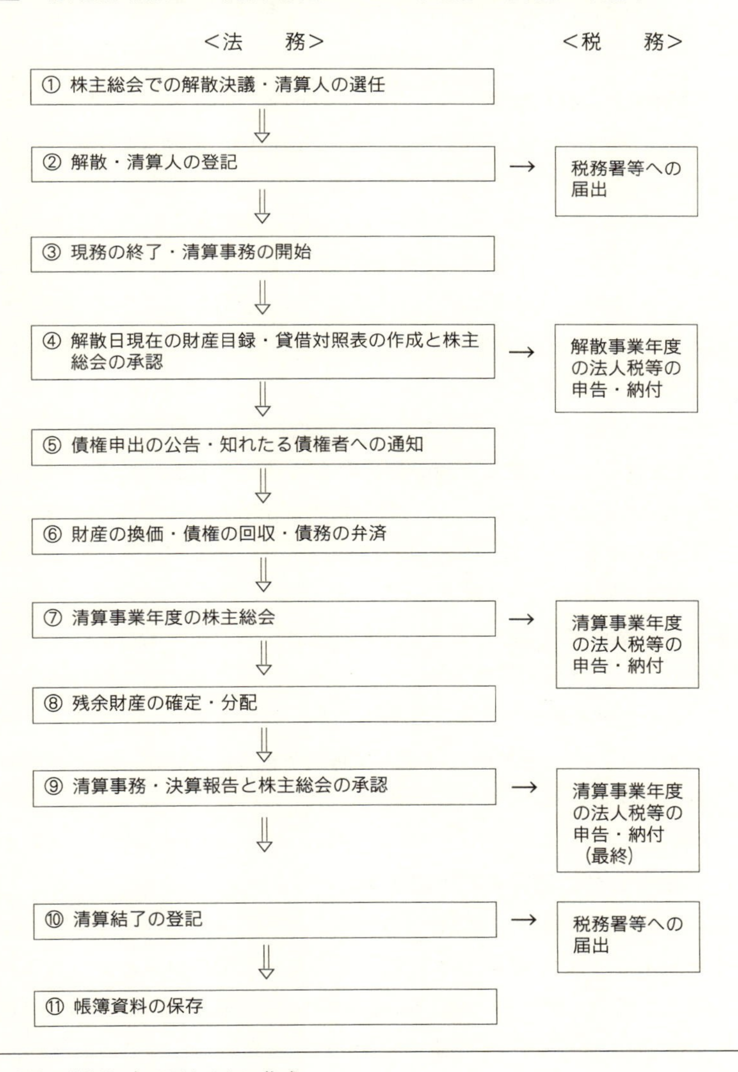

5)　小池・前掲注4）2頁をもとに作成。

2 解散決議から清算結了までの手続

株式会社は、解散事由に該当することになった場合、清算しなければなりませんでした。つまり、株主総会の解散決議により、清算手続が開始するのです（会社475条）。また、清算株式会社は、清算の目的の範囲内において清算が終了するまで存続するのです（会社476条）。

(1) 清算株式会社の機関

株主総会において解散の決議がなされると、同時に清算人を選任しなければなりません。清算株式会社は、1人または2人以上の清算人を置かなければなりません（会社477条1項）。したがって、会社の機関は、株主総会と清算人ということになります。つまり、取締役ならびに会計参与はこの段階で退任となるということです。登記簿上は、取締役ならびに会計参与は職権で抹消されます。取締役会設置会社の場合、その旨も同様に職権で抹消されます。ただし、監査役は留任となります。

清算人は、一般的には、株主総会の普通決議により選任されます（会社478条）。普通決議とは、定款に別段の定めがある場合を除き、総株主の議決権の過半数を有する株主が出席し、その議決権の過半数をもって行う決議をいいます（会社309条1項）。なお、解散時の取締役がそのまま清算人となるのが一般的です（会社478条1項1号）。

清算人は、清算株式会社の業務を執行し（会社482条）、清算会社を代表します（会社483条）。また、清算人が、その任務を怠ったときは、清算株式会社に対して、その損害を賠償する責任を負うことになります（会社486条）。さらに、その職務を行うにつき悪意または重大な過失があったときは、第三者の損害を賠償する責任を負います（会社487条）。

(2) 解散ならびに清算人の登記と届出

解散の決議および清算人の選出がなされた場合、その旨を2週間以内に登記することが求められます（会社926条）。そして、解散の決議および清算人の選出がなされた旨の記載のある登記事項証明書（履歴事項全部証明書または履歴事項一部証明書）を添付し、税務署、都道府県税事務所ならびに市町村へ、遅滞なくその旨を届け出なければなりません（法法15条、たとえば東京都都税条例

26条2項)。

(3)　解散日現在の財産目録・貸借対照表の作成と株主総会の承認

清算人は、その就任後、遅滞なく清算株式会社の財産の現状を調査し、解散日における財産目録および貸借対照表を作成し（会社492条1項)、株主総会の承認を受けなければなりません（会社492条3項)。なお、この財産目録は、資産については処分見込価額を、負債については弁済を要する額を付さなければなりません。なお、処分不能の無形固定資産や繰延資産は「ゼロ」で評価し、解散事業年度の確定税額は未払金に計上することになります。

清算株式会社は、この財産目録と貸借対照表を、清算結了登記まで保存しなければなりません（会社492条4項)。

さらにこの承認を受けた後、2か月以内に解散事業年度の法人税および法人事業税・法人住民税等の確定申告書を作成し、税務署、都道府県税事務所ならびに市町村への申告と納税をする必要があります（法法74条1項、地方53条1項ほか)。

(4)　破産手続の開始

清算株式会社の財産が、その債務を完済するのに足りないことが明らかになった場合、清算人はただちに破産手続の開始の申立てをしなければなりません（会社484条1項)。申立ての後、管財人が裁判所によって選任されると、その段階で清算人の任務は終了となります（会社484条2項)。

また、すでに債権者、株主等に分配したものがあるときには、管財人はこれを取り戻すことができます（会社484条3項)。

なお、清算人は清算株式会社に「債務超過の疑い」があるときは、特別清算開始の申立てをしなければなりません（会社511条2項)。

(5)　債権申出の公告・知れている債権者への通知

清算株式会社は、清算開始の後、遅滞なく、債権者に対して一定の期間内にその債権を申し出るべきことを官報に公告し、同時に、知れている債権者（会社の帳簿記録・帳票などから把握できる債権者）に対して、それぞれ個別に催告しなければなりません。この一定の期間は2か月を下ることができません（会社499条1項）。公告にあたっては、その期間内に申出がないときは、清算から除斥される旨を付記しなければなりません（会社499条2項）。なお、公告は法定事項のため債権者がいない場合でも省略することはできません。

①　催告期間内の弁済の禁止

清算株式会社は、催告の期間内は、債務の弁済をすることができません。なお、この債務弁済禁止期間内に弁済期が到来した債権またはすでに到来済みの債権については、この催告期間内の弁済を禁止する規定を理由に、債務の不履行によって生じた責任を免れることができません（会社500条1項）。

ただし、この債務弁済禁止期間内に、裁判所の許可のもと、少額の債権・清算株式会社の財産につき担保権によって担保される債権・そのほかこれを弁済してもほかの債権者を害するおそれのない債権については債務の弁済をすることができるとされています（会社500条2項）。

②　条件付債権の弁済

条件付債権、存在期間が不確定な債権、そのほかその額が不確定な債権については、裁判所に鑑定人の選任を申し立て、その鑑定人の評価によって弁済することができます（会社501条1項・2項）。

③　債務弁済前の残余財産配分の制限

清算株式会社は、その債務の弁済をした後でなければ、残余財産を株主に分配できません（会社502条）。

④　清算からの排斥

清算株式会社に債権の申出をしなかった債権者は、清算手続から除外されました。この場合、この債権の申出のない債権者は、分配されていない残余財産に対してのみ、弁済を請求することができます（会社503条1項・2項）。

(6)　財産の換価・債権の回収・債務の弁済

清算人は、債務の弁済、残余財産の分配を行うために、会社の有する財産を金銭化（換価）しなければなりません。一般的には、会社の保有不動産等の売却等ということになります。清算人には、財産の換価の方法および価格の決定について裁量が認められています。しかし、一般に適正・妥当と認められる価格を著しく下回る金額で換価したような場合、清算人は善管注意義務違反（会社330条、民法644条）を問われる可能性があるので注意が必要です。

同時に清算人は、会社の有する債権の取立てをしなければなりません。しかし、売掛金、貸付金等の債権は、その債権の弁済期が到来していなければ回収できません。この弁済期が到来していない債権については、これを第三者に譲渡することも可能です。

(7)　清算事業年度の株主総会

清算株式会社は、解散の日の翌日から1年ごとの各清算事業年度について、貸借対照表および事務報告を作成しなければなりません（会社494条1項）。

清算人は、この貸借対照表および事務報告を定時株主総会に提出し、貸借対照表についてはその承認を、事務報告についてはその内容を報告しなければなりません（会社497条）。なお、清算株式会社については、決算公告は必要ないとされています（会社509条1項2号）。また、清算株式会社は、この貸借対照表と事務報告書を、清算結了登記まで保存しなければなりません（会社494条3項）。

さらにこの承認を受けた後、2か月以内に、清算事業年度の法人税および法人事業税・法人住民税等の確定申告書を作成し、税務署、都道府県税事務所ならびに市町村への申告と納税をする必要があります（法法74条1項、地法53条1項ほか）。

(8)　残余財産の確定・分配

残余財産とは、清算株式会社がすべての債務を弁済した後に残った積極財産をいいます。清算株式会社は、財産を換価し、債務を弁済した後でなければ、残余財産の分配をすることはできません（会社502条）。

清算人は、残余財産がある場合、株主に対して、その有する株式の数に応じて分配します。残余財産の分配は、一般的には金銭で行われます。ただし、金銭以外の現物で分配をすることも可能です（会社504・505条）。

清算株式会社が残余財産を分配しようとするときは、清算人は、次の事項を決定しなければなりません（会社504条1項）。

①　残余財産の種類

②　株主に対する残余財産の割当に関する事項

なお、株主には、金銭以外の残余財産について金銭分配請求権があります。つまり、会社財産を金銭に替え、その分配を請求することができるということです。清算会社は、残余財産の価格に相当する金銭を株主に支払うことになるのです（会社505条1項・3項）。

このように残余財産が確定した事業年度の場合においても、法人税、法人事業税ならびに法人住民税等の申告と納付が必要です。その申告期限は、その事業年度終了の日の翌日から1月以内です。ただし、事業年度終了の日の翌日から1月以内に残余財産の最後の分配または引渡しが行われる場合には、その行われる日の前日までが申告期限となります（法法74条1項・2項ほか）。

(9)　清算事務・決算報告と株主総会の承認

清算株式会社は、清算事務が完了したときは、遅滞なく決算報告を作成しなければなりません（会社507条1項）。そのうえで清算人は、この決算報告を株主総会に提出し、その承認を受けなければなりません（会社507条3項）。

また、この決算報告には、以下の事項を記載しなければなりません（会社施規150条1項）。

①債権の取立て、資産の処分その他の行為により得た収入の額
②債務の弁済、清算に係る費用の支払いその他の行為による費用の額
③残余財産の額（法人税など支払税額がある場合には、その税額およびその税額を控除した後の財産の額）
④一株当たりの分配額

さらに、清算株式会社は、株主総会における決算書承認を受けたあと、2週間以内に清算結了の登記を行わなければなりません（会社929条）。この清算結了の登記にあたり、株主総会議事録、決算報告書等、株主総会において承認があったことを証する書類の添付が求められます（商登75条）。ただし、この添付書類により決算報告の内容から、債務超過が認められる場合には、特別清算手続に移行するため、登記申請書は受理されません。

清算結了の登記が済むと、清算人は、清算結了の記載のある閉鎖事項証明書を添付し、税務署および都道府県税事務所・市町村へ、遅滞なくその旨を届け出なければなりません。

(10)　帳簿資料の保存

清算人は、清算結了の時から10年間、清算株式会社の帳簿ならびにその事業および清算に関する重要な資料を保存しなければなりません（会社508条）。

3　解散会社の継続

解散した株式会社は、清算手続へ進み清算完了とともに法的に消滅するのが一般的です。しかし、解散した会社を再び継続させることも認められています。これは、①定款で定めた存続期間の満了、②定款で定めた解散事由の発生、③株主総会の決議により解散した場合に限られます。この場合、清算結了するまでは株主総会の特別決議により株式会社の継続を決定することができます（会社473条）。この決定がなされると、会社は継続することになります。

また、休眠会社のみなし解散の場合においても、3年以内であれば、株主総会の特別決議により会社の存続を決定することができます（会社473条）。なお、この場合も、2週間以内に継続の登記をしなければなりません（会社927条）。

4　有限会社の解散・清算手続

会社法が施行されたのは平成18年5月1日のことでした。この会社法施行時において、旧有限会社法に基づきすでに設立されている有限会社は、何ら手続をせずとも、会社法施行後は会社法上の株式会社として存続することとされています（会社整備2条1項）。このような会社は、「有限会社」の文字をその商号中に用い、「特例有限会社」とよばれます（会社整備3条2項）。

株式会社の解散事由は、**1**⑤において確認したところです。株式会社が解散したときは、合併と破産の場合を除いて清算手続に移行することになりました。特例有限会社の解散事由も、そのほとんどが株式会社の場合と同じですが、休眠会社のみなし解散は特例有限会社には適用されません。特例有限会社が解散したときは、株式会社の場合と同様に合併と破産の場合を除いて清算手続に移行することになります。また、特例有限会社の清算については、株式会社の清算と異なり、特別清算は認められていません（会社整備35条）。

なお、特例有限会社が債務超過の場合、すなわち財産のすべてをもって債務の弁済ができない場合には、清算人は、破産手続開始を申し立てなければなりません（会社484条1項）。特例有限会社の場合、特別清算手続は適用されませんでした。したがって、この場合、破産手続か、あるいは任意整理手続（個別債権者による債務免除と普通清算手続）によって清算することになります。

第 Ⅱ 編

法　務

第1　解散の手続

1　一般的な解散の手続の流れ

1　解散から清算開始時までの法的手続の順序

解散事由のなかでよく行われるのが、株主総会決議による解散であり、同時に清算人の選任決議をするのが一般的です。また、中小企業において清算人会が設置されることは稀です。解散から清算開始時までの法的手続の順序は以下のようになります。

①取締役会決議または取締役の決定による株主総会の招集（会社298条）

②株主総会による解散決議（会社471条3号）

③株主総会における清算人の選任（会社478条1項3号）

④解散および清算人の登記（会社926・928条）

会社の存続期間が登記事項とされ、公示の対象となっていることから問題となるのが、一定の期限を付した解散決議に基づく解散登記が認められるかどうかです。昭和34年10月29日民事甲2371号民事局長回答は、3日後に解散する旨の期限を付した解散決議に基づく解散登記は、受理して差し支えないとしています。また、解散日を登記の猶予期間（2週間）以内の将来の一定の日とする期限付解散決議は有効であり、この決議に基づき期限到来後になされた解散登記の申請は、会社の存立時期または解散の事由の定めがされていない場合であっても受理されるとしています（商事法務1018号46頁）。したがって、解散決議からの期限が数か月先の長期間である場合は、登記が受理されないので注意してください。

2　「解散」および「清算人」の登記

本稿では、株主総会による解散および清算人の選任決議をした場合かつ、清算人会非設置の場合を中心に登記に関する説明をします。

(1)　登記期間

解散の登記は、株主総会の解散決議日から２週間以内に本店所在地において登記をしなければならず（会社926条)、清算人の選任登記は、選任日から２週間以内に本店所在地において登記をしなければなりません（会社928条３項)。解散および清算人の選任決議は株主総会で同時に行われるのが一般的なので、決議日から２週間以内に解散および清算人の選任登記を同時に申請することとなります。

(2)　申請人

破産手続開始の決定、解散命令、解散判決およびみなし解散の場合を除き、会社（代表清算人）が解散の登記をします。合併の場合は、存続会社または新設会社が解散の登記をします。解散命令および解散判決は裁判所の嘱託によって解散登記がされ、みなし解散は登記官の職権で解散登記がされます。

解散後、合併および破産手続開始の決定を除き、会社法に基づく清算手続に入るため、清算人の登記は、会社（代表清算人）が申請します。ここで注意すべきことは、裁判所の解散命令および解散判決による解散または登記官の職権によるみなし解散であったとしても、清算人の登記は裁判所の嘱託や登記官の職権ではなく、会社（代表清算人）が申請しなければならないということです。

破産手続開始の決定の場合は、破産法35条に基づき破産手続の清算の目的の範囲内で存続することになるため、会社法の清算規定は適用されません。よって、解散の登記ならびに清算人の就任登記はなく、裁判所の嘱託により、破産手続開始決定の旨および破産管財人の登記がされます。

(3)　登記の事由

解散の登記における登記の事由は、「解散」となります。

清算人の登記における登記の事由は、株主総会決議で清算人の選任と併せて代表清算人を選定した場合は、「年月日　清算人の選任及び代表清算人の選定」となります。代表清算人の選任決議をしない場合は、「年月日　清算人の選任」となります。「年月日」は、株主総会における選任および選定日となります。

ちなみに、株主総会で清算人の選任決議を行わず、清算開始時の取締役が清算人（法定清算人）となる場合、登記の事由は「年月日　清算人及び代表清算人の就任」となります。この場合の「年月日」は、解散した日となります。

(4)　登記すべき事項

解散の登記は、「解散の旨、その事由及び年月日」です。株主総会の解散決議の場合は、「年月日　株主総会の決議により解散」となります。

清算人の登記は、「清算人の氏名、代表清算人の氏名及び住所並びに清算会社が清算人会設置会社であるときは、その旨」です。清算人会については、前述したように中小企業において設置されることは稀です。

(5)　添付書類

解散の登記における添付書類は、「株主総会の解散決議を証する書面として株主総会議事録」を添付します（商登46条2項）。

清算人の登記における添付書類は、「定款（商登73条1項）」、「清算人の選任を証する書面としての株主総会議事録（商登46条2項）」、「就任承諾書（商登73条2項）」を添付します。また、株主総会決議にて併せて代表清算人を選定した場合は、「選定を証する書面としての株主総会議事録（商登46条2項）」、「就任承諾書（商登73条2項）」も添付します。

なお、清算開始時の取締役が清算人（法定清算人）となる場合は、登記簿上明らかなので選任を証する書面および就任承諾書は不要です。さらに、法定清算人の場合で、代表取締役を定めていたときは、当該代表取締役が代表清算人（法定代表清算人）となるため（会社483条4項）、選定書および就任承諾書は不要です。

(6)　清算人につき婚姻前の氏の記録の申出

婚姻により氏を改めた清算人は、就任の登記をするにあたって、婚姻前の氏も記録するよう申し出ることができます（商登規81条の2）。この申出をするには、登記申請書に、婚姻前の氏を記録すべき清算人の氏名ならびに当該清算人の婚姻前の氏を記載し、併せて婚姻前の氏についての証明書を添付してください。

婚姻前の氏についての証明書は、婚姻に関する事項の記載がある戸籍謄本または戸籍事項証明書のほか、婚姻により氏が改められた旨および婚姻前の氏の記載がされている住民票の写しまたは住民票記載事項証明書があります。

(7)　解散の登記をしたことに伴う職権抹消による登記

解散後の清算株式会社において設置できる機関は、清算人会、監査役および監査役会に限られるので（会社477条）、解散の登記をした場合、以下の登記が職権により抹消されます（商登規59・72条）。

・取締役会設置会社である旨の登記並びに取締役、代表取締役および社外取締役に関する登記
・特別取締役による議決の定めがある旨の登記および特別取締役に関する登記
・会計参与設置会社である旨の登記および会計参与に関する登記
・会計監査人設置会社である旨の登記および会計監査人に関する登記
・監査等委員会設置会社である旨の登記、監査等委員である取締役に関する登記および重要な業務執行の決定の取締役への委任についての定款の定めがある旨の登記
・指名委員会等設置会社である旨の登記ならびに委員、執行役および代表執行役に関する登記
・支配人に関する登記

なお、株式譲渡制限に関する規定について取締役会の承認を受けなければならない旨定款にて規定し登記されている場合、この登記事項の「取締役会」部分は職権により抹消されることはありません。定款に記載されている譲渡承認機関を変更する株主総会決議を行い、解散登記のほかに、株式譲渡制限に関する変更登記も併せて申請すべきです（松井信憲『商業登記ハンドブック（第3版）』（商事法務、2015年）510頁参照）。

(8)　印鑑届書

登記申請書の添付書類ではありませんが、代表清算人は法務局に登録する印鑑の届出を会社解散および清算人選任の登記申請書と同時に提出します（商登20条、商登規9条）。この届出には、代表清算人が市町村に登録している印鑑の印鑑証明書（発行から3か月以内）を添付しなければなりません。印鑑届書は、商業登記を管轄している法務局に備え付けてあります。

(9)　登録免許税

解散の登記については、解散事由のいかんにかかわらず本店所在地において申請1件につき3万円です（登録税法9条　別表第一第24号（一）レ）。初めての

清算人の登記については、法定清算人、選任された清算人を問わず、申請1件につき9000円です（登録税法9条　別表第一第24号（四）イ）。

【書式例1】株主総会決議にて解散及び清算人の選任し並びに代表清算人を選定した場合の登記申請書

株式会社解散及び清算人選任登記申請書

1．会社法人等番号　○○○○－○○－○○○○○○○※1
1．商　　　　　号　株式会社○○○
1．本　　　　　店　○○県○○市○○町○丁目○番地○号
1．登記の事由　解散
　　　　　　　　平成○○年○月○日清算人の選任及び代表清算人の選定
1．登記すべき事項　別添ＣＤ－Ｒのとおり※2
1．登録免許税　金3万9,000円
1．添付書類　株主総会議事録　1通
　　　　　　　定款　1通
　　　　　　　清算人及び代表清算人の就任承諾書　数通
　　　　　　　委任状　1通

上記の通り登記を申請する。
平成○○年○○月○○日

○○県○○市○○町○丁目○番地○号
株式会社○○○
○○県○○市○○町○丁目○番地○号
代表清算人　○○　○○　㊞※3
○○県○○市○○町○丁目○番地○号
代理人　○○　○○　㊞※4

連絡先の電話番号　○○○－○○○－○○○※5

○○法務局　御中

※1　会社法人等番号を記載して下さい。商業登記簿に記載されています。

※2　登記の申請は書面によることとされ、申請書には登記すべき事項等を記載することとされています（商登17条1項2項）。登記すべき事項を記録した電磁的記録を法務省令で定めた方法で提出する時は、申請書には、電磁的記録に記録された事項を記載する必要はありません（商登法17条4項）。この場合、申請書の登記すべき事項には「別添CD－Rのとおり」と記載します。
※3　本人による申請の場合には、代表清算人が法務局に登録する印鑑にて押印して下さい。
※4　代理人が申請する場合にのみ、代理人の印鑑を押印して下さい。この場合、代表清算人の印鑑の押印は不要です。
※5　補正の連絡に備えて、連絡先の記載をして下さい。

登記すべき事項をCD-Rに記録して提出する場合の記載例

「解散」平成○○年○○月○○日株主総会の決議により解散
「役員に関する事項」
「資格」清算人
「氏名」○○　○○
「役員に関する事項」
「資格」清算人
「氏名」○○　○○
「役員に関する事項」
「資格」代表清算人
「住所」○○県○○市○○町○丁目○番地○号
「氏名」○○　○○

【書式例2】株主総会で解散決議をし、清算開始時の取締役が法定清算人に就任した場合の登記申請書

株式会社解散及び清算人選任登記申請書

1．会社法人等番号　○○○○－○○－○○○○○○○※1
1．商　　　　　号　株式会社○○○
1．本　　　　　店　○○県○○市○○町○丁目○番地○号
1．登記の事由　解散
　　　　　　　　　平成○○年○月○日清算人および代表清算人の就任
1．登記すべき事項　別添ＣＤ－Ｒのとおり※2
1．登録免許税　金3万9,000円
1．添付書類　株主総会議事録　　　1通
　　　　　　　定款　　　　　　　　1通
　　　　　　　委任状　　　　　　　1通

上記の通り登記を申請する。
平成○○年○○月○○日

○○県○○市○○町○丁目○番地○号
株式会社○○○
○○県○○市○○町○丁目○番地○号
代表清算人　○○　○○　㊞※3
○○県○○市○○町○丁目○番地○号
代理人　○○　○○　㊞※4

連絡先の電話番号　○○○－○○○－○○○※5

○○法務局　御中

※1　会社法人等番号を、記載して下さい。商業登記簿に記載されています。

※2　登記の申請は書面によることとされ、申請書には登記すべき事項等を記載することとされています（商登17条1項2項）。登記すべき事項を記録した電磁的記録を法務省令で定めた方法で提出する時は、申請書には、電磁的記録に記録された事項を記載する必要はありません（商登17条4項）。この場合、申

請書の登記すべき事項には「別添CD－Rのとおり」と記載します。

※3　本人による申請の場合には、代表清算人が法務局に登録する印鑑にて押印して下さい。

※4　代理人が申請する場合にのみ、代理人の印鑑を押印して下さい。この場合、代表清算人の印鑑の押印は不要です。

※5　補正の連絡に備えて、連絡先の記載をして下さい。

登記すべき事項をCD-Rに記録して提出する場合の記載例

「解散」平成〇〇年〇〇月〇〇日株主総会の決議により解散
「役員に関する事項」
「資格」清算人
「氏名」〇〇　〇〇
「役員に関する事項」
「資格」代表清算人
「住所」〇〇県〇〇市〇〇町〇丁目〇番地〇号
「氏名」〇〇　〇〇

2　解散判決とデッドロックの処理

1　解散判決とは

解散判決とは、少数株主保護のため、会社が自治的能力を喪失し、会社に重大な損害が発生するおそれがある場合に裁判所が会社の解散を命じる制度です。

会社法は解散事由として、①定款で定めた存続期間の満了、②定款で定めた解散事由の発生、③株主総会の決議、④合併（合併により当該株式会社が消滅する場合)、⑤破産手続開始の決定、⑥解散を命じる裁判の6つを定めています（会社471条1～6号)。

そして解散判決は⑥解散を命じる裁判の一種であり、解散を命じる裁判にはその他に解散命令（会社824条1項本文）があります。ここでいう解散命令とは、裁判所が公益を確保するため会社の存立を許すことができないと認めるとき（会社代表者が刑罰法令に触れる行為を継続する場合等）に裁判所が会社の解散を命じるものです。解散命令は公益維持の点から設けられたものであり、公益維持を目的とするものであることから、少数株主保護という私的利益の保護を図る解散判決とは趣旨を異にするものになります。

2　解散判決の要件

先に述べたとおり、会社は③株主総会の決議によって解散することができますが、この総会決議は特別決議が必要となり（会社471条・309条2項11号)、多数派株主によって解散を妨げられる可能性があります。そこで、少数株主権の1つとして、次のⓐまたはⓑに該当し、かつ「やむを得ない事由」があるときには一定の株式を有する株主[1)]が訴えをもって会社の解散を請求することを認められています。

1)　総株主（株主総会において決議をすることができる事項の全部につき議決権を行使することができない株主を除く）の議決権の10分の1（これを下回る割合を定款で定めた場合にあっては、その割合）以上の議決権を有する株主または発行済株式（自己株式を除く）の10分の1（これを下回る割合を定款で定めた場合にあっては、その割合）以上の数の株式を有する株主（会社833条1項括弧書)。

ⓐ会社が業務の執行において著しく困難な状況に至り、回復することができない損害が生じ、または生ずるおそれがあるとき（会社833条1項1号）
ⓑ会社の財産の管理または処分が著しく失当で、当該株式会社の存立を危うくするときで、かつやむを得ない事由があるとき（会社833条1項2号）

具体的にⓐに該当する場合は、2分の1ずつ株式を持ち合っている株主間で対立が生じ、株主総会を開催して役員改選することすら困難となった場合（東京地判平成1・7・18判時1349号148頁）、2名の取締役の間に根深い対立があり、意見の一致をみる余地はなく、一方が他方を解任することもできないような場合（東京高判平成3・10・31金判899号8頁）があります。なおこの点、単に莫大な債務を負担するおそれがあるという事実のみではⓐの要件は充足しないとされています（東京地判昭和63・5・19金判823号33頁）。

また具体的にⓑに該当する場合は、会社設立の目的が事実上不可能となり、もっぱら売買代金残金の処理等のために存続している状態にあり、代表取締役が会社の重要な財産の保管状況等について客観的資料をもって明らかにしようとせず、持分割合が同一であって、業務執行や財産管理についての決定ができない場合（ⓐの要件該当事由も含む）があります（高松高判平成8・1・29金判823号33頁）。なおこの点、莫大な債務を負担させるおそれのある財産処分行為があったとしてもそれが会社の経営を持続させるための方策として選択されたものと評価される場合や単に財産処分行為が会社の経営方針と相容れないものにすぎない場合には、ⓑの要件を充足しないとされています（前掲東京地判昭和63・5・19）。

3　デッドロックと解散判決

いわゆる会社のデッドロックとは、小規模閉鎖会社等において内部的な紛争が発生し、対立する株主の株式持分割合が50：50となるような状態をいいます。この場合には、会社の意思決定の前提である多数決原理が機能しなくなり、過半数の決議をすることができず、ひいては会社の意思決定および業務執行ができなる結果、会社が機能不全に陥ってしまいます。そこで、デッドロック状態は先の①の要件に該当する可能性があるため、デッドロック状態を解決する方法として、解散判決によって会社を解散させることが考えられます。

3　休眠会社のみなし解散

1　休眠会社とは

休眠会社とは、一般的には長期間企業活動をしていない会社のことをいいますが、会社法上では、株式会社であれば取締役の任期との関係から最低10年に1回は登記の変動が生じるはずであるところ（会社332条1項～3項・915条1項・911条3項13号）、最後の登記から12年を経過している株式会社のことをいいます（会社472条1項本文括弧書）。

休眠会社のみなし解散とは、長期間事業を行っていないにもかかわらず登記が存続している休眠会社について、法務大臣の職権によって解散させる制度です。

このような制度を認める理由は、①事業を廃止し実体を失った会社が登記上いつまでも存在し続けることが商業登記制度の趣旨に反して登記の信頼性を失わせ、また会社の商号選択の自由を阻害する結果になること、②休眠会社の登記が悪用され、いわゆる会社屋による会社犯罪の温床となるおそれがあること、③登記事務の能率化、合理化が阻害されることにあるといわれています。

なお、休眠会社の整理方法として、裁判所による解散命令（会社824条1項本文）も考えられます。しかし、解散命令の場合には、その要件である公益維持の必要性や正当理由の有無などの調査が必要となり、簡便な処理ができないといわれています。

2　みなし解散の手続

法務大臣が休眠会社に対し2か月以内に管轄登記所に事業を廃止していない旨の届出をすべき旨を官報に公告し、公告から2か月以内に休眠会社が当該届出（会社施規139条1項）をしないときは、その2か月の期間の満了時に解散したものとみなされることとなります（会社472条1項本文）。そして登記官の職権によって解散の登記がなされます（商登72条）。

実務的には、毎年1回[2)]、法務大臣による官報公告が行われます。そして、その後に管轄の登記所から対象となる休眠会社に対して法務大臣による公告が行われた旨の通知が発送されます（会社472条2項)。もっとも、登記所からの通知が届かない場合であっても、公告から2か月以内に「まだ事業を廃止していない」旨の届出をしない場合には、みなし解散の登記手続が進められます。また、「まだ事業を廃止していない」旨の届出をした場合であっても、その後に取締役の変更等の登記申請を行わない限り、翌年も休眠会社整理作業の対象となります。

なお、公告から2か月以内に役員変更等の登記をすれば、「まだ事業を廃止していない」旨の届出をしなくても職権で解散の登記をされることを避けることができます（会社472条1項但書)。

2) 平成27年度は10月14日、平成28年度は10月13日※法務省ウェブサイトより。

4　解散の効果と会社の継続

1　解散の効果

会社が解散をしたとき、合併または破産手続開始決定の場合を除き、清算手続に入ることになります（会社475条1号）。そのため、解散した会社は清算の目的の範囲内でしか権利能力を有しないこととなり（会社476条）、合併の存続会社、吸収分割の承継会社、株式交換・株式移転の当事会社となることができなくなります（会社474条1号・2号・509条1項3号）。

2　会社の継続

会社の継続とは、いったん解散した会社が解散前の状態に復帰し、会社としての同一性を維持しつつ事業活動を再開することをいいます。

会社が自主的に解散した場合には、再度会社の自主的判断による継続を認めても弊害がなく、継続を認めるほうが新たに会社を設立するよりも簡便であり、なおかつ企業維持の点からも望ましいことからこのような制度が認められています。そのため、解散命令または解散判決のように、会社が強制的に解散させられた場合には、株主総会の決議のみによって会社を継続させることは認められていません。会社の継続が認められているのは、①定款で定めた存続期間の満了・解散事由が発生したことにより解散した場合、②株主総会の解散決議により解散した場合、③休眠会社のみなし解散の場合に限られています（会社473条）。

会社の継続をなしうる時期は、①定款で定めた存続期間満了・解散事由発生の場合および②解散決議による解散の場合は清算が結了するまで（会社473条本文。具体的には決算報告書の承認まで、会社507条3項）、③休眠会社のみなし解散の場合は解散とみなされた後3年以内とされており（会社473条括弧書）、いずれも株主総会の特別決議が必要となります（会社473条・309条2項11号）。また、会社を継続したときはその旨の登記をすることが必要となります（会社927条）。

会社の継続の効果は、会社が将来に向かって解散前の状態に復帰し、再び営業能力を回復させるものであって、遡及的に会社が解散しなかったことになるものではありません。したがって、解散後継続までに清算人がした行為の効力に影響はなく、また新たに取締役を選任することが必要となります。

3　破産手続と会社の継続

なお、会社が自己破産を申し立て、同意廃止により破産手続を終了させようとする場合にも、申立ての際に、会社の継続手続をとることが必要となっています（破産219条）。

同意廃止とは、破産手続終了原因の1つであり、本来的には債権者への配当によって終了するところ、債権者全員の同意によって破産手続を終了させることをいいます（破産218条1項）。

破産手続開始の決定は会社の解散事由の1つであることから（会社471条5号）、破産手続が廃止されると清算手続に入ることとなります。しかし、債権者の同意を得て同意廃止をしたにもかかわらず、清算手続に切り替わって会社が消滅するだけでは、同意による破産廃止手続が無意味になってしまいます。そこで、同意廃止の申立ての際には併せて会社の継続手続をとることが要件となっています。

もっとも、破産債権者の全員から同意が得られることは非常に稀であり、実務上、同意廃止で破産手続が終結することはほとんどないものとされています。

第2　清算手続

1　清算事務の流れ

1　総　説

会社が解散したときは、合併および破産の場合を除いて、既存の法律関係を整理し、会社財産を換価処分する後始末の手続が必要です。これが清算です。合併の場合には、合併により包括的に権利義務が存続会社または新設会社に移転するため問題になりません。破産の場合には、清算の代わりに破産手続がとられることになります。この破産手続において、多数債権者に対する平等弁済の目的をもって破産管財人という公的執行機関によって財産の換価分配が行われるという点で、清算とは異なります。

持分会社については、任意清算と法定清算の2つが認められます（会社668条）が、株式会社の場合には、法定清算にあたる方法だけが許されています（会社475条）。株主その他多くの利害関係人が存在して利害が複雑に対立し、会社財産だけが債権者の唯一の責任財産をなしているからです。

法定清算は必ず法定の手続に従わなければなりませんが、法定の枠内では自治的処理が認められます。しかし、清算の遂行に支障があるかまたは債務超過の疑いがあるときは、裁判所の命令により裁判所の監督下に行われなくてはならず、これを特別清算といいます。一方、通常の場合は通常清算という手続により行われます。

清算株式会社は、清算の目的の範囲内でのみ存続するものとされているから、有償の自己株式の取得や剰余金の配当をなしえないのは当然です。加えて、完全子会社となる株式交換・株式移転、新設合併・吸収分割もできません。また、特別支配株主による株式等売渡請求もなしえません。ただし、旧商法の下で争いのあったところとは異なり、株式発行や営業を前提とする行為である支店の設置等も清算の目的の範囲内である限り、なしうることになりました（会社491条・482条3項・489条6項）。

2　清算の実行

清算の最終的な目的は、残余財産を株主に分配することです。そのためには、現務を結了し、債権の取立てをなし、債務を弁済しなくてはなりません。したがって、これらが清算事務の主たる内容となってきます（会社481条）。

現務の結了とは、解散当時未了の状態にある事務を終了させることです。たとえば、契約履行のため物品を購入することなどが考えられます。債権取立てとは、弁済受領は当然であるが、その他、債務者が任意に履行しないときは訴えを提起し、強制履行を求め、和解をなし、代物弁済を受け、換価のために債権譲渡を行うこと等です。

債務の弁済については特別の定めがあります。なぜなら、清算開始後直ちに弁済することを許してしまうと、株式会社が有限責任の会社であるため、遅れた者がまったく弁済を受けられなくなるおそれがあります。そこで、会社法は、清算人は、解散原因が生じた後遅滞なく、債権者に対して一定の期間内（2か月）に債権を申し出るべき旨を官報に公告し、この期間内に申出をしないときは清算から除外されるべき旨を警告しなければならず、また、知れたる債権者には各別に債権の申出を催告しなければならない（会社499条）ものとし、清算人はこの債権申出期間内は、裁判所の許可（少額の債権、担保されている債権等、債権者を害さないもの）を除いて、債権者に対して弁済することはできないものとされています（会社500条）。会社が債務の総額を弁済する資力があるか否か確かめたうえで、弁済を開始させるという趣旨です。また、裁判所の選任した鑑定人の評価があれば、条件付債権、存続期間が不確定な債権その他その額が不確定な債権に対しても弁済することができます（会社501条1項）。なお、上記の期間内に申出をしなかったため清算から除外された債権者は、会社が清算に加わった債権全額の弁済をなした後でなければ、その弁済を受けることはできません（会社503条）。

そして、もし、会社の財産がその債務を完済するには不足することが明らかになった場合、清算人は破産手続開始の申立てをしなければなりません（会社484条1項）。

3　財産目録等の作成等

清算人（清算人設置会社にあっては、会社489条7項各号に掲げる清算人）は、その就任後遅滞なく、清算株式会社の財産状況を調査し、法務省令で定めるところにより、会社法475条各号に掲げる場合に該当することとなった日における財産目録および貸借対照表を作成しなければなりません（会社492条）。

清算人会設置会社においては、財産目録等は、清算人会の承認を受けなければなりません。

清算人は、財産目録および貸借対照表（清算人会設置会社においては、清算人会の承認を受けたもの）を株主総会に提出し、または提供し、その承認を受けなければなりません。

清算株式会社は、財産目録等を作成した時からその本店の所在地における清算結了の登記のときまでの間、当該財産目録等を保存しなければなりません。

4　債務の弁済等

(1)　債務の弁済の手続

清算株式会社は、清算の開始原因が生じた後、遅滞なく、当該清算株式会社の債権者　に対し、一定の期間内（2か月を下ること不可）にその債権を申し出るべき旨を官報に公告し、かつ、知れている債権者には、各別にこれを催告しなければならないものとされています（会社499条）。

公告には、当該債権者が当該期間内に申出をしないときは清算から除外される旨を付記しなければなりません[1)]。

(2)　条件付債権等の債務の弁済

清算株式会社は、条件付債権、存続期間が不確定な債権その他その額が不確定な債権に係る債務を弁済することができます。この場合、これらの債権を評価させるために、裁判所に対して、鑑定人の選任の申立てをしなければなりません（会社501条1項）。

---

1)　清算を行うには、債権者に対し、2か月を下らない一定の期間を定めて債権申出の公告をすることが必要であるから、清算人が就職した後、少なくとも2か月内は清算事務が終了することはなく、この期間内に清算結了の登記の申請をすることはできません（昭和33・3・18民甲572号回答）。

(3)　債務の弁済の制限

清算株式会社は、上記公告期間内は、債務の弁済をすることができず、この場合、清算株式会社は、その債務の不履行によって生じた責任を免れることができません。

ただし、清算株式会社は、上記公告期間であっても、裁判所の許可を得て、少額の債権、清算株式会社の財産につき存する担保権によって担保される債権その他これを弁済しても他の債権者を害するおそれがない債権に係る債務について、その弁済をすることができます。この場合、当該許可の申立ては、清算人が2名以上あるときは、その全員の同意によってしなければなりません（会社500条）。

(4)　債務の弁済前における残余財産の分配の制限

清算株式会社は、当該清算株式会社の債務を弁済した後でなければ、その財産を株主に分配することはできません。ただし、その存否または額について争いのある債権に係る債務についてその弁済をするために必要と認められる財産を留保した場合、この限りではありません（会社502条）。

5　残余財産の分配等

(1)　残余財産の分配

①　清算株式会社は、残余財産の分配をしようとするときは、清算人の決定（清算人会設置会社にあっては、清算人会の決議）によって、次に掲げる事項を定めなければなりません（会社504条1項・2項）。

1項1号：残余財産の種類

1項2号：株主に対する残余財産の割当てに関する事項

2項：残余財産の分配について内容の異なる2以上の種類の株式（会社108条1項2号）を発行しているときは、清算株式会社は、当該種類の株式の内容に応じ、次に掲げる事項を定めることができます。

2項1号：ある種類の株式の株主に対して残余財産の割当てをしないこととするときは、その旨および当該株式の種類

2項2号：残余財産の割当てについて株式の種類ごとに異なる取扱いを行うこととするとき、その旨及び当該異なる取扱いの内容

②　前記1項2号に掲げる事項について定めは、株主（当該清算株式会社および前記2項1号の種類の株式の株主を除く）の有する株式の数（前記2項2号に掲げる事項についての定めがある場合にあっては、各種類の株式の数）に応じて残余財産を割り当てることを内容とするものでなければなりません（会社504条3項）。

③　残余財産が金銭以外の財産である場合（現物交付）　新会社法は、金銭以外の財産による残余財産分配が可能であることを明確化しています。

株主は、残余財産が金銭以外の財産であるときは、金銭分配請求権（当該残余財産に代えて金銭を交付することを清算株式会社に対して請求する権利をいう）を有します。この場合、清算株式会社は、清算人の決定（清算人会設置会社にあっては、清算人会の決議）によって、次に掲げる事項を定め、金銭分配請求権を行使することができる期間の末日の20日前までに、株主に対し通知しなければなりません（会社505条）。

1項1号：金銭分配請求権を行使することができる期間

1項2号：一定の数未満の数の株式を有する株主に対して残余財産の割当てをしないこととするときは、その旨及びその数

清算株式会社は、金銭分配請求権を行使した株主に対し、当該株主が割当てを受けた残余財産に代えて、当該残余財産の価額に相当する金銭を支払わなければならない。この場合において、次の各号に掲げる場合の区分に応じ、当該各号に定める額をもって当該残余財産の価額とする（会社505条3項）。

3項1号：当該残余財産が市場価格のある財産である場合　当該残余の市場価格として法務省令で定める方法により算定される額

3項2号：前号に掲げる場合以外の場合　清算株式会社の申立てにより裁判所が定める額

(2)　会社財産の株主に対する払戻し

清算中の会社は、残余財産の分配を除き、利益配当、自己株式の取得その他株主に対する金銭等の支払いをすることができないことになります。現行法の解釈として、利益配当は認められないとする見解が一般的ですが、その他の支払行為については取扱いが明確でなかったものです。

もっとも、合併の場合には、存続会社が買取請求に応ずる義務を負うことから、株式の買取請求権の行使が認められることになります。それに対して、合併以外の場合においては、清算中の会社の株主は株式の買取請求権の行使がで

きないことになります。

なお、清算中の株式会社が分割会社となる人的分割、および完全子会社となる株式交換・株式移転は、認められないものとされています。

(3)　清算事務の終了等

清算株式会社は、清算事務が終了したときは、遅滞なく、法務省令で定めるところにより、決算報告を作成しなければなりません（会社507条）。

清算人会設置会社においては、決算報告は、清算人会の承認を受けなければなりません。

清算人は、決算報告（清算人会設置会社においては、清算人会の承認をうけたもの）を株主総会に提出し、または提供し、その承認を受けなければなりません[2)]。

(4)　適用除外等

清算株式会社について適用しない規定は次のとおりであるが、清算株式会社は、無償で取得する場合その他法務省令で定める場合に限り、当該清算株式会社の株式を取得することができるものとすることとされています（会社509条）。

＜適用除外＞

1項1号：自己株式の取得（会社155条）

1項2号：会社法第5章第2節第2款（会社435条4項・440条3項・442条および443条を除く）および第3款ならびに第3節から第5節まで

1項3号：会社法第5編第4章ならびに第5章中株式交換および株式移転の手続に係る部分

---

2)　清算事務が終了しても、株主総会による決算報告の承認がない限り、会社の法人格は消滅しません（最判昭和59・2・24刑集38巻4号1287頁）。

6　清算結了の登記

清算株式会社は、株主総会における決算報告の承認の日から、本店の所在地において2週間以内に、支店所在地においては3週間以内に、清算結了の登記をしなければなりません（会社929・932条）[3]。

添付書面は、決算報告の承認があったことを証する書面（商登75条）であり、通常は、株主総会の議事録およびこれに附属する決算報告書です。

債権者保護手続に関する書面は、添付書面ではありませんが、清算人の就任日から債権者保護手続に要する2か月の期間が経過した日以後でなければ、清算結了の登記を受理することはできません（昭和33・3・18民甲572号回答）。

7　帳簿資料の保存

清算人（清算人会設置会社においては代表清算人等）は、清算結了の登記の時から10年間、清算株式会社の帳簿、ならびに事業および清算に関する重要な資料を保存しなければなりません（会社508条1項）。ただし、裁判所は、清算人その他利害関係人の申立てにより、清算人に代わって帳簿資料を保存する者を選任することができます（会社508条2項）。帳簿資料の保存は、後日、清算手続の業務執行に関しての適正性が問題になった場合の担保的手段です。その閲覧について判例は、閲覧請求できる者の範囲・要件等を定めた規定がないこと、営業秘密等の情報が含まれている可能性もあること等を理由に、会社の利害関係人というだけでは閲覧請求が認められず（最判平成16・10・4民集58巻7号1771頁）、裁判所の認可を得た者のみに請求権を認めることになるでしょう。

＜参考文献＞

江頭憲治郎『株式会社法（第6版）』（有斐閣、2016年）
宮島司『新会社法エッセンス＜第4版＞』（弘文堂、2015年）

3）　清算結了の登記をしたときは、登記官は登記記録を閉鎖する（商登規80条1項5号・2項）。しかし、残余財産がある限り、会社の法人格は消滅しておらず、清算人を選任したうえ、残余財産の分配その他の上記清算手続を履践する必要がある。このような場合には、清算人は、清算結了の登記の抹消及び清算人の就任の登記を申請し、登記官は、登記記録を復活して、これらの登記を行うこととなる（商登規45条、昭和45・7・17民甲3017号回答）。

立花宣男『新・商業登記法から見た！　新会社法～元東京法務局法人登記部門首席登記官による徹底分析～』(日本加除出版、2005年)

2　清算株式会社

1　意　義

株式会社は、合併または破産の場合を除いて[1]、解散（会社471条各号）によって清算手続が開始されます（会社475条1号）[2]。解散し、清算手続中の株式会社のことを清算株式会社といいます（会社476条）。

清算株式会社は、事業活動を目的とせず、ただ清算の目的のために存続するため、清算事務を遂行するにあたっては必要最小限の機関設計で足りることになります。そのため、清算株式会社においては、必須の機関として株主総会と清算人さえ置けば足ります（会社477条1項・492条3項・497条）。定款の定めによって清算人会や監査役、監査役会を設けることもできますが、必要不可欠な機関ではありません（会社477条2項）。

2　清算株式会社の権利能力

(1)　権利能力の制限

株式会社が清算手続に入ると、債権債務関係の処理や残余財産の分配等、法人格の消滅に向けて清算事務が遂行されていくことになります。清算株式会社は、このような清算事務を遂行するために解散後も存続するにすぎませんので、清算株式会社の権利能力も、おのずと清算の目的の範囲内に縮減することになります（会社476条）。そのため、清算の目的である「現務の結了」（会社

1)　吸収合併の場合には効力発生日に（会社750条1項）、新設合併の場合には新設会社の成立日に（会社754条1項）、それぞれ解散し、同時に消滅会社の権利義務が存続会社または新設会社に承継されることになります。そのため、清算事務を遂行する必要のない消滅会社については、解散によっても清算手続は開始されません。落合誠一編『会社法コンメンタール12―定款の変更・事業の譲渡等・解散・清算(1)』＜出口正義＞（商事法務、2010年）165頁。また、破産手続開始決定による解散の場合も、破産手続の中で清算が行われますので、別途清算手続が開始することはありません（ただし、同時破産廃止の場合には、裁判所により、破産手続開始決定と同時に破産手続廃止決定がなされ、破産手続は終結してしまいますので（破産216条1項）、清算手続が開始されることになります）江頭憲治郎『株式会社法（第6版）』（有斐閣、2015年）987頁、落合編・前掲書164頁。

2)　解散のほか、設立無効の訴えに係る請求を認容する判決または株式移転の無効の訴えに係る請求を認容する判決がそれぞれ確定した場合にも、当該株式会社につき清算手続が開始されることになります（会社475条2・3号）。

481条1号）のために行う商品の売却や仕入れ等を除き、清算株式会社は、営業取引をする権利能力を有しません[3]。

(2)　清算目的の範囲内の行為

清算の目的の範囲内の行為としては、清算の目的である清算事務それ自体に限られず、清算事務を遂行するために必要な行為も含まれるとされています。清算事務を遂行するために必要かどうかの判断基準として、清算人の職務について規定している会社法481条各号の内容だけでなく、法文全体の趣旨から判断すべきであると解されています[4]。

たとえば、清算株式会社が、会社に功労のあった者に慰労金を与えることは、清算事務の遂行に必要な行為であると解されています（大判大2・7・9民録19輯619頁）。また、清算株式会社が株式や社債を発行することもできます（会社108条3項・487条2項1号・489条6項5号・491条）。

(3)　清算目的の範囲外の行為の効力

清算株式会社の権利能力が、清算の目的の範囲内に制限されるのは、法令による権利能力の制限であることから、仮に清算人が清算の目的の範囲外の行為をした場合には、その効果は清算株式会社に帰属しません[5]。

3　株主総会

株式会社が清算を開始しても、株主総会は必須の常置機関として存続し、各清算事業年度（清算開始原因が生じた日の翌日または毎年その日に応答する日から始まる各一年の期間。会社494条1項）において、清算人から定時株主総会に提出される貸借対照表や事務報告を承認するなどの権限を有します（会社497条1・2項）。

3）　江頭・前掲注1）988頁、大判大8・10・9民録25輯1761頁。
4）　落合編・前掲注1）168頁。
5）　江頭・前掲注1）988頁。

3　清算人

1　清算人

(1)　意　義

清算株式会社の権利能力は清算の目的の範囲に縮減し、解散前の事業活動ができなくなるため、取締役はその地位を失い、代わりに会社の清算業務を執行する機関として1人または2人以上の清算人が置かれることになります（会社477条1項・482条1項)。

(2)　就任・解任

原則として、解散前の取締役全員が法律上当然に清算人となり、これを法定清算人といいます[6)][7)]（会社478条1項1号)。そのほか、定款で定める者が清算人となる場合（会社478条1項2号）や、株主総会の決議によって清算人が選任される場合（会社478条1項3号）もあります。これらの方法によって清算人となる者がいない場合には、利害関係人の申立てによって裁判所が清算人を選任します（会社478条1項・2項ないし4項)。

なお、法律上当然に清算人となる法定清算人の場合を除き、就任を承諾しない限り、清算人に就任することはないものと解されています[8)]。

他方で、裁判所が選任した清算人以外の清算人は、株主総会の普通決議によって、いつでも解任することができます（会社479条)[9)]。

(3)　資　格

清算人には、取締役と同じ欠格事由が定められています（会社478条8項・331条1項)。そのため、法人（会社331条1項1号）や成年被後見人等（会社

---

6)　ただし、公開会社または大会社である監査等委員会設置会社の監査等委員や、指名委員会等設置会社の監査委員は、清算人ではなく、監査役となります（会社477条5・6項)。

7)　解散前にすでに取締役の任期が満了していたものの、後任が選任されずに、取締役としての権利義務を有していた取締役（会社346条）は、解散と同時に清算人になります（最判昭44・3・28民集23巻3号645頁)。

8)　落合編・前掲注1）179頁。

9)　重要な事由がある場合には、株主の申立てにより、裁判所が清算人を解任することもできます（会社479条2項)。

331条1項2号）のほか、会社法や金融商品取引法、破産法その他の一定の法律に定められた罪によって刑に処せられ、その執行を終わった日（または執行を受けることがなくなった日）から2年を経過していない者（会社331条1項3号）などは、清算人になることはできません。

また、監査役は、当該清算株式会社または子会社の清算人を兼務することはできません（会社491条・335条2項）。

(4) 員　数

清算人の員数は一人でも足ります（会社477条）。これは、清算人の職務の性質は取締役の業務執行とは異なりますし、清算人を少数にして報酬等の会社の負担を軽減することは、会社債権者や株主の利害にも合致するからです[10)]。

(5) 任　期

清算人の任期は法定されていませんので（取締役の任期に関する会社法332条の準用がないため）、定款または株主総会の選任決議で任期を定めない限り、清算が結了するまで在任することになります[11)]。

2　清算人の権限

(1) 職　務

清算人は、取締役と同様に、清算株式会社の業務執行権者の立場にはありますが（会社482条）、清算株式会社が清算の目的の範囲内のみ権利能力を有するものとされていますので（会社476条）、清算人の権限もその範囲に限られることになります。

清算人の職務としては、①現務の結了、②債権の取立ておよび債務の弁済、③残余財産の分配の3つの職務が法定されています（会社481条各号）。もっとも、清算株式会社は、清算の目的の範囲内である限り、事業活動をすることもできますので、清算人の職務も上記3つの職務に限られるものではありません。たとえば、債務の弁済や残余財産の分配をするためには、会社財産を換価する必要があるため、当然に財産の換価処分をすることもできます[12)]。

---

10)　江頭・前掲注1）990頁。
11)　江頭・前掲注1）991頁。

上記3つの職務のうち、①現務の結了とは、会社の解散当時に未了であった事務の後始末をつけることです。取引先や従業員との契約関係を解消することなどが典型例ですが、現務の結了に必要である限り、契約の履行に必要な物品の購入や現存する棚卸資産の売却など、新規の取引をすることもできると解されています[13]。

なお、具体的な清算事務の概要や手続の流れについては、「1　清算事務の流れ」を参照ください。

(2)　意思決定、業務執行、代表権

下記図のとおり、清算人が1人の場合は、当該清算人が清算株式会社の業務につき意思決定を行い、業務執行も自らすべてを行うことになります。一方、清算人が複数人いる場合には、定款で清算人会を置く旨の定めがない限り、清算人の過半数をもって意思決定を行い、それに基づき各清算人が業務を執行することになります（会社482条1・2項）。これは、取締役会設置会社以外の会社の業務執行とパラレルな形となっています[14]（会社348条1・2項）。

これに対し、定款で清算人会を置く旨を定めた場合は、取締役設置会社の業務執行とパラレルな形となり、清算人会が業務執行の意思決定を行い、それに基づき代表清算人が業務を執行することになります（会社法489条2項1号・7項1号）。

また、清算株式会社における対外的な代表権は、清算人が1人でも複数でも各自代表が原則であり（会社483条1項本文・2項）、代表清算人やその他清算

	機関設計	意思決定権	業務執行権	代表権
1	清算人単独	清算人（会社482条1項）	清算人（会社482条1項）	清算人（会社483条1項本文）
2	清算人複数	清算人の過半数（会社482条2項）	清算人（会社482条1項）	清算人（会社483条1項本文）
3	清算人複数＋代表清算人	清算人の過半数（会社482条2項）	清算人（会社482条1項）	代表清算人（会社483条1項但書）
4	清算人会＋代表清算人	清算人会（会社489条2項1号）	代表清算人（会社489条7項1号）	代表清算人（会社483条1項但書）

12）　落合編・前掲注1）189頁。
13）　落合編・前掲注1）187頁。
14）　江頭・前掲注1）991頁。

株式会社を代表する者を定めた場合には、当該代表清算人等だけが会社を代表することになります（会社483条1項但書）。

③ 清算人と会社との関係

清算人と会社との法律関係は、解散前の取締役と会社との関係と基本的に異なるところはありません。そのため、清算人と会社との関係は、委任に関する規定に従うものとされ、清算人は会社に対して善管注意義務を負っています（会社478条8項・330条、民法644条）。また、清算人は会社に対して忠実義務も負っています（会社482条4項・355条）。

そのほか、清算人は、競業避止義務（会社482条4項・356条1項1号）や利益相反取引（会社482条4項・356条1項2・3号）に関する義務を負っていますが、清算事務の性質上、違法な剰余金配当等の責任は問題となりません[15)]（会社462～465条）。

なお、清算人の報酬等については、取締役の場合と同様、額等について株主総会の決議によって定めなければなりません（会社482条4項・361条）。ただし、裁判所が選任した清算人の報酬は、裁判所が決定することになります（会社485条）。

④ 清算人会と代表清算人

(1) 清算人会

清算人が3名以上いる清算株式会社で（会社478条8項・331条5項）、定款に清算人会を置く旨の定めがある場合には、清算人会が設置されます（会社477条2項）。原則として、清算人会を置くかどうかは任意ですが、定款に監査役会を置く旨の定めがある場合には、清算人会を必ず置かなければなりません（会社477条3項）。解散前の株式会社において監査役会が設置されている場合に、必ず取締役会を設置しなければならないことと平仄を合わせるためです。

清算人会の権限や運営は取締役会とパラレルに考えればよく、清算人会はすべての清算人で組織され（会社489条1項）、業務執行の意思決定のほか（会社

15）　江頭・前掲注1）992頁。

489条2項1号)、業務執行者である清算人に対する職務執行の監督を行い（会社489条2項2号)、代表清算人を選定したり、解職したりする権限を持ちます[16)]（会社489条2項3号・4項)。

(2)　代表清算人

上記のとおり、清算株式会社においては、各自代表が原則ですが（会社483条1項本文・2項)、清算人のなかから代表清算人その他清算株式会社を代表する者（代表清算人等）を定めた場合には、当該代表清算人等だけが会社を代表し（会社483条1項但書)、会社の業務に関する一切の裁判上または裁判外の行為をする権限を有することになります（会社483条6項・349条4項)。

解散前の会社において代表取締役を定めていた場合には、当該代表取締役が法律上当然に代表清算人となります（会社483条4項)。そのほか、代表清算人は、①定款の定め自体、②定款の定めに基づく清算人の互選、③株主総会の決議によって、清算人のなかから選定されます（会社483条3項)。

また、清算人会設置株式会社においては、他に代表清算人がいない場合には（すでに解散前から代表取締役が存在し、法律上当然に清算人となるような場合)、必ず清算人会の決議で清算人のなかから代表清算人を選定しなければなりません（会社489条2項3号・3項)。

清算人会設置会社では、会社の業務執行権は、各清算人ではなく、代表清算人が有することになります（会社489条7項1号)。

---

16)　ただし、清算人会で代表清算人を解任できるのは、清算人会で選定した代表清算人および解散前の代表取締役がそのままスライドして就任した代表清算人に限られます（会社489条4項)。

4　清算株式会社のその他の機関

1　総　説

清算株式会社においては、権利能力が清算の目的の範囲内に縮減され（会社476条）、通常の株式会社と異なり、事業活動を行わないため、機関設計は清算事務の遂行に必要な最小限のものであれば足ります[1)]。ただ、そうはいっても、財産の換価等清算事務は利益相反などを招来するため、何らかの監督機関が必要となります。

このような事情を考慮し、会社法は、清算株式会社が必ず置かなければならない機関として、清算人（清算人については、3を参照）および株主総会（清算会社の株主総会については、前掲**2**を参照）を定めたうえ、清算株式会社は、そのほかに、定款の定めによって、清算人会、監査役または監査役会を置くことができるものとしています（会社477条2項）[2)]。清算人会については、前掲**3**において取り扱われますので、ここでは、監査役または監査役会につき説明します。

2　監査役の設置

前述のとおり、清算株式会社において監査役は、原則、任意設置の機関であり、定款の定めによって置くことができるものです（会社477条2項）。ただし、監査役の設置に関しては、次の点に留意しなければなりません。

(1)　清算人会と監査役のセット

第1に、定款の定めにより監査役を置く場合、当該清算株式会社は、監査役にあわせ清算人会を置かなければなりません（会社477条3項）。清算人会と監査役とをセットにしているのは、監査役会設置会社に取締役会設置を義務付ける（会社327条1項2号）のと平仄を合わせているからでして、要は、監査役を置きつつ、清算人会を置かないということは想定しがたいということでしょう[3)]。

---

1)　通常の株式会社において認められている多様な機関設計は、清算株式会社においては許容されません（会社477条7項により、同法第4章2節の規定の適用を排除している）。

2)　清算中であっても、業務執行に関する検査役（会社358条）の選任は認められると解されています（会社491条による同法359条の準用：大決大正13・7・28民集3巻381号、江頭憲治郎『株式会社法（第6版）』（有斐閣、2015年）989頁）。

(2) 清算開始原因の発生時に公開会社または大会社であった清算株式会社の場合

第2に、清算開始原因の発生時に公開会社または大会社であった清算株式会社の場合、監査役の設置が強制されます（会社477条4項）。このような場合には当該会社をめぐる利害関係が多数に上るところから、清算人を監督する機関として監査役を必要としているのです[4)]。監査役設置強制の判断基準時は、「清算開始原因の発生時」です。したがって、当該公開会社・大会社が、清算株式会社となる際に定款の定めを廃止することは可能ですが[5)]、その後、すなわち「清算中」に、それぞれ公開会社・大会社でなくなったとしても、基準時点において「公開会社・大会社」であった以上、監査役の設置は強制されます[6)]。

また、第2の場合に該当すれば、監査役の設置が義務付けられるのであり、たとえ不備により、監査役を置く旨の定款の定めを設けられていなかったとしても、そのことにより監査役を置かないとすることはできません。

(3) 定款の定めの新設・廃止の自由

第3に、監査役を置く旨の定款の定めは、清算会社の株主総会によって、新設・廃止のいずれもなすことができます。監査役を置く定款の定めを廃止した場合、その効力発生時に監査役は退任します（会社480条1項1号）。

3 監査役、監査役会に関する規定の準用

監査役、監査役会に関する規定は、清算株式会社の監査役、監査役会に準用されています（会社491条）。同条が準用する監査役に関する規定は下記のとおりです。

①　兼任禁止規制（会社335条2項）
②　監査役の選任に関する監査役の同意等（会社343条1・2項）
③　監査役の選任についての意見陳述権（会社345条4項において準用する同条3項）
④　株主総会への報告義務（会社359条）
⑤　監査役（会社第4章第7節）

3）　江頭・前掲注2）378頁。
4）　落合誠一編『会社法コンメンタール12―定款の変更・事業の譲渡等・解散・清算(1)』＜畠田公明＞（商事法務、2009年）173頁。
5）　江頭・前掲注2）994頁。
6）　落合編・前掲注4）173頁。

⑥　監査役会（会社第4章第8節）

結論的には、監査役、監査役会の資格、権限等に関しては、解散前における監査役に関する規制と、基本的にほとんど変わりません。ただし、会社法は、次の点について特に規定を設けています（逆にいいますと、会社法が清算株式会社の監査役、監査役会につき、別段の定めを置いていない限り、通常の株式会社における監査役、監査役会に関する規定が適用されるといってよいのです）。

⑴　任　期

監査役の任期に関する規定は（会社336条）、清算株式会社の監査役には適用されません（会社480条2項）。清算株式会社の監査役は、特段の事情（辞任、解任、監査役を置く旨の定款の定めの廃止等）がない限り、清算結了まで在任します。

⑵　貸借対照表および事務報告ならびにこれらの附属明細書の監査

監査役設置会社である清算株式会社（監査役の監査の範囲を会計に関するものに限定する旨の定款の定めがある株式会社を含むことに注意）においては、貸借対照表および事務報告ならびにこれらの附属明細書は、監査役の監査を受けなければなりません（会社495条、会社施規148条）。

⑶　責　任

清算人または監査役が清算株式会社または第三者に生じた損害を賠償する責任を負う場合において、監査役も当該損害を賠償する責任を負うときは、当該監査役は、不真正連帯債務者とされます（会社488条1・2項）。

4　清算株式会社移行に伴う役員の地位の帰趨

⑴　はじめに

前述のとおり、清算株式会社においては、機関の自由設計は原則として認められていません。したがって、清算株式会社になることにより、既存の役員の地位の帰趨が問題となります。

⑵　定款変更に伴う監査役の退任

前述のとおり、清算株式会社の監査役には任期の規定が適用されませんので、監査役は、原則として清算の決了まで、監査役としての地位を有します。

ただし、清算株式会社が、次の定款変更をした場合には、その効力発生時に退任することになります（会社480条）。

①監査役を置く旨の定款の定めを廃止する定款の変更
②監査役の監査の範囲を会計に関するものに限定する旨の定款の定めを廃止する定款の変更

⑶　会計参与、会計監査人

清算株式会社は、会計参与、会計監査人を置くことができませんので、会計参与、会計監査人であった者は、会社の解散時にその地位を喪失します[7]。

⑷　指名委員会等設置会社、監査等委員会設置会社であった清算株式会社

指名委員会等設置会社、監査等委員会設置会社のうち、清算開始原因発生時に公開会社または大会社であった清算株式会社については、監査等委員である取締役、監査委員が、それぞれ監査役となります（会社477条5・6項）。清算段階においては、社外役員を活用する機関設計を採用する意義が乏しいと考えたためと思われます。ただ、通常の（＝清算段階でない）株式会社において、監査役設置会社、指名委員会等設置会社に加え、新たに監査等委員会設置会社を設け、後者への移行につき勧奨措置をとっている会社法のスタンス[8]とはたして整合するかについては、疑問がありうるところでです。

なお、指名委員会等設置会社、監査等委員会設置会社であった清算株式会社が、監査役だけでなく監査役会をも置く場合（監査役会設置会社）、当該会社における監査役は、3人以上で、そのうち半数以上は、次に掲げる要件のいずれにも該当するものでなければなりません（会社478条7項）。

①その就任の前10年間当該監査等委員会設置会社もしくは指名委員会等設置会社またはその子会社の取締役（社外取締役を除く）、会計参与（会計参与が法人であるときは、その職務を行うべき社員）もしくは執行役または支配人その他の使用人であったことがないこと。
②その就任の前10年内のいずれかの時において当該監査等委員会設置会社もしくは指名委員会等設置会社またはその子会社の社外取締役または監査役であったことがある者にあっては、当該社外取締役または監査役への就任の前10年間当該監査等委員会設置会社もしくは指名委員会等設置会社またはそ

7）　江頭・前掲注2）989頁。
8）　江頭・前掲注2）575頁。

の子会社の取締役（社外取締役を除く）、会計参与もしくは執行役または支配人その他の使用人であったことがないこと。

③会社法2条16号ハからホまでに掲げる要件

ハ　当該株式会社の親会社等（自然人であるものに限る。）又は親会社等の取締役、監査役若しくは執行役若しくは支配人その他の使用人でないこと。

ニ　当該株式会社の親会社等の子会社等（当該株式会社及びその子会社を除く。）の業務執行取締役等でないこと。

ホ　当該株式会社の取締役若しくは支配人その他の重要な使用人又は親会社等（自然人であるものに限る。）の配偶者又は二親等内の親族でないこと。

5　特別清算とその概要

1　総　説

特別清算は、解散決議を行い清算手続中の株式会社（清算株式会社）を対象としており（会社471・475・510条）、清算株式会社による特別清算申立権が否定されていることから（会社511条1項参照）、破産手続ではなく、清算を前提とした手続となっています。他方で、特別清算は、株式会社の清算を目的としている点では、破産手続と同様であり、会社財産の適正な分配のために、相殺禁止（会社517・518条）などの実体的な規定や財産保全のための手続的な規定（会社512・515・516条等）が設けられていることから、通常の清算とは異なった側面も有しています。

2　特別清算の開始

(1)　特別清算の開始原因

特別清算は、清算株式会社に、①清算の遂行に著しい支障を来すべき事情および債務超過の疑いがある場合であって（会社510条）、②(a)特別清算の手続の費用の予納がないこと、(b)特別清算によっても清算を結了する見込みがないことが明らかであること、(c)特別清算によることが債権者の一般の利益に反することが明らかであること、または(d)不当な目的で特別清算開始の申立てがされたとき、その他申立てが誠実にされたものでないことなど②(a)～(d)までの事由がない場合（会社514条）に、開始されることになります。

(2)　申立人

特別清算の申立人は、債権者、清算人、監査役または株主となっています（会社511条1項）。個々の清算人に特別清算の申立てが認められていることから、清算株式会社自身には、特別清算開始の申立権限がありません。

清算株式会社に債務超過の疑いがあるときは、清算手続では迅速かつ適切に清算手続を行うことが困難であるため、清算人には、特別清算開始の申立義務が課されることになります（会社511条2項）。清算人が申立義務の履行を怠ると、100万円以下の過料の制裁が課されることになります（会社976条27号）。

(3)　破産手続との関係

特別清算開始申立てと破産手続開始申立てが競合した場合には、特別清算には破産手続に比して簡易な清算としての長所があることから、特別清算を優先すべく、裁判所は、破産手続の中止を命じることができます（会社512条1項1号）。

同様に、破産手続開始決定前に特別清算開始決定がなされた場合にも、特別清算を優先すべく、破産手続は、中止し、特別清算開始決定の確定とともに失効することになります（会社515条1・2項）。

もっとも、破産手続開始決定によって破産手続が開始した後は、会社の財産管理処分権は破産管財人に専属することになり（破産78条1項）、破産手続が優先することになります（会社512条1項・515条1項）。

3　特別清算における機関

(1)　特別清算人

特別清算における清算人（いわゆる特別清算人）は、清算株式会社の清算事務を遂行する機関です（会社523条）。特別清算人は、破産手続における破産管財人のように裁判所から選任されるわけではなく、あくまでも、清算株式会社の取締役が原則として就任する清算人です（会社478条1項）。他方で、特別清算人は、通常の清算人と異なり、債権者、清算株式会社および株主に対し、公平誠実義務を負います（会社523条）。そのため、特別清算人は、清算人と同様に清算株式会社の機関ですが、公平誠実義務を負う点で通常の清算人とは異なった性質を有することになります。

(2)　監督委員

監督委員は、裁判所によって任意に選任され、一定の重要な行為について裁判所の許可に代わる同意の権限を有しています（会社527条1項・535条）。

監督委員は、裁判所の監督を受け（会社528条1項）、清算株式会社の清算人および監査役ならびに支配人その他の使用人に対し、事業の報告を求め、清算株式会社の業務および財産状況を調査する権限を有しています（会社530条1

項)。

(3) 調査委員

調査委員は、裁判所による調査に限界がある場合に、裁判所に代わって調査する機関です（会社522条1項)。

調査委員によって調査される事項としては、特別清算開始に至った事情（会社522条1項1号)、清算株式会社の業務および財産の状況（会社522条1項2号)、清算株式会社の財産に関する保全処分をする必要の有無（会社522条1項3号)、役員等の財産に対する保全処分をする必要の有無（会社522条1項4号)、役員等責任査定決定をする必要の有無（会社522条1項5号)、その他特別清算に必要な事項で裁判所の指定するもの（会社522条1項6号）です。

4 債権者の手続参加

(1) 手続参加への強制と個別的権利行使の制限

特別清算においては、債権者は特別清算手続に参加することが強制され、清算株式会社の財産を分配するための協定に参加しなければなりません。債権者の手続への強制については、破産手続における破産法100条1項のような規定はありませんが、債権者による個別執行の禁止（会社515条1項）や会社による債務弁済の制限（会社537条）がされているため、手続への参加が強制されていると解されています[1)]。

特別清算手続への参加を強制される債権を協定債権（会社515条3項括弧書）といいます。協定債権を有する債権者による個別執行は禁止され（会社515条1項)、また、会社による弁済は制限されることになります（会社537条)。

(2) 財産の増殖手段

特別清算においては、債権者の個別的権利行使を制限し、債権者が特別清算手続内で満足を受けることを強制する以上、清算株式会社の財産を保全し、機関たる特別清算人がそれを増殖する手段が必要となります。そこで、特別清算においては、他の手続の中止命令（会社512条)、特別清算開始による他の手続

---

1)　伊藤眞『破産法・民事再生法（第3版)』(有斐閣、2013年）35頁。

の中止等（会社515条）、役員等の責任の免除の禁止（会社543条）、役員等の責任の免除の取消し（会社544条）などが規定されています。他方で、破産手続において認められている否認権（破産160条）は、特別清算手続において認められておらず、否認対象行為がある場合には、破産手続に移行すべきとされています。

(3)　優先債権の取扱い

前述のとおり、特別清算においては、債権者の個別的権利行使が制限され、債権者が特別清算手続内で満足を受けることが強制されています。もっとも、一般の先取特権その他一般の優先権がある債権、および特別清算手続の費用としての性質を持つ債権については、個別的権利行使が禁止されていません（会社515条3項）。

5　担保権者の処遇

特別清算における担保権者には、原則として自由な権利行使が認められています。もっとも、裁判所は、特別清算開始の命令があった場合において、債権者の一般の利益に適合し、かつ担保権実行手続の申立人に不当な損害を及ぼすおそれがないものと認められるときは、担保権の実行手続の中止等を命じることができるようになっています（会社516条）。この点は、特定財産上の担保権が別除権として扱われ、原則として破産手続に拘束されずに権利行使が可能な破産と異なっています。

6　債権者に対する弁済

特別清算においては、債権者に対する弁済が清算人作成の協定案に関する債権者集会の特別多数決および裁判所の認可に基づいて行われます（会社567・569条）。特別多数決は、出席議決権者の過半数の同意および議決権総額の3分の2以上の議決権を有する者の同意が必要とされています（会社567条1項1・2号）。また、裁判所の認可については、協定の遂行可能性の不存在などの不認可要件が法定されています（会社569条2項各号）。これに対して、破産手続においては、債権者の同意なく、配当を行うことになります。

特別清算においては、協定案につき、平等原則が妥当するものの、衡平の見地から差を設けることも許容されており（会社565条)、その点も破産手続と異なっています。

7　特別清算の終了

特別清算は、特別清算開始後、清算人、監査役、債権者、株主または調査委員の申立てにより、特別清算が結了したとき（会社573条1号)、特別清算の必要がなくなったとき（会社573条2号）に、裁判所が特別清算終結の決定をすることによって、終了します。

また、特別清算は、特別清算開始後、清算株式会社に破産手続開始の原因となる事実が認められ協定の見込みがないとき、協定の実行の見込みがないとき、特別清算によることが債権者の一般の利益に反するときは、裁判所が職権で破産手続開始決定を行うことによって、終了します（会社574条)。

6　清算と倒産の関係

破産者が法人であって、裁判所によって破産手続終結決定および公告がなされると（破産220条1項）、破産手続終結の効果が生じます。

また、異時破産手続廃止の場合、破産手続開始に基づく解散の効果は存続することになります（会社471条5号・641条6号）。そのため、通常であれば、解散手続が不要となります。

もっとも、破産手続終結決定後や異時破産手続廃止後に、残余財産が発見されることもあります。そのような場合には、解散法人について清算手続を行う必要があります（会社475条1項括弧書・644条1項括弧書）。かかる清算手続において、誰が清算人となるかにつき、学説上は議論がありますが、判例上は、株式会社の破産により、株式会社と取締役との間の委任契約が終了するので（会社330条、民法653条2号）、従前の取締役は清算人となりえず、株主総会において、新たに清算人を選任するか（会社478条1項）、利害関係人の請求によって裁判所が清算人を選任しなければならない（会社478条2項）とされています（最判昭和43・3・15民集22巻3号625頁）。

第 Ⅲ 編

税　務

第１　会社解散と事業年度

1　解散会社にかかる事業年度

1　事業年度

法人税法において「事業年度」とは、法人の財産および損益の計算の単位となる期間（会計期間）で、法令で定めるものまたは法人の定款、寄附行為、規則、規約その他これらに準ずるものに定めるものをいうとされています（法法13条1項）。

法令または定款等に会計期間の定めがない場合には、納税地の所轄税務署長に届け出た会計期間（法法13条2項）、納税地の所轄税務署長が指定した会計期間（法法13条3項）となり、届出をすべき人格のない社団等がその届出をしない場合には、その人格のない社団等の会計期間は、その年の1月1日から12月31日までの期間となります（法法13条4項）。

ただし、これらの期間が1年を超える場合は、当該期間をその開始の日以後1年ごとに区分した各期間（最後に1年未満の期間を生じたときは、その1年未満の期間）をいいます（法法13条1項但書）。

2　みなし事業年度

みなし事業年度とは、上述の通常の事業年度と異なる一定の期間を一事業年度とみなして課税所得を計算するために法人税法上設けられたものです[1)]。

平成22年改正前法人税法における解散の取扱いは解散前後で課税方式が大幅に異なっていたため、上述した通常の事業年度とは異なるみなし事業年度を設ける必要がありました。

平成22年改正により課税方式が解散前後も損益法に統一され変更されなく

1)　税務経理協会編『最新情報を図で読み解く　会社清算の法務＆税務（改訂増補版）』（税務経理協会、2012年）115頁。

なったのですが、解散により法人の存在目的が清算目的に限られ、解散前後で法人の性格が大きく異なることとなるため、みなし事業年度については解散を機に事業年度を区切っていったんそれまでの所得を清算するほうが法人の実情にもあった課税と考えられることから、引き続きみなし事業年度の規定は設けることとされています[2)]。

みなし事業年度が適用される場合については法人税法14条において規定されていますが、主だったところは以下のとおりです。

①　内国法人が事業年度の中途において解散（合併による解散を除く）をした場合

→その事業年度開始の日から解散の日までの期間及び解散の日の翌日からその事業年度終了の日までの期間（法法14条1項1号）

②　法人が事業年度の中途において合併により解散した場合

→その事業年度開始の日から合併の日の前日までの期間（法法14条1項2号）

③　清算中の法人の残余財産が事業年度の中途において確定した場合

→その事業年度開始の日から残余財産の確定の日までの期間（法法14条1項21号）

④　清算中の内国法人が事業年度の中途において継続した場合

→その事業年度開始の日から継続の日の前日までの期間および継続の日からその事業年度終了の日までの期間（法法14条1項22号）

2）　大蔵財務協会編『改正税法のすべて（平成22年度版）』（大蔵財務協会、2010年）279頁。

2　残余財産確定の日および清算結了の日

前述のとおり、清算中の法人の残余財産が事業年度の中途において確定した場合には、その事業年度開始の日から残余財産の確定の日までの期間がみなし事業年度とされます（法法14条1項21号）。清算中の内国法人につきその残余財産が確定した場合には、1月以内（当該翌日から1月以内に残余財産の最後の分配または引渡しが行われる場合には、その行われる日の前日まで）に確定申告書を税務署に提出しなければなりません（法法74条2項）。

この「残余財産確定の日」とはいつのことであるかについては、残余財産すべての換価が終了した日、租税債務以外の弁済を終了した日、債務弁済を終了した日、清算事務終了に伴い決算報告を行った日等いくつかの考え方があるようですが[3]、一般的には債務（租税債務を除く）の弁済が完了した後の日を「残余財産確定の日」とすることが多く、清算人が常識的に判断してこの日を定めることとなるとされています[4]。

なお、税務上の取扱いにおいては、「法人が清算結了の登記をした場合においても、その清算の結了は実質的に判定すべきものであるから、当該法人は、各事業年度の所得に対する法人税を納める義務を履行するまではなお存続するものとする。」（法基通1-1-7）とされており、登記のみでなく実質で判断するとなっているので、その点は留意したうえで慎重に手続を進める必要があります。

---

3)　植木康彦『会社解散・清算手続と法人税申告実務（第2版）』（商事法務、2015年）53頁。
4)　前掲注1）120頁。

コラム　1

平成22年度税制改正における清算所得課税の廃止[1)]

阿部　徳幸

平成22年度税制改正において、それまでの法人が解散した場合の課税方法であった「解散による清算所得に対する課税」（財産法課税）は廃止され、損益法課税へと移行しました。

解散による清算所得の金額とは、残余財産の価額からその解散時における資本金等の額と利益積立金額等との合計額を差し引いて計算しました（旧法法93条1項）。一方、損益法課税とは、通常の事業年度における法人税課税と同様に、益金の額から損金の額を控除した金額をもって所得を計算（法法22条1項）し、この金額に課税する仕組みをいいます。

この清算所得課税が採用されてきた理由は、財産法による所得計算が、事業の継続が不能となって清算する場合の残余財産の処分手続と類似するという特徴があるためとされていました。また、この解散による清算所得の金額の主な内容は、その会社が保有していた資産の含み益であり、この含み益はこれまで課税されてこなかった部分です。したがって、この解散による清算所得課税とは、通常の、各事業年度の所得に対する法人税を「補完」するものとしても位置付けられてきました。

しかし、この方法による所得計算の場合、役員給与や交際費など、会社から出て行った（社外流出）項目については全額控除することが可能でした。本来、事業の継続が不能となって清算することとなった法人は、不必要な役員給与や交際費が発生することは考えがたいことなどを理由に、これらの支出を規制する規定が存在しなかったのです。この場合、不必要とも思われる役員給与などを支出するとその分現金預金などが減少し、残余財産が減少してしまうことになります。その結果、残余財産は不当に減少し、また法人税課税も免れてしまうことにもなります。

さらに近年、企業再編成の活発化に伴い、黒字清算や、法律上の形式のみ解散の手続をとりながら、ほかの法人おいて同じ事業を継続して行うという事例も多く見受けられました。このような場合、実際には事業を継続してい

1）　清算所得課税の廃止の詳細は、大蔵財務協会編『改正税法のすべて（平成22年版）』（大蔵財務協会、2010年）275頁以下参照。

るにもかかわらず、課税方式が転換し、経済実態に合わない課税関係となっている場合も散見されたこと等から、解散の前後で課税方式が異ならないようにするべきではないかということが議論されました。

このため、組織再編成の活発化に対応しつつ、経済実態に即した課税を実現する観点から、今般、資本に関係する取引等に係る税制の見直しの一環として、解散の前後で課税関係が整合的になるよう、清算所得課税を通常の所得課税方式に移行することとされたのです。

なお、清算所得課税の廃止、そして通常の損益法に基づく所得課税への移行に伴う整備の一つとして、残余財産がないと見込まれる場合の「期限切れ欠損金の損金算入」規定（法法59条3項）が設けられました。

第2　解散事業年度の確定申告

1　事業年度

法人の通常の事業年度は、定款に定められた会計期間によることとされています（法法13条）。それに対し、解散事業年度は事業年度開始の日から解散の日までを1事業年度とみなします（法法14条1項1号）。解散決議等の大半は事業年度の中途で行われることから、多くの場合は1年に満たない事業年度となります。

2　所得金額

解散事業年度の所得金額の計算は、通常の事業年度と同様に益金の額（法法22条2項）から損金の額（法法22条3項）を差し引いたものが所得金額となります（法法22条1項）。その事業年度が1年未満である場合には、1年換算への調整計算を行う必要があります。

貸倒引当金（法法52条1項・2項）や返品調整引当金（法法53条1項）は通常の事業年度と同様に損金算入できますが、解散事業年度はその後、清算手続に進むことを前提としていることから、準備金の取扱いなど一部で通常の事業年度とは異なる取扱いがなされます。

租税特別措置法上の準備金は新たに設定できず、前期より繰り越された準備金については、全額取り崩すこととなります。たとえば、海外投資等損失準備金（措法55条1項）は損金算入できず、過去に積み立てた準備金は益金算入することとなるのです（措法55条4項4号）。また、設備投資の促進等のために政策上の目的から設けられている特別償却制度（「中小企業者等が機械等を取得した場合の特別償却」（措法42条の6）等）についても、解散事業年度には適用できません。

解散事業年度において資産の取得がされるような場合には、圧縮記帳（「交換により取得した資産の圧縮額の損金算入」（法法50条1項）等）の適用は可能ですが、解散事業年度ではなくその翌事業年度に資産取得となるような場合の特別勘定（「国庫補助金等の特別勘定」（法法43条）等）の規定の適用は認められていません。また、解散事業年度よりも前の事業年度に計上していた特別勘定は、期限経過前でも取崩しを行い益金の額に算入する必要があります。なお、収用換地等の場合には「収用換地等の場合の所得の特別控除」（措法65条の2）の適用を受けることが認められています。圧縮記帳の適用は買換資産を取得した場合に限定されますが、この特別控除は買換資産の取得をしない場合でも適用が認められます。清算手続を進めることを考えれば適用を検討したい制度ですが、清算事業年度には適用が認められない点に注意が必要です。

3 税　額

所得金額に乗じる法人税率は、通常の事業年度と同様の税率となります。

【法人税の税率】

対象法人	所得金額	開始事業年度			
		2015（H27）年4月1日以後	2016（H28）年4月1日以後	2017（H29）年4月1日以後	2018（H30）年4月1日以後（予定）
中小法人	年800万円以下	15%	15%	15%	15%
	年800万円超	23.9%	23.4%	23.4%	23.2%
上記以外の普通法人		23.9%	23.4%	23.4%	23.2%

地方法人税の税率についても通常の事業年度と同様、4.4パーセント（2019年10月1日以降開始事業年度は10.3パーセントの予定）となります。

▶中小法人の軽減税率適用範囲

$$\text{軽減税率が適用される所得の上限} = \frac{\text{800万円×その事業年度の月数（1月未満切上）}}{12}$$

事業年度が1年未満の場合には、中小法人の軽減税率適用範囲、法人住民税均等割などで月割調整が必要となります。

解散事業年度には、特別償却制度と同様に適用が認められない税額控除制度（「中小企業者等が機械等を取得した場合の特別控除」（措法42条の6）等）があるなど、一部では通常の事業年度と異なる取扱いがあります。

なお、解散事業年度またはその前事業年度の欠損金について、一定の場合には資本金の大小にかかわらず、繰戻還付の適用を受けることができます（法法80条4項）。たとえば解散事業年度において、それまでの職務執行期間に対応する役員退職金を支給するなどにより多額の損金が発生する場合で、直前期に所得があり納付税額が生じているときは、繰戻還付を選択できる可能性があります。ただし、還付を受けられる状況でも、清算中において債務免除益や固定資産売却益などにより多額の利益が予想される場合には、繰戻還付を受けないほうがよいケースもあるなど、その適用には十分な検討が必要となります。

【解散事業年度の主な税務取扱い一覧】

<table>
<tr><th colspan="2">項　目</th><th>適用可否</th></tr>
<tr><td colspan="2">貸倒引当金（法法52条1項・2項）、返品調整引当金（法法53条1項）</td><td>可</td></tr>
<tr><td colspan="2">租税特別措置法上の準備金</td><td>不可（前期末残高は取り崩して益金）</td></tr>
<tr><td rowspan="6">圧縮記帳</td><td>国庫補助金等（法法42条1項）</td><td rowspan="6">可</td></tr>
<tr><td>保険差益（法法47条1項）</td></tr>
<tr><td>交換等（法法50条1項）</td></tr>
<tr><td>収用（措法64条1項）</td></tr>
<tr><td>換地処分等（措法65条1項）</td></tr>
<tr><td>特定の資産の買換え（措法65条の7第1項）</td></tr>
<tr><td rowspan="4">特別勘定</td><td>国庫補助金（法法43条）</td><td rowspan="4">不可（前期末残高は取り崩して益金）</td></tr>
<tr><td>保険差益（法法48条）</td></tr>
<tr><td>収用等（措法64条の2）</td></tr>
<tr><td>特定の資産の譲渡（措法65条の8）</td></tr>
<tr><td colspan="2">収用換地等の場合の所得の特別控除（措法65条の2）</td><td>可</td></tr>
<tr><td colspan="2">欠損金の繰戻還付（法法80条4項、措法66条の13）</td><td>可</td></tr>
<tr><td colspan="2">期限切れ欠損金（法法59条3項）</td><td>不可</td></tr>
</table>

【解散事業年度に適用できない特別償却、税額控除】

《特別償却》

<table>
<tr><td>エネルギー環境負荷低減推進設備等を取得した場合の特別償却</td><td>措法42条の5</td></tr>
<tr><td>中小企業者等が機械等を取得した場合の特別償却</td><td>措法42条の6</td></tr>
<tr><td>国家戦略特別区域において機械等を取得した場合の特別償却</td><td>措法42条の10</td></tr>
<tr><td>国際戦略総合特別区域において機械等を取得した場合の特別償却</td><td>措法42条の11</td></tr>
</table>

地域経済牽引事業の促進区域内において特定事業用機械等を取得した場合の特別償却	措法42条の11の2
地方活力向上地域において特定建物等を取得した場合の特別償却	措法42条の11の3
特定中小企業者等が経営改善設備を取得した場合の特別償却	措法42条の12の3
中小企業者等が特定経営力向上設備等を取得した場合の特別償却	措法42条の12の4

《税額控除》

試験研究を行った場合の法人税額の特別控除	措法42条の4
エネルギー環境負荷低減推進設備等を取得した場合の法人税額の特別控除	措法42条の5
中小企業者等が機械等を取得した場合の法人税額の特別控除	措法42条の6
沖縄の特定地域において工業用機械等を取得した場合の法人税額の特別控除	措法42条の9
国家戦略特別区域において機械等を取得した場合の法人税額の特別控除	措法42条の10
国際戦略総合特別区域において機械等を取得した場合の法人税額の特別控除	措法42条の11
地域経済牽引事業の促進区域内において特定事業用機械等を取得した場合の法人税額の特別控除	措法42条の11の2
地方活力向上地域において特定建物等を取得した場合の法人税額の特別控除	措法42条の11の3
特定の地域において 雇用者の数が増加した場合の法人税額の特別控除	措法42条の12
認定地方公共団体の寄附活用事業に関連する寄附をした場合の法人税額の特別控除	措法42条の12の2
特定中小企業者等が経営改善設備を取得した場合の法人税額の特別控除	措法42条の12の3
中小企業者等が特定経営力向上設備等を取得した場合の法人税額の特別控除	措法42条の12の4
雇用者給与等支給額が増加した場合の法人税額の特別控除	措法42条の12の5

4　申告手続等

法人が解散した場合は、解散の日の翌日から2月以内に、納税地を所轄する税務署長に対し、解散事業年度に係る確定申告書を提出しなければなりません(法法74条)。たとえば、解散の日が9月30日の場合は11月30日が確定申告書の提出期限となります。ただし、確定申告書の提出期限の延長の特例の適用を受けている場合には、1か月間の延長が認められます（法法75条の2)。

確定申告書には、解散事業年度の貸借対照表、損益計算書、株主資本等変動計算書、勘定科目内訳明細書、事業概況書などの添付が必要となります（法法74条3項、法法規35条)。なお、解散時に会社法において作成する貸借対照表は、財産を処分価格で評価したものとなりますので、税務申告の際には、これとは別に取得原価基準による貸借対照表を作成する必要があります。

5　届出書

会社が解散した場合には、遅滞なく必要事項を記載した異動届出書を所轄の税務署長、都道府県税事務所長、市町村長（納税地が東京都特別区内にある場合は、都税事務所長）へ提出する必要があります。

届出書の提出に際しては、異動事項等の欄に、解散した日、清算人の住所氏名、事業年度等を記載し、解散登記に係る登記事項証明書（履歴事項全部証明書または履歴事項一部証明書）を添付します。

【解散時の異動届出書の記載例】

異 動 届 出 書

※整理番号	
※連結グループ整理番号	

税務署受付印

平成 29年 7月 10日 神田 税務署長殿 次の事項について異動したので届け出ます。	提出法人 ☑単体法人 □連結親法人 □連結親法人となる法人 □連結子法人 □連結子法人となる法人	(フリガナ)	トウキョウトチヨダ ク○○チョウ
		本店又は主たる事務所の所在地	〒100-0000 東京都千代田区○○町１－１－１ 電話（ 03 ）○○○○－○○○○
		(フリガナ)	
		納 税 地	〒 同 上
		(フリガナ)	カブシキガイシャ ミサキショウジ
		法人等の名称	株式会社 みさき商事
		法 人 番 号	1 2 3 4 5 6 7 8 9 0 1 2 3
		(フリガナ)	ミサキ イチロウ
		代表者氏名	みさき 一郎 ㊞
		(フリガナ)	トウキョウトチヨダ ク△△チョウ
		代表者住所	〒100-0000 東京都千代田区△△町１－１－１

異動のあった法人に係る □連結親法人 □連結親法人となる法人 □連結子法人 □連結子法人となる法人（提出法人の場合は記載不要）			※税務署処理欄	
(フリガナ) 法人名等			整理番号	
納税地 (本店又は主たる事務所の所在地)	〒 （ 局 署） 電話（ ） －		部 門	
			決 算 期	
(フリガナ) 代表者氏名			業種番号	
代表者住所	〒		整 理 簿	
			回 付 先	□ 親署 ⇒ 子署 □ 子署 ⇒ 調査課

異動事項等	異 動 前	異 動 後	異動年月日 (登記年月日)
解 散		代表清算人 みさき 一郎 東京都千代田区△△町1-1-1	H29. 6. 30 (H29. 7. 10)
事業年度	(自) 4月1日 (至) 3月31日	(自) 7月1日 (至) 6月30日	H29. 6. 30
所轄税務署	税 務 署	税 務 署	

納税地を変更した場合	給与支払事務所等の移転の有無 □ 有 □ 無（名称等変更有） □ 無（名称等変更無） ※ 「有」及び「無（名称等変更有）」の場合には「給与支払事務所等の開設・移転・廃止届出書」を提出してください。		
事業年度を変更した場合	変更後最初の事業年度：(自)平成 年 月 日 ～ (至)平成 年 月 日		
合併、分割の場合	合 併 □ 適格合併 □ 非適格合併	分 割	□ 分割型分割 ： □ 適 格 □ その他 □ 分社型分割 ： □ 適 格 □ その他

(備 考)

税理士署名押印	㊞

※税務署処理欄	部門		決算期		業種番号		番号		入力		名簿	

（規格Ａ４）

27.06 改正

6　解散事業年度の申告書の記載例

＜会社の概要＞

法人名	株式会社みさき商事（以下「当社」とします。）
本店所在地	東京都千代田区〇〇町 1-1-1
業種	物品販売業
資本金	1,000万円
発行済株式	代表者が全て保有しています。
決算日	3月末日
その他の事項	青色申告法人であり、本店以外に事業所等はありません。

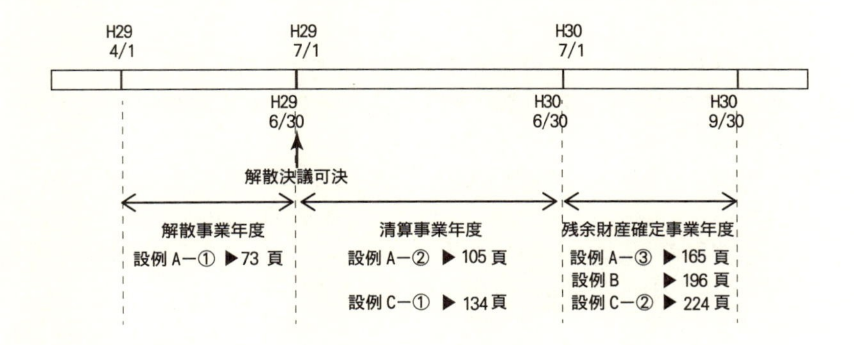

設例Ａ－①

解散事業年度の申告書（青色欠損金の繰越控除によって法人税等が生じない場合）

当社は、長期にわたり事業を営んできましたが、近年では業績不振が続いていたことから、平成29年6月30日に臨時株主総会を開催し、解散決議を可決しました。解散事業年度（平成29年4月1日から平成29年6月30日）には、従来どおり、商品販売等の取引が行われていました。

【前期末（平成29年3月31日現在）の貸借対照表】

貸借対照表（平成29年3月31日）　(単位：円)

現金及び預金	1,540,000	未払法人税等	70,000
商品	2,500,000	未払消費税等	40,000
		借入金	8,000,000
		資本金	10,000,000
		繰越利益剰余金	△14,070,000
資産合計	4,040,000	負債・純資産合計	4,040,000

※未払法人税等の額70,000円は、法人都民税の均等割額です。

※未払消費税等40,000円は、平成29年3月期の消費税等の納付税額です。

※借入金8,000,000円は、すべて代表者から借り入れたものです。

※青色欠損金の額は、2,500,000円です。

【平成29年4月1日から6月30日までの間に行われた取引】

① 商品500,000円を、現金1,080,000円（うち消費税額等80,000円）で販売しました。

(借方)	現金及び預金	1,080,000円	(貸方)	売上高	1,000,000円
				仮受消費税等	80,000円
	売上原価	500,000円		商　　品	500,000円

② 平成29年3月期の未払法人税等70,000円を納付しました。

(借方)	未払法人税等	70,000円	(貸方)	現金及び預金	70,000円

③ 平成29年3月期の未払消費税等40,000円を納付しました。

(借方)	未払消費税等	40,000円	(貸方)	現金及び預金	40,000円

④ 電話代などのその他経費324,000円（うち消費税額等24,000円）と印紙代など租税公課50,000円を現金で支払いました。

(借方)	その他経費	300,000円	(貸方)	現金及び預金	324,000円
	仮払消費税等	24,000円			
(借方)	租税公課	50,000円	(貸方)	現金及び預金	50,000円

⑤ 決算において法人税等の未払額17,500円と消費税等の未払額56,000円を計上しました。

(借方)	法人税等	17,500円	(貸方)	未払法人税等	17,500円
(借方)	仮受消費税等	80,000円	(貸方)	仮払消費税等	24,000円
				未払消費税等	56,000円

【解散事業年度の貸借対照表、損益計算書並びに申告書】

貸借対照表（平成29年6月30日）　（単位：円）

借方	金額	貸方	金額
現金及び預金	2,136,000	未払法人税等	17,500
商品	2,000,000	未払消費税等	56,000
		借入金	8,000,000
		資本金	10,000,000
		繰越利益剰余金	△ 13,937,500
資産合計	4,136,000	負債・純資産合計	4,136,000

損益計算書（平成29年4月1日から平成29年6月30日）　（単位：円）

借方	金額	貸方	金額
売上原価	500,000	売上高	1,000,000
租税公課	50,000		
その他経費	300,000		
法人税等	17,500		
当期純利益	132,500		
合計	1,000,000	合計	1,000,000

※法人税等、未払法人税等の額17,500円は、当期に発生する法人都民税の均等割額です。

法人都民税の均等割額は、解散事業年度の調整計算（月数按分）をしています。

（計算式）70,000円×3月（当期の月数）／12月＝17,500円

※未払消費税等の額　56,000円は、当期に確定した消費税等の納付税額です。

▶設例A－①のポイント

① 本設例では、青色欠損金を控除する前の所得金額が150,000円（当期純利益132,500円＋納税充当金17,500円）となります。しかし、前期から繰り越された青色欠損金の額が2,500,000円あるため、所得の金額の計算上、2,500,000円のうち150,000円を損金の額に算入することができます。したがって、この事業年度の所得金額はゼロとなります。この場合、法人税、地方法人税は課税されません。

② 法人事業税は、この事業年度の所得金額がゼロであるため、課税されません。また、法人都民税の法人税割についても、その課税標準となる法人税額がゼロであることから課税されません。ただし、均等割の納付は発生します。事業年度が3か月であることから月数按分により3か月分の納付が求められます。

③ 消費税等について、解散事業年度も通常の事業年度と同様に納税義務を判定する必要があります。本設例の場合、基準期間（平成27年4月1日から平

成28年3月31日までの期間）における課税売上高が1,000万円を超えるため、消費税等の申告納付が必要となります。

④　解散事業年度末において、会社法で作成が要求されている財産目録のサンプルも以下に示しておきます（なお、本サンプルは設例と連動していない）。

財産目録

平成×年×月×日現在　（単位：円）

資産の部		
科　目	摘　要	金　額
現金預金	手許現金	×××
	普通預金　○○銀行△△支店	×××
商品	○○	×××
土地	東京都○区○町○-○-○　○㎡	×××
資産の部　合計		×××
負債の部		
科　目	摘　要	金　額
借入金	○○銀行△△支店	×××
未払法人税等	○○税務署	×××
負債の部　合計		×××
正味資産の部		
差引　正味資産の部		×××

上記の設例に基づいて、平成29年4月1日現在の法令および規則により計算しています。なお、消費税等については、納税義務があり、経理処理は、税抜経理方式を採用するものとします。

＜A－①参考書式＞

法人税・地方法人税申告書　別表一（一）各事業年度の所得に係る申告書——普通法人（特定の医療法人を除く。）、一般社団法人等及び人格のない社団等の分

法人税・地方法人税申告書　別表一（一）次葉

法人税・地方法人税申告書　別表二　同族会社等の判定に関する明細書

法人税・地方法人税申告書　別表四　所得の金額の計算に関する明細書

法人税・地方法人税申告書　別表五（一）　利益積立金額及び資本金等の額の計算に関する明細書

法人税・地方法人税申告書　別表五（二）　租税公課の納付状況等に関する明細書
法人税・地方法人税申告書　別表七（一）　欠損金又は災害損失金の損金算入に関する明細書
地方税申告書　第六号様式
地方税申告書　第六号様式別表四の三　均等割額の計算に関する明細書
地方税申告書　第六号様式別表九　欠損金額等及び災害損失金の控除明細書
消費税及び地方消費税の申告書
消費税及び地方消費税の申告書　付表2　課税売上割合・控除対象仕入税額等の計算表
※申告書サンプルは、平成29年4月1日現在のものを使用しています。

＜解散事業年度　法人税・地方法人税申告書　別表一（一）記載例＞

設例Ａ－①

FB0603

受付印	平成29年 8月31日　神田 税務署長殿
納税地	東京都千代田区〇〇町１－１－１　電話（03　）〇〇〇〇－〇〇〇〇
（フリガナ）	カブシキカイシャ　ミサキショウジ
法人名	株式会社　みさき商事
法人番号	1 2 3 4 5 6 7 8 9 0 1 2 3
（フリガナ）	ミサキ　イチロウ
代表者自署押印	みさき　一郎　㊞
代表者住所	東京都千代田区△△町１－１－１
事業種目	物品販売業
期末現在の資本金の額又は出資金の額	10,000,000円
同上が1億円以下の普通法人のうち中小法人に該当しないもの	非中小法人等
同非区分	特定同族会社　同族会社　非同族会社
一般社団・財団法人のうち非営利型法人に該当するもの	非営利型法人
経理責任者自署押印	㊞
旧納税地及び旧法人名等	
添付書類	貸借対照表、損益計算書、株主（社員）資本等変動計算書、損益金処分表、勘定科目内訳明細書、事業概況書、組織再編成に係る契約書等の写し、組織再編成に係る移転資産等の明細書
青色申告　一連番号	
整理番号	0 0 0 0 1 2 3 4
事業年度（至）	年　月　日
売上金額	兆　十億　百万
申告年月日	年　月　日
通信日付印・確認印・庁指定・局指定・指導等・区分	年　月　日
申告区分	法人税：中間・期限後・修正　地方法人税：中間・期限後・修正

平成 2 9 年 4 月 1 日 事業年度分の法人税 確定 申告書

平成 2 9 年 6 月 3 0 日 課税事業年度分の地方法人税 確定 申告書

（中間申告の場合の計算期間　平成　年　月　日～平成　年　月　日）

翌年以降送付要否	要・否	適用額明細書提出の有無	有・無
税理士法第30条の書面提出有	有	税理士法第33条の2の書面提出有	有

この申告書による法人税額の計算

（金額欄単位：十億　百万　千　円）

項目	番号	金額（円）
所得金額又は欠損金額（別表四「48の①」）	1	0
法人税額（54）又は（55）	2	0
法人税額の特別控除額	3	
差引法人税額（2）－（3）	4	0
連結納税の承認を取り消された場合等における既に控除された法人税額の特別控除額の加算額	5	
土地譲渡税額　課税土地譲渡利益金額	6	000
同上に対する税額（21）＋（22）＋（23）	7	
留保金　課税留保金額（別表三（一）「41」）	8	000
同上に対する税額（別表三（一）「49」）	9	
		00
法人税額計（4）＋（5）＋（7）＋（9）	10	0
仮装経理に基づく過大申告の更正に伴う控除法人税額	11	
控除税額	12	
差引所得に対する法人税額（10）－（11）－（12）	13	00
中間申告分の法人税額	14	00
差引確定法人税額（中間申告の場合はその税額とし、マイナスの場合は、（25）へ記入）（13）－（14）	15	00
税額控除額の計算　所得税の額（別表六（一）「6の③」）	16	
外国税額（別表六（二）「20」）	17	
計（16）＋（17）	18	
控除した金額（12）	19	
控除しきれなかった金額（18）－（19）	20	
土地譲渡税額の内訳　土地譲渡税額（別表三（二）「27」）	21	0
同上（別表三（二の二）「28」）	22	0
同上（別表三（三）「23」）	23	00
この申告による還付金額　所得税額等の還付金額（20）	24	
中間納付額（14）－（13）	25	
欠損金の繰戻しによる還付請求税額	26	
計（24）＋（25）＋（26）	27	
この申告が修正申告である場合　この申告前の所得金額又は欠損金額	28	
この申告により納付すべき法人税額又は減少する還付請求税額	29	00
欠損金又は災害損失金等の当期控除額	30	150000
翌期へ繰り越す欠損金又は災害損失金（別表七（一）「5の合計」）	31	2350000

この申告書による地方法人税額の計算

項目	番号	金額（円）
課税標準法人税額の計算　所得の金額に対する法人税額	32	0
課税留保金額に対する法人税額	33	
課税標準法人税額（32）＋（33）	34	000
地方法人税額（58）	35	0
課税留保金額に係る地方法人税額（59）	36	
所得地方法人税額（35）＋（36）	37	0
外国税額の控除額（別表六（二）「50」）	38	
仮装経理に基づく過大申告の更正に伴う控除地方法人税額	39	
差引地方法人税額（37）－（38）－（39）	40	00
中間申告分の地方法人税額	41	00
差引確定地方法人税額（中間申告の場合はその税額とし、マイナスの場合は、（43）へ記入）（40）－（41）	42	00
この申告による還付金額（41）－（40）	43	
この申告が修正申告である場合　この申告前の所得の金額に対する法人税額	44	
課税留保金額に対する法人税額	45	
課税標準法人税額（70）	46	000
この申告により納付すべき地方法人税額	47	00
剰余金・利益の配当（剰余金の分配）の金額		
残余財産の最後の分配又は引渡しの日	平成　年　月　日	決算確定の日　平成　年　月　日

還付を受けようとする金融機関等：銀行・金庫・組合・農協・漁協　本店・支店・出張所・本所・支所　預金　郵便局名等　口座番号　ゆうちょ銀行の貯金記号番号　－　※税務署処理欄

法 0301-0101

税理士署名押印　㊞

別表一（一）　普通法人（特定の医療法人を除く。）、一般社団法人等及び人格のない社団等の分……平二十九・四・一以後終了事業年度等分

【別表一（一）各事業年度の所得に係る申告書】記載手順

① 「この申告書による法人税額の計算」「所得金額又は欠損金額　1」欄は、別表四「48の①」欄から転記します。本設例では、0円と記入します。

② 「法人税額　2」欄は、別表一(一)次葉「法人税額　54」欄から転記します。本設例では、0円と記入します。「差引法人税額　4」欄、「法人税額計　10」欄、「差引所得に対する法人税額　13」欄、「差引確定法人税額　15」欄については、それぞれの算式に基づき計算します。本設例では、それぞれ0円と記入します。また、「10」欄の金額を地方税申告書の第六号様式「①」欄へ転記します。

③ 「欠損金又は災害損失金等の当期控除額　30」欄は、別表七（一）「4」の「計」欄より記入します。本設例では、150,000円と記入します。「翌期へ繰り越す欠損金又は災害損失金　31」欄は、別表七(一)「5」の「合計」欄から転記します。本設例では、2,350,000円と記入します。

④ 「この申告書による地方法人税額の計算」「課税標準法人税額の計算　基準法人税額　所得の金額に対する法人税額　32」欄を計算します。本設例では、0円と記入します。同額を別表一(一)次葉「56」欄へ転記します。

⑤ 「地方法人税額　35」欄は、別表一(一)次葉「58」欄から転記します。本設例では、0円と記入します。「所得地方法人税額　37」欄、「差引地方法人税額　40」欄、「差引確定地方法人税額　42」欄については、それぞれの算式に基づき計算します。本設例ではそれぞれ0円と記入します。

<解散事業年度　法人税・地方法人税申告書　別表一（一）次葉　記載例>

設例Ａ－①

事業年度等	平成29・4・1 平成29・6・30	法人名	株式会社　みさき商事

別表一（一）次葉　平二十九・四・一以後終了事業年度等分

法人税額の計算					
中小法人等の場合　(1)の金額又は800万円×3/12相当額のうち少ない金額	48	0	(48)の15％相当額	52	0
(1)のうち年800万円相当額を超える金額 (1)－(48)	49	0	(49)の23.4％相当額	53	0
所得金額 (48)＋(49)	50	0	法人税額 (52)＋(53)	54	0
その他の法人の場合　所得金額 (1)	51		法人税額 ((51)の23.4%相当額)	55	

地方法人税額の計算					
所得の金額に対する法人税額 (32)	56	0	(56)の4.4％相当額	58	0
課税留保金額に対する法人税額 (33)	57		(57)の4.4％相当額	59	

この申告が修正申告である場合の計算					
法人税額の計算　この申告前の　所得金額又は欠損金額	60		地方法人税額の計算　この申告前の　所得の金額に対する法人税額	68	
課税土地譲渡利益金額	61		課税留保金額に対する法人税額	69	
課税留保金額	62		課税標準法人税額 (68)＋(69)	70	
法人税額	63		確定地方法人税額	71	
還付金額	64	外	中間還付額	72	
この申告により納付すべき法人税額又は減少する還付請求税額 ((15)－(63))若しくは((15)＋(64))又は((64)－(27))	65	外	欠損金の繰戻しによる還付金額	73	
この申告前の　欠損金又は災害損失金等の当期控除額	66		この申告により納付すべき地方法人税額 ((42)－(71))若しくは((42)＋(72)＋(73))又は(((73)－(43))＋((72)－(43の外書)))	74	
翌期へ繰り越す欠損金又は災害損失金	67				

法 0301－0101－次

【別表一（一）次葉】記載手順

① 本設例では、当期末における資本金の額が1億円以下の普通法人であるため、別表一(一)次葉の「中小法人等の場合」を使用して計算します。「(1)の金額又は800万円×　/12相当額のうち少ない金額　48」欄は、分子が空欄になっていますので、当期の月数（暦に従って計算し、1月未満の端数は切り上げる）を記入します。本設例では、3と記入します。同「48」欄は、0円と［800万円×3／12相当額］のうちいずれか少ない金額を記入します。本設例では、0円と記入します。「(1)のうち年800万円相当額を超える金額　49」欄、「所得金額　50」欄について計算します。本設例では、それぞれ0円と記入します。

② 「(48)の15%相当額　52」欄、「(49)の23.4%相当額　53」欄、「法人税額　54」欄について計算し記入します。本設例では、それぞれ0円と記入します。別表一（一）の「2」欄へ転記します。

③ 「地方法人税額の計算　所得の金額に対する法人税額　56」欄は、別表一(一)の「32」欄から転記します。本設例では、0円と記入します。「(56)の4.4%相当額　58」欄を計算し記入します。本設例では、0円と記入します。別表一（一）の「35」欄に転記します。

＜解散事業年度　法人税・地方法人税申告書　別表二　記載例＞

設例Ａ－①

同族会社等の判定に関する明細書

事業年度又は連結事業年度	平成29・4・1 平成29・6・30	法人名	株式会社　みさき商事

別表二　平二十九・四・一以後終了事業年度又は連結事業年度分

区分	項目	番号	金額等	区分	項目	番号	金額等
同族会社の判定	期末現在の発行済株式の総数又は出資の総額	1	内　200	特定同族会社の判定	(21)の上位1順位の株式数又は出資の金額	11	
	(19)と(21)の上位3順位の株式数又は出資の金額	2	200		株式数等による判定 (11)/(1)	12	%
	株式数等による判定 (2)/(1)	3	100.0 %		(22)の上位1順位の議決権の数	13	
	期末現在の議決権の総数	4	内		議決権の数による判定 (13)/(4)	14	%
	(20)と(22)の上位3順位の議決権の数	5			(21)の社員の1人及びその同族関係者の合計人数のうち最も多い数	15	
	議決権の数による判定 (5)/(4)	6	%		社員の数による判定 (15)/(7)	16	%
	期末現在の社員の総数	7			特定同族会社の判定割合 ((12)、(14)又は(16)のうち最も高い割合)	17	%
	社員の3人以下及びこれらの同族関係者の合計人数のうち最も多い数	8					
	社員の数による判定 (8)/(7)	9	%		判定結果	18	特定同族会社 （同族会社） 非同族会社
	同族会社の判定割合 ((3)、(6)又は(9)のうち最も高い割合)	10	100.0 %				

判定基準となる株主等の株式数等の明細

順位 株式数等	順位 議決権数	判定基準となる株主（社員）及び同族関係者 住所又は所在地	氏名又は法人名	判定基準となる株主等との続柄	被支配会社でない法人株主等 株式数又は出資の金額 19	被支配会社でない法人株主等 議決権の数 20	その他の株主等 株式数又は出資の金額 21	その他の株主等 議決権の数 22
1		東京都千代田区△△町1－1－1	みさき　一郎	本　人			200	

法 0301－0200

【別表二　同族会社等の判定に関する明細書】記載手順

① 「判定基準となる株主等の株式数等の明細」は、その会社の株主の１人およびその同族関係者の所有する株式数の合計が最も多いものから順次記入していきます。本設例では、みさき一郎が発行済株式総数200株をすべて保有しているため、第1順位がみさき一郎となり、「株式数又は出資の金額等　その他の株主等　株式数又は出資の金額　21」欄は、200と記入します。

② 「同族会社の判定」「期末現在の発行済株式の総数又は出資の総額　1」欄は、本設例では、200と記入します。

③ 「⒆と㉑の上位３順位の株式数又は出資の金額　2」欄は、「判定基準となる株主等の株式数等の明細」より計算して記入します。本設例では、200と記入します。

④ 「株式数等による判定⑵/⑴　3」欄は、表示されている算式により計算した割合を記入します。本設例では、100.0と記入します。さらに、「同族会社の判定割合　10」欄を記入します。本設例では、100.0と記入します。

⑤ 「判定結果　18」欄は、該当するものを○印で囲んで表示します。本設例では、当期末の資本金の額が１億円以下であり、「同族会社の判定割合　10」欄が50％超であるため同族会社に該当します。

<解散事業年度　法人税・地方法人税申告書　別表四　記載例>

設例Ａ－①

所得の金額の計算に関する明細書	事業年度	平成29・4・1 平成29・6・30	法人名	株式会社　みさき商事

別表四

区分		総額 ①	処分 留保 ②	社外流出 ③	
当期利益又は当期欠損の額	1	132,500	132,500 円	配当 その他	円
加算　損金経理をした法人税及び地方法人税（附帯税を除く。）	2				
損金経理をした道府県民税及び市町村民税	3				
損金経理をした納税充当金	4	17,500	17,500		
損金経理をした附帯税（利子税を除く。）、加算金、延滞金（延納分を除く。）及び過怠税	5			その他	
減価償却の償却超過額	6				
役員給与の損金不算入額	7			その他	
交際費等の損金不算入額	8			その他	
	9				
	10				
小計	11	17,500	17,500		
減算　減価償却超過額の当期認容額	12				
納税充当金から支出した事業税等の金額	13				
受取配当等の益金不算入額（別表八(一)「13」又は「26」）	14			※	
外国子会社から受ける剰余金の配当等の益金不算入額（別表八(二)「26」）	15			※	
受贈益の益金不算入額	16			※	
適格現物分配に係る益金不算入額	17			※	
法人税等の中間納付額及び過誤納に係る還付金額	18				
所得税額等及び欠損金の繰戻しによる還付金額等	19			※	
	20				
小計	21			外※	
仮計 (1)+(11)−(21)	22	150,000	150,000	外※	
関連者等に係る支払利子等の損金不算入額（別表十七(二の二)「25」又は「30」）	23			その他	
超過利子額の損金算入額（別表十七(二の三)「10」）	24			※	
仮計 ((22)から(24)までの計)	25	150,000	150,000	外※	
寄附金の損金不算入額（別表十四(二)「24」又は「40」）	26			その他	
沖縄の認定法人の所得の特別控除額（別表十(一)「9」又は「13」）	27			※	
国家戦略特別区域における指定法人の所得の特別控除額（別表十(二)「8」）	28			※	
法人税額から控除される所得税額（別表六(一)「6の③」）	29			その他	
税額控除の対象となる外国法人税の額（別表六(二の二)「7」）	30			その他	
組合等損失額の損金不算入額又は組合等損失超過合計額の損金算入額（別表九(二)「10」）	31				
対外船舶運航事業者の日本船舶による収入金額に係る所得の金額の損金算入額又は益金算入額（別表十(四)「20」、「21」又は「23」）	32			※	
合計 (25)+(26)+(27)+(28)+(29)+(30)+(31)±(32)	33	150,000	150,000	外※	
契約者配当の益金算入額（別表九(一)「13」）	34				
特定目的会社等の支払配当又は特定目的信託に係る受託法人の利益の分配等の損金算入額（別表十(七)「13」、別表十(八)「11」又は別表十(九)「16」若しくは「33」）	35				
中間申告における繰戻しによる還付に係る災害損失欠損金額の益金算入額	36			※	
非適格合併又は残余財産の全部分配等による移転資産等の譲渡利益額又は譲渡損失額	37			※	
差引計 ((33)から(37)までの計)	38	150,000	150,000	外※	
欠損金又は災害損失金等の当期控除額（別表七(一)「4の計」+(別表七(二)「9」若しくは「21」又は別表七(三)「10」)）	39	Δ150,000		※	Δ150,000
総計 (38)+(39)	40	0	150,000	外※	Δ150,000
新鉱床探鉱費又は海外新鉱床探鉱費の特別控除額（別表十(三)「43」）	41			※	
農業経営基盤強化準備金積立額の損金算入額（別表十二(十四)「10」）	42				
農用地等を取得した場合の圧縮額の損金算入額（別表十二(十四)「43の計」）	43				
関西国際空港用地整備準備金積立額の損金算入額（別表十二(十一)「15」）	44				
中部国際空港整備準備金積立額の損金算入額（別表十二(十二)「10」）	45				
再投資等準備金積立額の損金算入額（別表十二(十五)「12」）	46				
残余財産の確定の日の属する事業年度に係る事業税の損金算入額	47				
所得金額又は欠損金額	48	0	150,000	外※	Δ150,000

平二十九・四・一以後終了事業年度分

法 0301－0401

【別表四　所得の金額の計算に関する明細書】記載手順

① 損益計算書上の当期純利益132,500円を「当期利益又は当期欠損の額　1」欄に記入します。

② 「損金経理をした納税充当金　4」欄は、別表五(二)の「31」欄から転記します。本設例では、17,500円と記入します。「加算」「小計　11」欄を計算し記入します。

③ 「仮計　22」欄は、[(1)＋(11)－(21)] により計算し記入します。本設例では、150,000円と記入します。

④ 「合計　33」欄および「差引計　38」欄については、それぞれの算式に基づき計算し記入します。本設例では、それぞれ150,000円と記入します。「33」欄から地方税申告書の第六号様式の「㊼」欄へ転記します。

⑤ 「欠損金又は災害損失金等の当期控除額　39」欄は、別表七（一)「4」の「計」欄より記入します。本設例では、△150,000円と記入します。

⑥ 「総計　40」欄は、[(38)＋(39)] により計算します。本設例では、0円と記入します。最後に「所得金額又は欠損金額　48」欄を計算し記入します。本設例では、0円と記入します。別表一（一）の「1」欄、および地方税申告書の第六号様式の「⑭」欄へ転記します。

＜解散事業年度　法人税・地方法人税申告書　別表五（一）　記載例＞

設例Ａ－①

利益積立金額及び資本金等の額の計算に関する明細書

事業年度	平成29・4・1 平成29・6・30	法人名	株式会社　みさき商事

別表五(一)　平二十九・四・一以後終了事業年度分

Ⅰ　利益積立金額の計算に関する明細書

区分		期首現在利益積立金額 ①	当期の増減 減 ②	当期の増減 増 ③	差引翌期首現在利益積立金額 ①－②＋③ ④
利益準備金	1	円	円	円	円
	2				
	3				
	4				
	5				
	6				
	7				
	8				
	9				
	10				
	11				
	12				
	13				
	14				
	15				
	16				
	17				
	18				
	19				
	20				
	21				
	22				
	23				
	24				
	25				
繰越損益金（損は赤）	26	Δ14,070,000	Δ14,070,000	Δ13,937,500	Δ13,937,500
納税充当金	27	70,000	70,000	17,500	17,500
未納法人税等（退職年金等積立金に対するものを除く。） 未納法人税及び未納地方法人税（附帯税を除く。）	28			中間 確定 0	0
未納道府県民税（均等割額及び利子割額を含む。）	29	Δ70,000	Δ70,000	中間 確定 Δ17,500	Δ17,500
未納市町村民税（均等割額を含む。）	30			中間 確定	
差引合計額	31	Δ14,070,000	Δ14,070,000	Δ13,937,500	Δ13,937,500

Ⅱ　資本金等の額の計算に関する明細書

区分		期首現在資本金等の額 ①	当期の増減 減 ②	当期の増減 増 ③	差引翌期首現在資本金等の額 ①－②＋③ ④
資本金又は出資金	32	10,000,000円	円	円	10,000,000円
資本準備金	33				
	34				
	35				
差引合計額	36	10,000,000			10,000,000

（図中の吹き出し番号：1、2、3、4、5、6、7、8）

法 0301－0501

【別表五（一）　利益積立金額及び資本金等の額の計算に関する明細書】記載手順

① 「繰越損益金　26」欄は、平成29年3月期の別表五(一)の「差引翌期首現在利益積立金額④」欄から記入します。本設例では、△14,070,000円と記入します。また、「当期の増減　減②」欄に△14,070,000円と記入します。

② 平成29年6月末時点の貸借対照表の「繰越利益剰余金」の額△13,937,500円を同「26」「当期の増減　増③」欄に記入します。「差引翌期首現在利益積立金額④」欄を計算し記入します。

③ 「納税充当金　27」欄は、平成29年3月期の別表五（一）の「差引翌期首現在利益積立金額④」欄から記入します。本設例では、70,000円と記入します。当期中に納税充当金を取り崩して納付していますので、「当期の増減　減②」欄には、前期分の法人都民税の均等割額70,000円を記入します。

④ 当期末に未払計上した「未払法人税等」の額17,500円を「納税充当金　27」「当期の増減　増③」欄に記入します。「差引翌期首現在利益積立金額④」欄を計算し記入します。

⑤ 「未納法人税等　未納道府県民税　29」欄は、平成29年3月期の別表五（一）の「差引翌期首現在利益積立金額④」欄から記入します。本設例では、△70,000円と記入します。当期中に納付していますので、「当期の増減　減②」欄に△70,000円と記入します。

⑥ 平成29年6月期の法人都民税申告書に記載された確定納税額を「未納法人税等　未納道府県民税　29」「当期の増減　増③」「確定」欄に△17,500円と記入します。「差引翌期首現在利益積立金額④」欄を計算し記入します。

⑦ 「差引合計額　31」欄は、「差引翌期首現在利益積立金額④」欄の合計額を記入します。

⑧ 「資本金又は出資金　32」、「差引合計額　36」の「①」欄は、平成29年3月期の別表五（一）の「差引翌期首現在資本金等の額④」欄から記入します。本設例では、10,000,000円と記入します。同「32」欄、同「36」欄の「差引翌期首現在資本金等の額④」欄を計算し記入します。

＜解散事業年度　法人税・地方法人税申告書　別表五（二）記載例＞

設例Ａ－①

租税公課の納付状況等に関する明細書

事業年度	平成29・4・1 平成29・6・30	法人名	株式会社　みさき商事

別表五(二)　平二十九・四・一以後終了事業年度分

税目及び事業年度			期首現在未納税額 ①	当期発生税額 ②	当期中の納付税額 充当金取崩しによる納付 ③	仮払経理による納付 ④	損金経理による納付 ⑤	期末現在未納税額 ①+②-③-④-⑤ ⑥
法人税及び地方法人税	・　・	1	円		円	円	円	円
	28・4・1 29・3・31	2						
	当期分 中間	3		円				
	当期分 確定	4		0				0
	計	5		0				0
道府県民税	・　・	6						
	28・4・1 29・3・31	7	70,000 [1]		70,000 [2]			0
	当期分 中間	8						
	当期分 確定	9		0 17,500 [3]				0 17,500
	計	10	70,000	0 17,500	70,000			0 17,500
市町村民税	・　・	11						
	・　・	12						
	当期分 中間	13						
	当期分 確定	14						
	計	15						
事業税	・　・	16						
	・　・	17						
	当期中間分	18						
	計	19						
その他	損金算入のもの 利子税	20						
	損金算入のもの 延滞金（延納に係るもの）	21						
	損金算入のもの 印紙税	22		50,000 [4]			50,000	0
	損金算入のもの	23						
	損金不算入のもの 加算税及び加算金	24						
	損金不算入のもの 延滞税	25						
	損金不算入のもの 延滞金（延納分を除く。）	26						
	損金不算入のもの 過怠税	27						
	損金不算入のもの 源泉所得税	28						
	損金不算入のもの	29						

納税充当金の計算 [5]

期首納税充当金	30	70,000円 [5]	取崩額 その他 損金算入のもの	36	円
繰入額 損金経理をした納税充当金	31	17,500 [6]	取崩額 その他 損金不算入のもの	37	
繰入額	32		取崩額 その他	38	
繰入額 計 (31)+(32)	33	17,500	取崩額 その他 仮払税金消却	39	
取崩額 法人税額等 (5の③)+(10の③)+(15の③)	34	70,000 [7]	取崩額 計 (34)+(35)+(36)+(37)+(38)+(39)	40	70,000
取崩額 事業税 (19の③)	35		期末納税充当金 (30)+(33)-(40)	41	17,500 [8]

【別表五（二）　租税公課の納付状況等に関する明細書】記載手順

① 「道府県民税」「7」欄は、平成29年3月期の別表五（二）の「期末現在未納税額⑥」欄から記入します。本設例では、70,000円と記入します。

② 平成29年3月期の法人都民税について、納税充当金を取り崩して納付しているため、同「7」「当期中の納付税額　充当金取崩しによる納付③」欄に70,000円と記入します。

③ 「当期分　確定　9」欄は、平成29年6月期の法人都民税申告書に記載された確定納税額17,500円を同「9」「当期発生税額②」欄に記入します。「期末現在未納税額⑥」欄を計算し記入します。

④ 本設例において、印紙等を租税公課として50,000円計上しています。「その他」「損金算入のもの　22」欄は、「印紙税」と記入し、「当期発生税額②」欄に50,000円を記入します。本設例では、損金経理をしているため、「当期中の納付税額　損金経理による納付⑤」欄へ50,000円と記入します。

⑤ 「納税充当金の計算」「期首納税充当金　30」欄は、平成29年3月期の別表五（二）の「期末納税充当金　42」欄から記入します。本設例では70,000円と記入します。

⑥ 「繰入額　損金経理をした納税充当金　31」欄は、本設例では、平成29年6月期の損益計算書上の「法人税等」の額17,500円と記入します。別表四「4」欄へ転記します。

⑦ 「取崩額　法人税額等　34」欄は、［(5の③)＋(10の③)＋(15の③)］により計算し記入します。本設例では、70,000円と記入します。

⑧ 「期末納税充当金　41」欄は、［(30)＋(33)－(40)］より計算し記入します。本設例では、17,500円と記入します。

＜解散事業年度　法人税・地方法人税申告書　別表七（一）　記載例＞

設例Ａ－①

⑤ 欠損金又は災害損失金の損金算入等に関する明細書

事業年度	平成29・4・1 平成29・6・30	法人名	株式会社　みさき商事

控除前所得金額 （別表四「38の①」）－（別表七（二）「8」又は「21」）	1	150,000 円	所得金額控除限度額 (1) × ~~50、55、60~~又は100 / 100	2	150,000 円

事業年度	区分	控除未済欠損金額 3	当期控除額 （当該事業年度の(3)と((2)－当該事業年度前の(4)の合計額)のうち少ない金額） 4	翌期繰越額 ((3)－(4))又は(別表七(三)「15」) 5
	青色欠損・連結みなし欠損・災害損失	円	円	
	青色欠損・連結みなし欠損・災害損失			円
	青色欠損・連結みなし欠損・災害損失			
	青色欠損・連結みなし欠損・災害損失			
	青色欠損・連結みなし欠損・災害損失			
	青色欠損・連結みなし欠損・災害損失			
	青色欠損・連結みなし欠損・災害損失			
	青色欠損・連結みなし欠損・災害損失			
平28・4・1 平29・3・31	（青色欠損）・連結みなし欠損・災害損失	2,500,000	150,000	2,350,000
計		2,500,000	150,000	2,350,000
当期分	欠損金額（別表四「48の①」）		欠損金の繰戻し額	
	同上のうち　災害損失金			
	同上のうち　青色欠損金			
合計				2,350,000

災害により生じた損失の額の計算

災害の種類			災害のやんだ日又はやむを得ない事情のやんだ日	
災害を受けた資産の別		棚卸資産 ①	固定資産 （固定資産に準ずる繰延資産を含む。） ②	計 ①＋② ③
当期の欠損金額（別表四「48の①」）	6			円
災害により生じた損失の額　資産の滅失等により生じた損失の額	7	円	円	
被害資産の原状回復のための費用等に係る損失の額	8			
被害の拡大又は発生の防止のための費用に係る損失の額	9			
計 (7)＋(8)＋(9)	10			
保険金又は損害賠償金等の額	11			
差引災害により生じた損失の額 (10)－(11)	12			
同上のうち所得税額の還付又は欠損金の繰戻しの対象となる災害損失金額	13			
中間申告における災害損失欠損金の繰戻し額	14			
繰戻しの対象となる災害損失欠損金額 ((6の③)と((13の③)－(14の③))のうち少ない金額)	15			
繰越控除の対象となる損失の額 ((6の③)と((12の③)－(14の③))のうち少ない金額)	16			

別表七（一）　平二十九・四・一以後終了事業年度分

法 0301－0701

【別表七（一）　欠損金又は災害損失金の損金算入に関する明細書】記載手順

① 「控除前所得金額　1」欄は、[別表四「38の①」－(別表七(二)「9」又は「21」)] により計算し記入します。本設例では、150,000円と記入します。

② 「所得金額控除限度額　(1)×50、55、60又は100/100　2」欄は、本設例では、当期が中小法人等事業年度に該当する事業年度であるため、数式部分について「~~50、55、60又は~~100」と記載します。同「2」欄は、[(1)×100／100] により計算し記入します。本設例では、150,000円と記入します。

③ 「控除未済欠損金額　3」欄は、平成29年3月期の別表七（一）の「翌期繰越額　5」欄より当期首前9年以内に開始した事業年度に生じた青色欠損金の額で過去に繰越控除等を受けなかった額を古い事業年度から順次記入します。本設例では、平成29年3月期の青色欠損金の控除未済額が2,500,000円ありますので、「事業年度」欄は、「平成28年4月1日 平成29年3月31日」と記入し、「区分」欄は、青色欠損に○印を付けます。同「3」欄は、2,500,000円と記入します。

④ 「当期控除額　4」欄は、古い事業年度分から順次控除できる額を記載します。「控除未済欠損金額　3」欄と「所得金額控除限度額　2」欄の金額を比べていずれか少ない金額を記入します。本設例では、2,500,000円と150,000円を比べて少ない金額である150,000円を記入します。「4」の「計」欄を計算し記入します。

⑤ 「翌期繰越額　5」欄は、[(3)－(4)] により計算し記入します。本設例では、2,350,000円と記入します。最後に「合計」欄を計算し記入し、別表一（一）「31」欄へ転記します。

＜解散事業年度　地方税申告書　第六号様式　記載例＞

設例Ａ－①

第六号様式（提出用）

24006B62

受付印

平成 29 年　8 月 31 日

千代田都税事務所長 殿

法人番号	1 2345 6789 0123
管理番号	1,234,000

所在地	東京都千代田区〇〇町１－１－１（電話　03－〇〇〇〇－〇〇〇〇）
（ふりがな）	かぶしきかいしゃ　みさきしょうじ
法人名	株式会社　みさき商事
（ふりがな）	みさき　いちろう
代表者自署押印	みさき　一郎
事業種目	物品販売業
期末現在の資本金の額又は出資金の額	10,000,000
（解散日現在の資本金の額又は出資金の額）	10,000,000
同上が１億円以下の普通法人のうち中小法人等に該当しないもの	非中小法人等
期末現在の資本金の額及び資本準備金の額の合算額	10,000,000
期末現在の資本金等の額	10,000,000

平成 29 年 4 月 1 日から平成 29 年 6 月 30 日までの事業年度分又は連結事業年度分の道府県民税・事業税・地方法人特別税の　確定　申告書

（事業税）

摘要		課税標準	税額
所得割	所得金額総額（72－73）又は別表5㊲ ㉝	0	
	年400万円以下の金額 ㉞	0,0,0	0,0
	年400万円を超え年800万円以下の金額 ㉟	0,0,0	0,0
	年800万円を超える金額 ㊱	0,0,0	0,0
	計 ㉞＋㉟＋㊱ ㊲	0,0,0	0,0
	軽減税率不適用法人の金額 ㊳	0,0,0	0,0
付加価値割	付加価値額総額 ㊴		
	付加価値額 ㊵	0,0,0	0,0
資本割	資本金等の額総額 ㊶		
	資本金等の額 ㊷	0,0,0	0,0
収入割	収入金額総額 ㊸		
	収入金額 ㊹	0,0,0	0,0
合計事業税額 ㊲＋㊵＋㊷＋㊹又は㊳＋㊵＋㊷＋㊹ ㊺			0,0
㊻		0,0	事業税の特定寄附金税額控除額 ㊼
仮装経理に基づく事業税額の控除額 ㊽			既に納付の確定した当期分の事業税額 ㊾ 0,0
租税条約の実施に係る事業税額の控除額 ㊿			㊿ 0,0
㊺の内訳	所得割	0,0	付加価値割 0,0
	資本割	0,0	収入割 0,0
㊿のうち見込納付額			差引 0

（地方法人特別税）

摘要	課税標準	税額
所得割に係る地方法人特別税額	0,0	0,0
収入割に係る地方法人特別税額	0,0	0,0
合計地方法人特別税額		0,0
仮装経理に基づく地方法人特別税額の控除額		既に納付の確定した当期分の地方法人特別税額 0,0
租税条約の実施に係る地方法人特別税額の控除額		0,0
のうち見込納付額		差引 0

（所得金額の計算の内訳）

所得金額（法人税の明細書（別表4）の(33)）又は個別所得金額（法人税の明細書（別表4の2付表）の(41)）	1,5,0,0,0,0
加算：損金の額又は個別帰属損金額に算入した所得税額及び復興特別所得税額	
加算：損金の額又は個別帰属損金額に算入した海外投資等損失準備金勘定への繰入額	
減算：益金の額又は個別帰属益金額に算入した海外投資等損失準備金勘定からの戻入額	
減算：外国の事業に帰属する所得以外の所得に対して課された外国法人税額	
仮計	1,5,0,0,0,0
繰越欠損金額等若しくは災害損失金額又は債務免除等があった場合の欠損金額等の当期控除額	1,5,0,0,0,0
法人税の所得金額（法人税の明細書（別表4）の(48)）又は個別所得金額（法人税の明細書（別表4の2付表）の(55)）	0

決算確定の日	平成　年　月　日
解散の日	平成29年 6月30日
残余財産の最後の分配又は引渡しの日	平成　年　月　日
申告期限の延長の処分（承認）の有無	事業税 有・無　法人税 有・無
この申告書の種類	青色・その他
この申告が中間申告の場合の計算期間	平成　年　月　日から 平成　年　月　日まで

（道府県民税）

①（使途秘匿金税額等）法人税法の規定によって計算した法人税額	0
② 試験研究費の額等に係る法人税額の特別控除額	
③ 還付法人税額等の控除額	
④ 退職年金等積立金に係る法人税額	
⑤ 課税標準となる法人税額又は個別帰属法人税額 ①＋②－③＋④	0,0,0
⑥	0,0,0
⑦ 法人税割額	0
⑧ 道府県民税の特定寄附金税額控除額	
⑨ 外国の法人税等の額の控除額	
⑩ 仮装経理に基づく法人税割額の控除額	
⑪ 利子割額の控除額（控除した金額）	
⑫ 差引法人税割額 ⑦－⑧－⑨－⑩－⑪	0
⑬ 既に納付の確定した当期分の法人税割額	0,0
⑭ 租税条約の実施に係る法人税割額の控除額	
⑮ 既還付請求利子割額が過大である場合の納付額	0,0
⑯ この申告により納付すべき法人税割額	0,0
⑰ 均等割：算定期間中において事務所等を有していた月数	3 月
⑱ 円×⑰/12	1,7,5,0,0
⑲ 既に納付の確定した当期分の均等割額	0,0
⑳ この申告により納付すべき均等割額	1,7,5,0,0
㉑ この申告により納付すべき道府県民税額 ⑯＋⑳	1,7,5,0,0
㉒ ㉑のうち見込納付額	
㉓ 差引 ㉑－㉒	1,7,5,0,0
㉔ 特別区分の課税標準額	0,0,0
㉕ 同上に対する税額	0
㉖ 市町村分の課税標準額	0,0,0
㉗ 同上に対する税額	0
㉘ 利子割額（控除されるべき額）	
㉙ 控除した金額	
㉚ 控除することができなかった金額	
㉛ 既に還付を請求した利子割額	
㉜ 既還付請求利子割額が過大である場合の納付額	

利子割還付額の均等割への充当　□希望する　□希望しない

還付請求：中間納付額／利子割額／還付を受けようとする金融機関及び支払方法

法人税の期末現在の資本金等の額又は連結個別資本金等の額	1,0,0,0,0,0,0,0
法人税の当期の確定税額又は連結法人税個別帰属支払額	0

関与税理士署名押印

（電話）

【第六号様式】記載手順

① 「事業税」「所得金額の計算の内訳 所得金額㊆」欄は、法人税申告書の別表四の「合計　33」欄より転記します。「仮計㊇」欄は、[㊆+㊈+㊉−⑰−⑱]により計算します。本設例では、それぞれ150,000円と記入します。

② 繰越欠損金額等の当期控除額「㊲」欄には、第六号様式別表九の「④」の「計」欄から転記します。本設例では、150,000円と記入します。

③ 「法人税の所得金額㊳」欄は、法人税申告書の別表四の「48」欄から転記します。本設例では、0円と記入します。

④ 「事業税」「所得割　所得金額総額㉝」欄は、[㊇−㊲]により計算し記入します。本設例では、0円と記入します。

⑤ 「道府県民税」「法人税法の規定によって計算した法人税額①」欄は、法人税申告書の別表一（一）の「10」欄から転記します。「東京都に申告する場合の⑦の計算　同上に対する税額㉕」欄を計算し、同額を「法人税割額⑦」欄に記入します。本設例では、0円と記入します。「差引法人税割額⑫」欄、「この申告により納付すべき法人税割額⑯」欄を計算します。本設例では、それぞれ0円と記入します。

⑥ 「均等割額」「算定期間中において事務所等を有していた月数⑰」欄は、本設例では、3と記入します。

⑦ 「　　円×⑰/12　⑱」欄には、第六号様式別表四の三の「⑧」欄から転記します。本設例では、17,500円と記入します。「この申告により納付すべき均等割額⑳」欄、「この申告により納付すべき道府県民税額㉑」欄、「差引㉓」欄を計算します。本設例では、それぞれ17,500円と記入します。

⑧ 「解散の日」欄には、解散決議があった日を記入します。本設例では、平成29年6月30日と記入します。

⑨ 「法人税の申告書の種類」欄は、本設例では、青色の箇所に○印を付けて表示します。

⑩ 「法人税の期末現在の資本金等の額」欄は、本設例では、10,000,000円と記入します。

＜解散事業年度　地方税申告書　第六号様式別表四の三　記載例＞

設例Ａ－①

第六号様式別表四の三

均等割額の計算に関する明細書

事業年度又は連結事業年度	平成29年　4月　1日から 平成29年　6月30日まで	法人名	株式会社　みさき商事

事務所、事業所又は寮等（事務所等）の従業者数の明細

① ← 吹き出し

東京都内における主たる事務所等の所在地	事務所等を有していた月数	従業者数の合計数
東京都千代田区○○町１－１－１	3 月	1 人

特別区内における従たる事務所等

所在地	名称（外　箇所）	月数	従業者数の合計数
1 千代田区	（外　箇所）		
2 中央区	（外　箇所）		
3 港区	（外　箇所）		
4 新宿区	（外　箇所）		
5 文京区	（外　箇所）		
6 台東区	（外　箇所）		
7 墨田区	（外　箇所）		
8 江東区	（外　箇所）		
9 品川区	（外　箇所）		
10 目黒区	（外　箇所）		
11 大田区	（外　箇所）		
12 世田谷区	（外　箇所）		
13 渋谷区	（外　箇所）		
14 中野区	（外　箇所）		
15 杉並区	（外　箇所）		
16 豊島区	（外　箇所）		
17 北区	（外　箇所）		
18 荒川区	（外　箇所）		
19 板橋区	（外　箇所）		
20 練馬区	（外　箇所）		
21 足立区	（外　箇所）		
22 葛飾区	（外　箇所）		
23 江戸川区	（外　箇所）		
合計（主たる事務所等の従業者数の合計数を含む。）			1

市町村の存する区域内における従たる事務所等	名称（外　箇所）	所在地
	（外　箇所）	

当該事業年度又は連結事業年度（算定期間）中の従たる事務所等の設置・廃止及び主たる事務所等の異動

異動区分	異動の年月日	名称	所在地
設置			
廃止			
旧の主たる事務所等	（　月）		

均等割額の計算

区分			税率（年額）(ア)	月数(イ)	区数(ウ)	税額計算 (ア)×(イ)/12×(ウ)
特別区のみに事務所等を有する場合	主たる事務所等所在の特別区	事務所等の従業者数50人超 ①	円	月		円 00
						00
		事務所等の従業者数50人以下②	70000	3		00
						17500
	従たる事務所等所在の特別区	事務所等の従業者数50人超 ③				00
						00
		事務所等の従業者数50人以下④				00
						00
特別区と市町村に事務所等を有する場合	道府県分 ⑤					00
	特別区（市町村分）	事務所等の従業者数50人超 ⑥				00
						00
		事務所等の従業者数50人以下 ⑦				00
						00
納付すべき均等割額 ①＋②＋③＋④又は⑤＋⑥＋⑦ ⑧						17500

② ← 吹き出し

備考

【第六号様式別表四の三　均等割額の計算に関する明細書】記載手順

①「東京都内における主たる事務所等の所在地」欄、「事務所等を有していた月数」欄、「従業者数の合計数」欄をそれぞれ記入します。

②「均等割額の計算」欄は、本設例では、特別区に主たる事務所を有しているのみであるため、「主たる事務所等所在の特別区」「事務所等の従業者数50人以下②」区分欄を使用します。都民税均等割額の税額表に基づき資本金等の額区分により算定した金額を「税率（年額）（ア）」欄に記入します。本設例では、資本金等の額が1,000万以下で従業者数が50人以下であるため、70,000円と記入し、次に事務所等を有していた月数として「月数（イ）」欄に3を記入します。「税額計算」欄は、［(ア)×(イ)／12×(ウ)］より計算し記入します。最後に「納付すべき均等割額⑧」欄を計算し記入します。本設例では、それぞれ17,500円と記入します。「⑧」欄の額を第六号様式の「⑱」欄に転記します。

＜解散事業年度　地方税申告書　第六号様式別表九　記載例＞

設例Ａ－①

第六号様式別表九

欠損金額等及び災害損失金の控除明細書

事業年度	平成29年　4月　1日から 平成29年　6月30日まで	法人名	株式会社　みさき商事

控除前所得金額 第6号様式⑳－(別表10⑨又は㉑)	①	150,000円	所得金額控除限度額 ①× ~~50、55、60又は~~100/100	②	150,000円

事業年度	区分	控除未済欠損金額等又は控除未済災害損失金③	当期控除額④ (当該事業年度の③と(②－当該事業年度前の④の合計額)のうち少ない金額)	翌期繰越額⑤ ((③－④)又は別表11⑳)
	欠損金額等・災害損失金	円	円	
	欠損金額等・災害損失金			円
	欠損金額等・災害損失金			
	欠損金額等・災害損失金			
	欠損金額等・災害損失金			
	欠損金額等・災害損失金			
	欠損金額等・災害損失金			
	欠損金額等・災害損失金			
平28・4・1 平29・3・31	(欠損金額等)・災害損失金	2,500,000	150,000	2,350,000
計		2,500,000	150,000	2,350,000
当期分	欠損金額等・災害損失金			
当期分 同上のうち	災害損失金			円
当期分 同上のうち	青色欠損金			
合計				2,350,000

災害により生じた損失の額の計算

災害の種類			災害のやんだ日又はやむを得ない事情のやんだ日		
当期の欠損金額	⑥	円	差引災害により生じた損失の額(⑦－⑧)	⑨	円
災害により生じた損失の額	⑦		繰越控除の対象となる損失の額(⑥と⑨のうち少ない金額)	⑩	
保険金又は損害賠償金等の額	⑧				

【第六号様式別表九　欠損金額等及び災害損失金の控除明細書】記載手順

① 「控除前所得金額①」欄は、［第六号様式⑫－(別表十⑨又は㉑)］により計算し記入します。本設例では、150,000円とを記入します。

② 「所得金額控除限度額　①×50、55、60又は100/100　②」欄は、本設例では、当期が中小法人等事業年度に該当する事業年度であるため、数式部分について「~~50、55、60又は~~100」と記載し、同「②」欄を［①×100／100］により計算し記入します。本設例では、150,000円と記入します。

③ 控除未済欠損金額等「③」欄は、平成29年3月期の第六号様式別表九の「翌期繰越額⑤」欄より当期首前9年以内に開始した事業年度に生じた欠損金額等の額で過去に繰越控除を受けなかった額を古い事業年度から順次記入します。本設例では、平成29年3月期に欠損金額等の額が2,500,000円ありますので、「事業年度」欄は、「平成28年4月1日　平成29年3月31日」と記入し、「区分」欄は、欠損金額等に○印を付けます。同「③」欄は、2,500,000円と記入します。

④ 「当期控除額④」欄は、古い事業年度分から順次控除できる額を記入します。控除未済欠損金額等「③」欄と「所得金額控除限度額②」欄の金額を比べていずれか少ない金額を記入します。本設例では、2,500,000円と150,000円を比べて少ない金額である150,000円を記入します。「④」の「計」欄を計算し記入します。第六号様式の「⑬」欄へ転記します。

⑤ 「翌期繰越額⑤」欄は、［③－④］により計算し記入します。本設例では、2,350,000円と記入します。最後に「合計」欄を計算し記入します。

<解散事業年度　消費税及び地方消費税の申告書　記載例>

設例Ａ－①

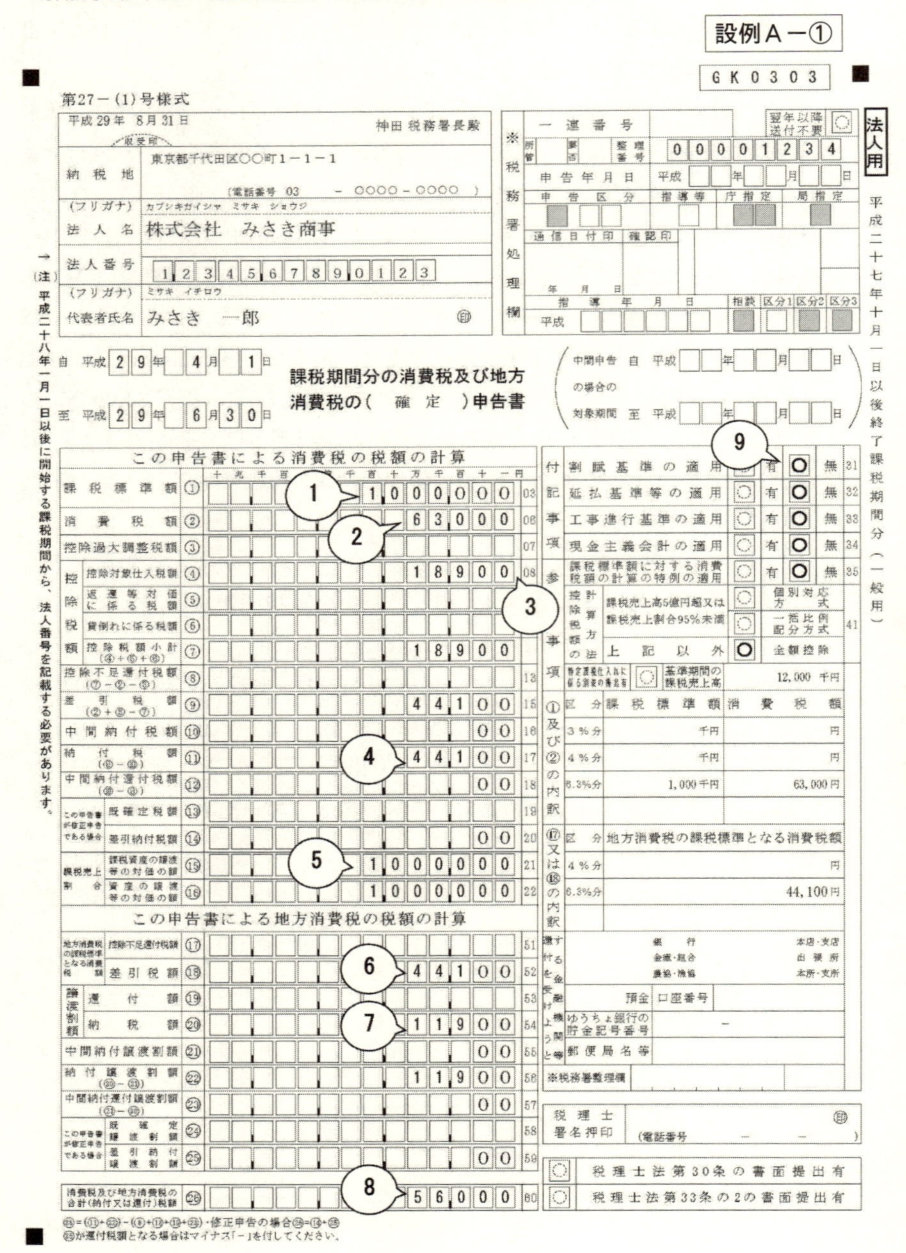

GK0303

第27－(1)号様式

平成29年　8月31日　　神田税務署長殿

収受印

納税地	東京都千代田区○○町1－1－1（電話番号 03 － ○○○○－○○○○）
(フリガナ)	カブシキガイシャ　ミサキ　ショウジ
法人名	株式会社　みさき商事
法人番号	1234567890123
(フリガナ)	ミサキ　イチロウ
代表者氏名	みさき　一郎　印

※税務署処理欄：一連番号／翌年以降送付不要／所管／要否／整理番号 00001234／申告年月日 平成　年　月　日／申告区分／指導等／庁指定／局指定／通信日付印／確認印／年　月　日／指導　年　月　日　平成／相談／区分1／区分2／区分3

法人用

自 平成 29年 4月 1日
至 平成 29年 6月 30日

課税期間分の消費税及び地方消費税の（　確定　）申告書

中間申告の場合の対象期間　自 平成　年　月　日　至 平成　年　月　日

この申告書による消費税の税額の計算

課税標準額	①	1,000,000	03
消費税額	②	63,000	06
控除過大調整税額	③		07
控除税額	控除対象仕入税額 ④	18,900	08
	返還等対価に係る税額 ⑤		09
	貸倒れに係る税額 ⑥		10
	控除税額小計 (④＋⑤＋⑥) ⑦	18,900	
控除不足還付税額 (⑦－②－③)	⑧		13
差引税額 (②＋③－⑦)	⑨	44,100	15
中間納付税額	⑩	00	16
納付税額 (⑨－⑩)	⑪	44,100	17
中間納付還付税額 (⑩－⑨)	⑫	00	18
この申告書が修正申告である場合	既確定税額 ⑬		19
	差引納付税額 ⑭	00	20
課税売上割合	課税資産の譲渡等の対価の額 ⑮	1,000,000	21
	資産の譲渡等の対価の額 ⑯	1,000,000	22

この申告書による地方消費税の税額の計算

地方消費税の課税標準となる消費税額	控除不足還付税額 ⑰		51
	差引税額 ⑱	44,100	52
譲渡割額	還付額 ⑲		53
	納税額 ⑳	11,900	54
中間納付譲渡割額	㉑	00	55
納付譲渡割額 (⑳－㉑)	㉒	11,900	56
中間納付還付譲渡割額 (㉑－⑳)	㉓	00	57
この申告書が修正申告である場合	既確定譲渡割額 ㉔		58
	差引納付譲渡割額 ㉕	00	59
消費税及び地方消費税の合計（納付又は還付）税額	㉖	56,000	60

㉖＝(⑪＋㉒)－(⑧＋⑫＋⑲＋㉓)・修正申告の場合㉖＝⑭＋㉕
㉖が還付税額となる場合はマイナス「－」を付してください。

付記事項・参考事項

割賦基準の適用	○有	●無	31
延払基準等の適用	○有	●無	32
工事進行基準の適用	○有	●無	33
現金主義会計の適用	○有	●無	34
課税標準額に対する消費税額の計算の特例の適用	○有	●無	35

控除税額の計算方法：課税売上高5億円超又は課税売上割合95%未満　○個別対応方式　○一括比例配分方式／上記以外　●全額控除　41

税額控除に係る経過措置の適用（2割特例）（ ）　基準期間の課税売上高　12,000千円

①及び②の内訳

区分	課税標準額	消費税額
3％分	千円	円
4％分	千円	円
6.3％分	1,000千円	63,000円

⑰又は⑱の内訳

区分	地方消費税の課税標準となる消費税額
4％分	円
6.3％分	44,100円

還付を受けようとする金融機関等：銀行・金庫・組合・農協・漁協　本店・支店・出張所・本所・支所／預金　口座番号／ゆうちょ銀行の貯金記号番号　－／郵便局名等

※税務署整理欄

税理士署名押印　印（電話番号　－　－　）

○ 税理士法第30条の書面提出有
○ 税理士法第33条の2の書面提出有

平成二十七年十月一日以後終了課税期間分（一般用）

(注) 平成二十八年一月一日以後に開始する課税期間から、法人番号を記載する必要があります。

【消費税及び地方消費税の確定申告書】記載手順

① 「この申告書による消費税の税額の計算」「課税標準額①」欄は、本設例では、課税売上高（税込み）1,080,000円に100/108を乗じて、1,000円未満の端数を切り捨てた金額1,000,000円を記入します。

② 「消費税額②」欄は、①で算出した課税標準額1,000,000円に6.3%を乗じて計算した63,000円を記入します。

③ 「控除税額　控除対象仕入税額④」欄は、付表2「㉒」欄から転記します。本設例では、18,900円を記入します。「控除税額小計⑦」欄は、[④+⑤+⑥]により計算し記入します。

④ 「差引税額⑨」欄および「納付税額⑪」欄を計算し記入します。本設例ではそれぞれ44,100円と記入します。100円未満の端数は切り捨てます。

⑤ 「課税売上割合　課税資産の譲渡等の対価の額⑮」欄は、付表2の「④」欄から、「課税売上割合　資産の譲渡等の対価の額⑯」欄は、付表2の「⑦」欄からそれぞれ転記します。

⑥ 「この申告書による地方消費税の税額の計算」「地方消費税の課税標準となる消費税額　差引税額⑱」欄は、申告書「差引税額⑨」欄の金額を転記します。本設例では、44,100円と記入します。

⑦ 「譲渡割額　納税額⑳」欄は、申告書「地方消費税の課税標準となる消費税額　差引税額⑱」欄の金額に17/63を乗じて計算した金額11,900円を記入します。「納付譲渡割額㉒」欄は、表示されている算式により計算し記入します。本設例では、11,900円と記入します。100円未満の端数は切り捨てます。

⑧ 「消費税及び地方消費税の合計税額㉖」欄は、本設例では、申告書「⑪」欄と「㉒」欄の合計56,000円と記入します。

⑨ 「付記事項」の欄および「参考事項」の欄は、それぞれ掲げる該当事項に○印を付けます。

<解散事業年度　消費税及び地方消費税の申告書　付表2　記載例>

設例A－①

第28－(1)号様式

付表2　課税売上割合・控除対象仕入税額等の計算表　　一般

課税期間	29・4・1～29・6・30	氏名又は名称	株式会社　みさき商事

項目		金額
課税売上額（税抜き）	①	[1] 1,000,000 円
免税売上額	②	
非課税資産の輸出等の金額、海外支店等へ移送した資産の価額	③	
課税資産の譲渡等の対価の額（①＋②＋③）	④	※申告書の⑮欄へ 1,000,000
課税資産の譲渡等の対価の額（④の金額）	⑤	1,000,000
非課税売上額	⑥	
資産の譲渡等の対価の額（⑤＋⑥）	⑦	※申告書の⑯欄へ 1,000,000
課税売上割合（④／⑦）		[2] 〔100.0 %〕※端数切捨て
課税仕入れに係る支払対価の額（税込み）	⑧	※注2参照 324,000 [3]
課税仕入れに係る消費税額（⑧×6.3／108）	⑨	※注3参照 [4] 18,900
特定課税仕入れに係る支払対価の額	⑩	※注2参照 ※上記課税売上割合が95%未満、かつ、特定課税仕入れがある事業者のみ記載してください。
特定課税仕入れに係る消費税額（⑩×6.3／100）	⑪	※注3参照
課税貨物に係る消費税額	⑫	
納税義務の免除を受けない（受ける）こととなった場合における消費税額の調整（加算又は減算）額	⑬	
課税仕入れ等の税額の合計額（⑨＋⑪＋⑫±⑬）	⑭	18,900
課税売上高が5億円以下、かつ、課税売上割合が95%以上の場合（⑭の金額）	⑮	[5] 18,900
課税売上高が5億円超又は課税売上割合が95%未満の場合／個別対応方式：⑭のうち、課税売上げにのみ要するもの	⑯	
課税売上高が5億円超又は課税売上割合が95%未満の場合／個別対応方式：⑭のうち、課税売上げと非課税売上げに共通して要するもの	⑰	
課税売上高が5億円超又は課税売上割合が95%未満の場合／個別対応方式：個別対応方式により控除する課税仕入れ等の税額〔⑯＋（⑰×④／⑦）〕	⑱	
課税売上高が5億円超又は課税売上割合が95%未満の場合：一括比例配分方式により控除する課税仕入れ等の税額（⑭×④／⑦）	⑲	
控除の税額調整：課税売上割合変動時の調整対象固定資産に係る消費税額の調整（加算又は減算）額	⑳	
控除の税額調整：調整対象固定資産を課税業務用（非課税業務用）に転用した場合の調整（加算又は減算）額	㉑	
差引：控除対象仕入税額〔（⑮、⑱又は⑲の金額）±⑳±㉑〕がプラスの時	㉒	※申告書の④欄へ 18,900
差引：控除過大調整税額〔（⑮、⑱又は⑲の金額）±⑳±㉑〕がマイナスの時	㉓	※申告書の③欄へ
貸倒回収に係る消費税額	㉔	※申告書の③欄へ

注意1　金額の計算においては、1円未満の端数を切り捨てる。
2　⑧及び⑩欄には、値引き、割戻し、割引きなど仕入対価の返還等の金額がある場合（仕入対価の返還等の金額を仕入金額から直接減額している場合を除く。）には、その金額を控除した後の金額を記入する。
3　上記2に該当する場合には、⑨又は⑪欄には次の算式により計算した金額を記入する。

課税仕入れに係る消費税額⑨＝〔課税仕入れに係る支払対価の額（仕入対価の返還等の金額を控除する前の税込金額）×$\frac{6.3}{108}$〕－〔仕入対価の返還等の金額（税込み）×$\frac{6.3}{108}$〕

特定課税仕入れに係る消費税額⑪＝〔特定課税仕入れに係る支払対価の額（特定課税仕入対価の返還等の金額を控除する前の支払対価の額）×$\frac{6.3}{100}$〕－〔特定課税仕入対価の返還等の金額×$\frac{6.3}{100}$〕

4　⑩及び⑪欄は、課税売上割合が95%未満、かつ、特定課税仕入れがある事業者のみが記載する。
なお、課税売上割合が95%未満、かつ、特定課税仕入れがある事業者は、併せて別表を提出する。
5　㉓欄と㉔欄のいずれにも記載がある場合は、その合計金額を申告書③欄に記入する。

【付表2　課税売上割合・控除対象仕入税額等の計算表】記載手順

① 「課税売上額（税抜き）①」欄は、課税売上高1,080,000円（税込み）に100/108を乗じて計算した金額1,000,000円を記入します。「課税資産の譲渡等の対価の額④」欄、「資産の譲渡等の対価の額⑦」欄を計算し記入します。本設例では、それぞれ1,000,000円と記入します。また、「④」欄の金額は消費税及び地方消費税の申告書の「⑮」欄へ、「⑦」欄の金額は、消費税及び地方消費税の申告書の「⑯」欄へそれぞれ転記します。

② 「課税売上割合④／⑦」欄は、表示されている算式により計算した割合を記入します。本設例では、100.0と記入します。

③ 「課税仕入れに係る支払対価の額（税込み）⑧」欄には、本設例では、電話代などのその他経費の支払金額324,000円（税込み）を記入します。

④ 「課税仕入れに係る消費税額⑨」欄は、表示されている算式により計算し記入します。本設例では、18,900円と記入します。「課税仕入れ等の税額の合計額⑭」欄は、表示されている算式により計算し記入します。本設例では、18,900円と記入します。

⑤ 「課税売上高が5億円以下、かつ、課税売上割合が95%以上の場合⑮」欄は、「課税仕入れ等の税額の合計額⑭」欄の金額を記入します。本設例では、課税売上高1,000,000円のみのため、課税売上割合が100.0%となり、「⑭」欄の18,900円を「⑮」欄へ記入します。「差引」「控除対象仕入税額㉒」欄は、表示されている算式により計算し記入します。本設例では、18,900円と記入します。消費税及び地方消費税の申告書「④」欄へ転記します。

第3　清算中の事業年度の確定申告

1　事業年度

清算事業年度は、解散の日の翌日から1年ごとの期間を事業年度として区切ります。なお、後述しますが、残余財産確定の日の属する最後の清算事業年度のことを、残余財産確定の日の属する事業年度といいます。

2　所得金額

通常の事業年度と同様、益金の額から損金の額を差し引いたものが所得金額となります（法法22条1項）。

清算事業年度においては、主に以下の取扱いに注意が必要です。

解散事業年度において適用できない特別償却は、清算事業年度でも同様に適用できません。そして、解散事業年度では認められていた圧縮記帳や「収用換地等の場合の所得の特別控除」（措法65条の2）についても、清算事業年度では適用できません。

また、解散した場合において残余財産がないと見込まれるときには、その清算中に終了する事業年度（以下「適用年度」という）前の各事業年度において生じた欠損金額で政令で定めるものに相当する金額（以下、「期限切れ欠損金」という）は、この適用年度の所得金額の計算上、損金の額に算入します（法法59条3項）。

期限切れ欠損金について、従来から存在する企業再生税制では、法的整理等を行った場合に生じた一定の債務免除益、私財提供益、資産の評価益に所得の範囲を限定して使用が認められていました。それに対し、新たに創設された法人税法59条3項では、資産の譲渡益にも使用できるなど所得の範囲を限定せず、残余財産がないと見込まれるときは、損金算入が認められることになりました。なお、この期限切れ欠損金（法法59条3項）は清算事業年度において適用が認められていますが、解散事業年度には適用されません。

この期限切れ欠損金を損金算入するためには、事業年度終了時点で債務超過の状態にあり、「残余財産がないと見込まれるとき」に該当する必要があります。

法人税基本通達12-3-8（残余財産がないと見込まれることの意義）

解散した法人が当該事業年度終了の時において債務超過の状態にあるときは、法第59条第3項《解散した場合の期限切れ欠損金額の損金算入》に規定する「残余財産がないと見込まれるとき」に該当するのであるから留意する。
（平22年課法2－1「二十六」により追加）

そして、その「残余財産がないと見込まれるとき」に該当すること、すなわち債務超過の状況であることを、期末時点における処分価格等で作成した実態貸借対照表等によって説明する必要があります。

法人税基本通達12-3-9（残余財産がないと見込まれることを説明する書類）

規則第26条の6第3号《会社更生等により債務の免除を受けた金額等の明細等に関する書類》に定める「残余財産がないと見込まれることを説明する書類」には、例えば、法人の清算中に終了する各事業年度終了の時の実態貸借対照表（当該法人の有する資産及び負債の価額により作成される貸借対照表をいう。以下12－3－9において同じ。）が該当する。（平22年課法2－1「二十六」により追加）

（注）　法人が実態貸借対照表を作成する場合における資産の価額は、当該事業年度終了の時における処分価格によるのであるが、当該法人の解散が事業譲渡等を前提としたもので当該法人の資産が継続して他の法人の事業の用に供される見込みであるときには、当該資産が使用収益されるものとして当該事業年度終了の時において譲渡される場合に通常付される価額による。

なお、残余財産がないと見込まれるかについては、清算中に終了する各事業年度終了の時の現況において判定されることになります。たとえば、土地と代表者からの借入金があるようなケースにおいて、解散後、清算手続の早い段階で代表者からの借入金の債務免除を行うなどした場合、土地を売却する事業年度には上記要件が満たせなくなる状況も起こりえます。このように、清算の手続を進めていくうえで、保有資産の処分や債務免除を行う時期には十分な注意が必要となります。

法人税基本通達12－3－7（残余財産がないと見込まれるかどうかの判定の時期）
法第59条第3項《解散した場合の期限切れ欠損金額の損金算入》に規定する「残余財産がないと見込まれる」かどうかの判定は、法人の清算中に終了する各事業年度終了の時の現況による。（平22年課法2－1「二十六」により追加）

【清算事業年度の主な税務取扱い一覧表】

項　目	適用可否
貸倒引当金（法法52条1項・2項）、返品調整引当金（法法53条1項）	可
租税特別措置法上の準備金	不可
法人税法及び租税特別措置法上の圧縮記帳	不可
収用換地等の場合の所得の特別控除（措法65条の2）	不可
欠損金の繰戻還付（措法66条の13）	可
期限切れ欠損金（法法59条3項）	可

※解散事業年度において適用できない特別償却、特別控除（69頁）は、清算事業年度においても適用できません。

3　税　額

税率は通常の事業年度と同様です。解散事業年度において適用できない特別控除は、清算事業年度でも適用できませんが、清算事業年度においても欠損金の繰戻還付の適用は受けることができます（措法66条の13）。その他、特定同族会社の留保金課税に係る特別税率（法法67条）については適用がないなど、一部では解散事業年度と異なる取扱いがあります。

4　申告手続等

清算事業年度の申告手続は、通常の事業年度と同様に、事業年度終了の日の翌日から2月以内に、納税地を所轄する税務署長に対し、確定申告書を提出しなければなりません（法法74条）。ただし、確定申告書の提出期限の延長の特例の適用を受けている場合には、1か月間の延長が認められます（法法75条の2）。

なお、清算事務年度ごとに会社法上作成する貸借対照表は、財産を処分価格で評価したものとなりますので、税務申告の際には、これとは別に取得原価基準による貸借対照表を作成する必要があります。また法人税法上、清算中の法人について中間申告は不要とされています（法法71条1項)。

5　清算中の事業年度の申告書記載例

<会社の概要>

法人名	株式会社みさき商事（以下「当社」とします。）
本店所在地	東京都千代田区○○町 1-1-1
業種	物品販売業
資本金	1,000万円
発行済株式	代表者が全て保有しています。
その他の事項	青色申告法人であり、本店以外に事業所等はありません。

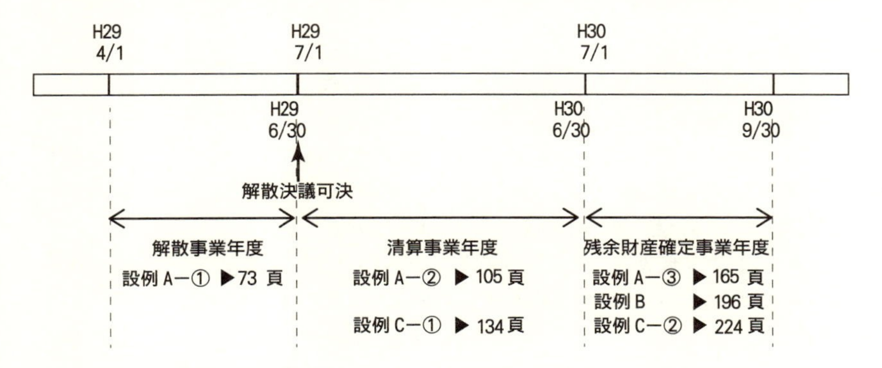

設例Ａ－②

清算事業年度の申告書（青色欠損金の繰越控除によって法人税等が生じない場合）

設例Ａ－①の次の事業年度となります。解散決議が行われたあと、商品の在庫処分等の清算手続きが行われる事業年度となります。

【解散事業年度末（平成29年6月30日現在）の貸借対照表】

貸借対照表（平成29年6月30日）　　(単位：円)

現金及び預金	2,136,000	未払法人税等	17,500
商品	2,000,000	未払消費税等	56,000
		借入金	8,000,000
		資本金	10,000,000
		繰越利益剰余金	△ 13,937,500
資産合計	4,136,000	負債・純資産合計	4,136,000

※未払法人税等の額17,500円は、法人都民税の均等割額です。

※未払消費税等56,000円は、平成29年6月期の消費税等の納付税額です。

※借入金8,000,000円は、すべて代表者から借り入れたものです。

※青色欠損金の額は、2,350,000円です。

【平成29年7月1日から平成30年6月30日までの間に行われた取引】

①　在庫商品2,000,000円を、現金3,240,000円（うち消費税額等240,000円）で販売しました。

(借方)		(貸方)	
現金及び預金	3,240,000円	棚卸資産処分収入	3,000,000円
		仮受消費税等	240,000円
棚卸資産処分原価	2,000,000円	商　　品	2,000,000円

②　平成29年6月期の未払法人税等17,500円を納付しました。

(借方)	未払法人税等	17,500円	(貸方)	現金及び預金	17,500円

③　平成29年6月期の未払消費税等56,000円を納付しました。

(借方)	未払消費税等	56,000円	(貸方)	現金及び預金	56,000円

④　電話代などのその他経費864,000円（うち消費税額等64,000円）と印紙代など租税公課10,000円を現金で支払いました。

(借方)	その他経費	800,000円	(貸方)	現金及び預金	864,000円
	仮払消費税等	64,000円			
(借方)	租税公課	10,000円	(貸方)	現金及び預金	10,000円

⑤　決算において法人税等の未払額70,000円と消費税等の未払額176,000円を計上しました。

(借方)	法人税等	70,000円	(貸方)	未払法人税等	70,000円
(借方)	仮受消費税等	240,000円	(貸方)	仮払消費税等	64,000円
				未払消費税等	176,000円

【清算事業年度の貸借対照表、損益計算書並びに申告書】

貸借対照表（平成30年6月30日）　（単位：円）

借方	金額	貸方	金額
現金及び預金	4,428,500	未払法人税等	70,000
		未払消費税等	176,000
		借入金	8,000,000
		資本金	10,000,000
		繰越利益剰余金	△ 13,817,500
資産合計	4,428,500	負債・純資産合計	4,428,500

損益計算書（平成29年7月1日から平成30年6月30日）　（単位：円）

借方	金額	貸方	金額
棚卸資産処分原価	2,000,000	棚卸資産処分収入	3,000,000
租税公課	10,000		
その他経費	800,000		
法人税等	70,000		
当期純利益	120,000		
合計	3,000,000	合計	3,000,000

※法人税等、未払法人税等の額70,000円は、当期に発生する法人都民税の均等割額です。

※未払消費税等176,000円は、当期に確定した消費税等の納付税額です。

▶設例Ａ－②のポイント

① 本設例では、青色欠損金を控除する前の所得金額が190,000円（当期純利益120,000円＋納税充当金70,000円）となります。しかし、前期から繰り越された青色欠損金の額が2,350,000円あるため、所得の金額の計算上、2,350,000円のうち190,000円を損金の額に算入することができます。したがって、この事業年度の所得金額はゼロとなります。この場合、法人税、地方法人税は課税されません。

② 法人事業税は、この事業年度の所得の金額がゼロであるため、課税されません。また、法人都民税の法人税割についても、その課税標準となる法人税額がゼロであることから課税されません。ただし、均等割の納付が求められます。

③ 消費税等について、設例Ａ－①と同様に消費税の納税義務の判定をしておく必要があります。本設例の場合、基準期間における課税売上高が1,000万円を超えるため、消費税等の申告納付が必要となります。

上記の設例に基づいて、平成29年4月1日現在の法令および規則により計算しています。なお、消費税等については納税義務があり、経理処理は、税抜経理方式を採用するものとします。

＜Ａ－②参考書式＞

法人税・地方法人税申告書　別表一（一）各事業年度の所得に係る申告書――普通法人（特定の医療法人を除く。）、一般社団法人等及び人格のない社団等の分
法人税・地方法人税申告書　別表一（一）次葉
法人税・地方法人税申告書　別表二　同族会社等の判定に関する明細書
法人税・地方法人税申告書　別表四　所得の金額の計算に関する明細書
法人税・地方法人税申告書　別表五（一）　利益積立金額及び資本金等の額の計算に関する明細書
法人税・地方法人税申告書　別表五（二）　租税公課の納付状況等に関する明細書
法人税・地方法人税申告書　別表七（一）　欠損金又は災害損失金の損金算入に関する明細書

地方税申告書　第六号様式
地方税申告書　第六号様式別表四の三　均等割額の計算に関する明細書
地方税申告書　第六号様式別表九　欠損金額等及び災害損失金の控除明細書
消費税及び地方消費税の申告書
消費税及び地方消費税の申告書　付表2　課税売上割合・控除対象仕入税額等の計算表
※申告書サンプルは、平成29年4月1日現在のものを使用しています。

<清算事業年度 法人税・地方法人税申告書 別表一（一） 記載例>

設例Ａ－②

FB0603

別表一(一) 普通法人(特定の医療法人を除く。)、一般社団法人等及び人格のない社団等の分……平二十九・四・一以後終了事業年度等分

平成30年 8月31日
神田 税務署長殿

納税地	東京都千代田区〇〇町１－１－１ 電話（03 ）〇〇〇〇－〇〇〇〇
(フリガナ)	カブシキカイシャ ミサキショウジ
法人名	株式会社 みさき商事
法人番号	1 2 3 4 5 6 7 8 9 0 1 2 3
(フリガナ)	ミサキ イチロウ
代表者自署押印	みさき 一郎 ㊞
代表者住所	東京都千代田区△△町１－１－１
事業種目	物品販売業
期末現在の資本金の額又は出資金の額	10,000,000円
同非区分	特定同族会社・同族会社・非同族会社
一般社団・財団法人のうち非営利型法人に該当するもの	非営利型法人
経理責任者自署押印	㊞
旧納税地及び旧法人名等	
添付書類	貸借対照表、損益計算書、株主(社員)資本等変動計算書又は損益金処分表、勘定科目内訳明細書、事業概況書、組織再編成に係る契約書等の写し、組織再編成に係る移転資産等の明細書
整理番号	0 0 0 0 1 2 3 4

平成29年7月1日 事業年度分の法人税 確定 申告書
平成30年6月30日 課税事業年度分の地方法人税 確定 申告書

翌年以降送付要否：要・否 適用額明細書提出の有無：有・無
税理士法第30条の書面提出有：有 税理士法第33条の2の書面提出有：有

この申告書による法人税額の計算

番号	項目	金額
1	所得金額又は欠損金額（別表四「48の①」）	0
2	法人税額（54）又は（55）	0
3	法人税額の特別控除額	
4	差引法人税額（2）－（3）	0
5	連結納税の承認を取り消された場合等における既に控除された法人税額の特別控除額の加算額	
6	土地譲渡利益金額 課税土地譲渡利益金額	000
7	同上に対する税額（21）＋（22）＋（23）	
8	留保金 課税留保金額（別表三（一）「41」）	000
9	同上に対する税額（別表三（一）「49」）	
		00
10	法人税額計（4）＋（5）＋（7）＋（9）	0
11	仮装経理に基づく過大申告の更正に伴う控除法人税額	
12	控除税額	
13	差引所得に対する法人税額（10）－（11）－（12）	00
14	中間申告分の法人税額	00
15	差引確定法人税額（13）－（14）	00
16	控除税額の計算 所得税の額（別表六（一）「6の③」）	
17	外国税額（別表六（二）「20」）	
18	計（16）＋（17）	
19	控除した金額（12）	
20	控除しきれなかった金額（18）－（19）	
21	土地譲渡税額の内訳 土地譲渡税額（別表三（二）「27」）	0
22	同上（別表三（二の二）「28」）	0
23	同上（別表三（三）「23」）	00
24	この申告による還付金額 所得税額等の還付金額（20）	
25	中間納付額（14）－（13）	
26	欠損金の繰戻しによる還付請求税額	
27	計（24）＋（25）＋（26）	
28	この申告が修正申告である場合 この申告前の所得金額又は欠損金額	
29	この申告により納付すべき法人税額又は減少する還付請求税額	00
30	欠損金又は災害損失金等の当期控除額	190000
31	翌期へ繰り越す欠損金又は災害損失金（別表七（一）「5の合計」）	2160000

この申告書による地方法人税額の計算

番号	項目	金額
32	課税標準法人税額の計算 所得の金額に対する法人税額	0
33	課税留保金額に対する法人税額	
34	課税標準法人税額（32）＋（33）	000
35	地方法人税額（58）	0
36	課税留保金額に係る地方法人税額（59）	
37	所得地方法人税額（35）＋（36）	0
38	外国税額の控除額（別表六（二）「50」）	
39	仮装経理に基づく過大申告の更正に伴う控除地方法人税額	
40	差引地方法人税額（37）－（38）－（39）	00
41	中間申告分の地方法人税額	00
42	差引確定地方法人税額（40）－（41）	00
43	この申告による還付金額（41）－（40）	
44	この申告が修正申告である場合 この申告前の 所得の金額に対する法人税額	
45	課税留保金額に対する法人税額	
46	課税標準法人税額（70）	000
47	この申告により納付すべき地方法人税額	00

剰余金・利益の配当（剰余金の分配）の金額
残余財産の最後の分配又は引渡しの日 平成 年 月 日
決算確定の日 平成 年 月 日
還付を受けようとする金融機関等：銀行・金庫・組合・農協・漁協 本店・支店・出張所・本所・支所 預金 郵便局名等 口座番号 ゆうちょ銀行の貯金記号番号
※税務署処理欄

税理士署名押印 ㊞

法 0301-0101

【別表一（一）各事業年度の所得に係る申告書】記載手順

① 「この申告書による法人税額の計算」「所得金額又は欠損金額　1」欄は、別表四「48の①」欄から転記します。本設例では、0円と記入します。

② 「法人税額　2」欄は、別表一（一）次葉「54」欄から転記します。本設例では、0円と記入します。「差引法人税額　4」欄、「法人税額計　10」欄、「差引所得に対する法人税額　13」欄、「差引確定法人税額　15」欄については、それぞれの算式に基づき計算します。本設例では、それぞれ0円と記入します。また、「10」欄の金額を地方税申告書の第六号様式「①」欄へ転記します。

③ 「欠損金又は災害損失金等の当期控除額　30」欄は、別表七（一）「4」の「計」欄より記入します。本設例では、190,000円と記入します。「翌期へ繰り越す欠損金又は災害損失金　31」欄は、別表七（一）「5」の「合計」欄から転記します。本設例では、2,160,000円と記入します。

④ 「この申告書による地方法人税額の計算」「課税標準法人税額の計算　基準法人税額　所得の金額に対する法人税額　32」欄を計算し記入します。本設例では、0円と記入します。同額を別表一（一）次葉「56」欄に転記します。

⑤ 「地方法人税額　35」欄は、別表一（一）次葉「58」欄から転記します。本設例では0円と記入します。「所得地方法人税額　37」欄、「差引地方法人税額　40」欄、「差引確定地方法人税額　42」欄については、それぞれの算式に基づき計算します。本設例ではそれぞれ0円と記入します。

＜清算事業年度　法人税・地方法人税申告書　別表一（一）次葉　記載例＞

設例Ａ－②

別表一(一)次葉　平二十九・四・一以後終了事業年度等分

事業年度等	平成29・7・1 平成30・6・30	法人名	株式会社　みさき商事

法人税額の計算

区分	項目	番号	金額	項目	番号	金額
中小法人等の場合	(1)の金額又は800万円×12/12相当額のうち少ない金額	48	0	(48)の15%相当額	52	0
中小法人等の場合	(1)のうち年800万円相当額を超える金額 (1)－(48)	49	0	(49)の23.4%相当額	53	0
中小法人等の場合	所得金額 (48)＋(49)	50	0	法人税額 (52)＋(53)	54	0
その他の法人の場合	所得金額 (1)	51		法人税額 ((51)の23.4%相当額)	55	

地方法人税額の計算

項目	番号	金額	項目	番号	金額
所得の金額に対する法人税額 (32)	56	0	(56)の4.4%相当額	58	0
課税留保金額に対する法人税額 (33)	57		(57)の4.4%相当額	59	

この申告が修正申告である場合の計算

区分	項目	番号	金額	区分	項目	番号	金額
法人税額の計算　この申告前の	所得金額又は欠損金額	60		地方法人税額の計算　この申告前の	所得の金額に対する法人税額	68	
	課税土地譲渡利益金額	61			課税留保金額に対する法人税額	69	
	課税留保金額	62			課税標準法人税額 (68)＋(69)	70	
	法人税額	63			確定地方法人税額	71	
	還付金額	64	外		中間還付額	72	
	この申告により納付すべき法人税額又は減少する還付請求税額 ((15)－(63))若しくは((15)＋(64))又は((64)－(27))	65	外		欠損金の繰戻しによる還付金額	73	
この申告前の	欠損金又は災害損失金等の当期控除額	66			この申告により納付すべき地方法人税額 ((43)－(71))若しくは((43)＋(72)＋(73))又は(((72)－(43))＋((73)－(43の外書)))	74	
	翌期へ繰り越す欠損金又は災害損失金	67					

法 0301－0101－次

【別表一（一）次葉】記載手順

① 本設例では当期末における資本金の額が1億円以下の普通法人であるため、別表一（一）次葉の「中小法人等の場合」を使用して計算します。「(1)の金額又は800万円×　/12相当額のうち少ない金額　48」欄は、分子が空欄になっていますので、当期の月数（暦に従って計算し、1月未満の端数は切り上げる）を記入します。本設例では、12と記入します。同「48」欄は、0円と［800万円×12／12］相当額のうち、少ない金額を記入します。本設例では、0円と記入します。「(1)のうち年800万円相当額を超える金額　49」欄、「所得金額　50」欄について計算し記入します。本設例では、それぞれ0円と記入します。

② 「(48)の15％相当額　52」欄、「(49)の23.4％相当額　53」欄、「法人税額　54」欄について計算し記入します。本設例では、それぞれ0円と記入します。別表一（一）の「2」欄に転記します。

③ 「地方法人税額の計算　所得の金額に対する法人税額　56」欄は、別表一（一）の「32」欄から転記します。本設例では、0円と記入します。「(56)の4.4％相当額　58」欄を計算し記入します。本設例では0円と記入します。別表一（一）の「35」欄に転記します。

<清算事業年度　法人税・地方法人税申告書　別表二　記載例>

設例Ａ－②

同族会社等の判定に関する明細書

事業年度又は連結事業年度	平成29・7・1 平成30・6・30	法人名	株式会社　みさき商事

別表二　平二十九・四・一以後終了事業年度又は連結事業年

同族会社の判定	期末現在の発行済株式の総数又は出資の総額	1	内 ② 200
	(19)と(21)の上位3順位の株式数又は出資の金額	2	③ 200
	株式数等による判定 (2)/(1)	3	100.0 %
	期末現在の議決権の総数	4	内 ④
	(20)と(22)の上位3順位の議決権の数	5	
	議決権の数による判定 (5)/(4)	6	%
	期末現在の社員の総数	7	
	社員の3人以下及びこれらの同族関係者の合計人数のうち最も多い数	8	
	社員の数による判定 (8)/(7)	9	%
	同族会社の判定割合 ((3)、(6)又は(9)のうち最も高い割合)	10	100.0 %
特定同族会社の判定	(21)の上位1順位の株式数又は出資の金額	11	
	株式数等による判定 (11)/(1)	12	%
	(22)の上位1順位の議決権の数	13	
	議決権の数による判定 (13)/(4)	14	%
	(21)の社員の1人及びその同族関係者の合計人数のうち最も多い数	15	
	社員の数による判定 (15)/(7)	16	%
	特定同族会社の判定割合 ((12)、(14)又は(16)のうち最も高い割合)	17	%
	判定結果	18	特定同族会社 同族会社（○印）⑤ 非同族会社

判定基準となる株主等の株式数等の明細

順位 株式数等	順位 議決権数	判定基準となる株主（社員）及び同族関係者 住所又は所在地	氏名又は法人名	判定基準となる株主等との続柄	被支配会社でない法人株主等 株式数又は出資の金額 19	被支配会社でない法人株主等 議決権の数 20	その他の株主等 株式数又は出資の金額 21	その他の株主等 議決権の数 22
① 1		東京都千代田区△△町1－1－1	みさき　一郎	本人			200	

法 0301－0200

【別表二　同族会社等の判定に関する明細書】記載手順

① 「判定基準となる株主等の株式数等の明細」は、その会社の株主の1人およびその同族関係者の所有する株式数の合計が最も多いものから順次記入していきます。本設例では、みさき一郎が発行済株式総数200株をすべて保有しているため、第1順位がみさき一郎となり、「株式数又は出資の金額等　その他の株主等　株式数又は出資の金額　21」欄は、200と記入します。

② 「同族会社の判定」「期末現在の発行済株式の総数又は出資の総額　1」欄は、本設例では、200と記入します。

③ 「⒆と㉑の上位3順位の株式数又は出資の金額　2」欄は、「判定基準となる株主等の株式数等の明細」より計算して記入します。本設例では、200と記入します。

④ 「株式数等による判定⑵/⑴　3」欄は、表示されている算式により計算した割合を記入します。本設例では、100.0と記入します。さらに、「同族会社の判定割合　10」欄を記入します。本設例では、100.0と記入します。

⑤ 「判定結果　18」欄は、該当するものを○印で囲んで表示します。本設例では、当期末の資本金の額が1億円以下であり、「同族会社の判定割合　10」欄が50％超であるため同族会社に該当します。

＜清算事業年度　法人税・地方法人税申告書　別表四　記載例＞

設例Ａ－②

所得の金額の計算に関する明細書

事業年度	平成29・7・1 平成30・6・30	法人名	株式会社　みさき商事

別表四

平二十九・四・一以後終了事業年度分

区分			総額 ①	処分 留保 ②	処分 社外流出	処分 社外流出 ③
当期利益又は当期欠損の額		1	120,000円	120,000円	配当 その他	円
加算	損金経理をした法人税及び地方法人税(附帯税を除く。)	2				
加算	損金経理をした道府県民税及び市町村民税	3				
加算	損金経理をした納税充当金	4	70,000	70,000		
加算	損金経理をした附帯税(利子税を除く。)、加算金、延滞金(延納分を除く。)及び過怠税	5			その他	
加算	減価償却の償却超過額	6				
加算	役員給与の損金不算入額	7			その他	
加算	交際費等の損金不算入額	8			その他	
加算		9				
加算		10				
加算	小計	11	70,000	70,000		
減算	減価償却超過額の当期認容額	12				
減算	納税充当金から支出した事業税等の金額	13				
減算	受取配当等の益金不算入額(別表八(一)「13」又は「26」)	14			※	
減算	外国子会社から受ける剰余金の配当等の益金不算入額(別表八(二)「26」)	15			※	
減算	受贈益の益金不算入額	16			※	
減算	適格現物分配に係る益金不算入額	17			※	
減算	法人税等の中間納付額及び過誤納に係る還付金額	18				
減算	所得税額等及び欠損金の繰戻しによる還付金額等	19			※	
減算		20				
減算	小計	21			外※	
仮計 (1)＋(11)－(21)		22	190,000	190,000	外※	
関連者等に係る支払利子等の損金不算入額 (別表十七(二の二)「25」又は「30」)		23			その他	
超過利子額の損金算入額 (別表十七(二の三)「10」)		24			※	
仮計 ((22)から(24)までの計)		25	190,000	190,000	外※	
寄附金の損金不算入額 (別表十四(二)「24」又は「40」)		26			その他	
沖縄の認定法人の所得の特別控除額 (別表十(一)「9」又は「13」)		27			※	
国家戦略特別区域における指定法人の所得の特別控除額　(別表十(二)「8」)		28			※	
法人税額から控除される所得税額 (別表六(一)「6の③」)		29			その他	
税額控除の対象となる外国法人税の額 (別表六(二の二)「7」)		30			その他	
組合等損失額の損金不算入額又は組合等損失超過合計額の損金算入額　(別表九(二)「10」)		31				
対外船舶運航事業者の日本船舶による収入金額に係る所得の金額の損金算入額又は益金算入額 (別表十(四)「20」、「21」又は「23」)		32			※	
合計 (25)＋(26)＋(27)＋(28)＋(29)＋(30)＋(31)±(32)		33	190,000	190,000	外※	
契約者配当の益金算入額 (別表九(一)「13」)		34				
特定目的会社等の支払配当又は特定目的信託に係る受託法人の利益の分配等の損金算入額 (別表十(七)「13」、別表十(八)「11」又は別表十(九)「16」若しくは「33」)		35				
中間申告における繰戻しによる還付に係る災害損失欠損金額の益金算入額		36			※	
非適格合併又は残余財産の全部分配等による移転資産等の譲渡利益額又は譲渡損失額		37			※	
差引計 ((33)から(37)までの計)		38	190,000	190,000	外※	
欠損金又は災害損失金等の当期控除額 (別表七(一)「4の計」＋(別表七(二)「9」若しくは「21」又は別表七(三)「10」))		39	Δ190,000		※	Δ190,000
総計 (38)＋(39)		40	0	190,000	外※	Δ190,000
新鉱床探鉱費又は海外新鉱床探鉱費の特別控除額　(別表十(三)「43」)		41			※	
農業経営基盤強化準備金積立額の損金算入額 (別表十二(十四)「10」)		42				
農用地等を取得した場合の圧縮額の損金算入額　(別表十二(十四)「43の計」)		43				
関西国際空港用地整備準備金積立額の損金算入額　(別表十二(十一)「15」)		44				
中部国際空港整備準備金積立額の損金算入額 (別表十二(十二)「10」)		45				
再投資等準備金積立額の損金算入額 (別表十二(十五)「12」)		46				
残余財産の確定の日の属する事業年度に係る事業税の損金算入額		47				
所得金額又は欠損金額		48	0	190,000	外※	Δ190,000

法 0301－0401

【別表四　所得の金額の計算に関する明細書】記載手順

① 損益計算書上の当期純利益120,000円を「当期利益又は当期欠損の額　1」欄に記入します。

② 「損金経理をした納税充当金　4」欄は、別表五（二）の「31」欄から転記します。本設例では、70,000円と記入します。「加算」「小計　11」欄を計算し記入します。

③ 「仮計　22」欄は、[(1)＋(11)－(21)] により計算します。本設例では、190,000円と記入します。

④ 「合計　33」欄および「差引計　38」欄については、それぞれの算式に基づき計算し記入します。本設例では、それぞれ190,000円と記入します。「33」欄から地方税申告書の第六号様式の「㊲」欄へ転記します。

⑤ 「欠損金又は災害損失金等の当期控除額　39」欄は、別表七（一）「4」の「計」欄より記入します。本設例では、△190,000円と記入します。

⑥ 「総計　40」欄は、[(38)＋(39)] により計算し記入します。本設例では、0円と記入します。最後に「所得金額又は欠損金額　48」欄を計算し記入します。本設例では、0円と記入します。別表一（一）の「1」欄、および地方税申告書の第六号様式の「㊹」欄へ転記します。

<清算事業年度　法人税・地方法人税申告書　別表五（一）　記載例>

設例Ａ－②

利益積立金額及び資本金等の額の計算に関する明細書

事業年度	平成29・7・1　平成30・6・30	法人名	株式会社　みさき商事

別表五（一）　平二十九・四・一以後終了事業年度分

Ⅰ　利益積立金額の計算に関する明細書

区分		期首現在利益積立金額 ①	当期の増減 減 ②	当期の増減 増 ③	差引翌期首現在利益積立金額 ①－②＋③ ④
利益準備金	1	円	円	円	円
	2				
	3				
	4				
	5				
	6				
	7				
	8				
	9				
	10				
	11				
	12				
	13				
	14				
	15				
	16				
	17				
	18				
	19				
	20				
	21				
	22				
	23				
	24				
	25				
繰越損益金（損は赤）	26	△13,937,500	△13,937,500	△13,817,500	△13,817,500
納税充当金	27	17,500	17,500	70,000	70,000
未納法人税等（退職年金等積立金に対するものを除く。）　未納法人税及び未納地方法人税（附帯税を除く。）	28			中間 確定 0	0
未納道府県民税（均等割額及び利子割額を含む。）	29	△17,500	△17,500	中間 確定 △70,000	△70,000
未納市町村民税（均等割額を含む。）	30			中間 確定	
差引合計額	31	△13,937,500	△13,937,500	△13,817,500	△13,817,500

Ⅱ　資本金等の額の計算に関する明細書

区分		期首現在資本金等の額 ①	当期の増減 減 ②	当期の増減 増 ③	差引翌期首現在資本金等の額 ①－②＋③ ④
資本金又は出資金	32	10,000,000円	円	円	10,000,000円
資本準備金	33				
	34				
	35				
差引合計額	36	10,000,000			10,000,000

法 0301－0501

【別表五(一)　利益積立金額及び資本金等の額の計算に関する明細書】記載手順

① 「繰越損益金　26」欄は、平成29年6月期の別表五（一）の「差引翌期首現在利益積立金額④」欄から記入します。本設例では、△13,937,500円と記入します。また、「当期の増減　減②」欄に△13,937,500円と記入します。

② 平成30年6月末時点の貸借対照表の「繰越利益剰余金」の額△13,817,500円を同「26」「当期の増減　増③」欄に記入します。「差引翌期首現在利益積立金額④」欄を計算し記入します。

③ 「納税充当金　27」欄は、平成29年6月期の別表五（一）の「差引翌期首現在利益積立金額④」欄から記入します。本設例では、17,500円と記入します。当期中に納税充当金を取り崩して納付していますので、「当期の増減　減②」欄には、前期分の法人都民税の均等割額17,500円を記入します。

④ 当期末に未払計上した「未払法人税等」の額70,000円を同「納税充当金　27」「当期の増減　増③」欄に記入します。「差引翌期首現在利益積立金額④」欄を計算し記入します。

⑤ 「未納法人税等　未納道府県民税　29」欄は、平成29年6月期の別表五（一）の「差引翌期首現在利益積立金額④」欄から記入します。本設例では△17,500円と記入します。当期中に納付していますので、「当期の増減　減②」欄に△17,500円と記入します。

⑥ 平成30年6月期の法人都民税申告書に記載された確定納税額を同「29」「当期の増減　増③」「確定」欄に△70,000円と記入します。「差引翌期首現在利益積立金額④」欄を計算して記入します。

⑦ 「差引合計額　31」欄は、「差引翌期首現在利益積立金額④」欄の合計額を記入します。

⑧ 「資本金又は出資金　32」、「差引合計額　36」の「①」欄は、平成29年6月期の別表五（一）の「差引翌期首現在資本金等の額④」欄から記入します。本設例では、10,000,000円と記入します。同「32」欄、同「36」欄の「差引翌期首現在資本金等の額④」欄を計算し記入します。

＜清算事業年度 法人税・地方法人税申告書 別表五（二） 記載例＞

設例Ａ－②

別表五（二）　平二十九・四・一以後終了事業年度分

租税公課の納付状況等に関する明細書

事業年度	平成29・7・1 平成30・6・30	法人名	株式会社 みさき商事

税目及び事業年度			期首現在未納税額 ①	当期発生税額 ②	当期中の納付税額 充当金取崩しによる納付 ③	仮払経理による納付 ④	損金経理による納付 ⑤	期末現在未納税額 ①+②−③−④−⑤ ⑥
法人税及び地方法人税	28・4・1 29・3・31	1	円		円	円	円	円
	29・4・1 29・6・30	2						
	当期分 中間	3		円				
	当期分 確定	4		0				0
	計	5		0				0
道府県民税	28・4・1 29・3・31	6						
	29・4・1 29・6・30	7	17,500		17,500			0
	当期分 中間	8						
	当期分 確定	9		0 70,000				0 70,000
	計	10	17,500	0 70,000	17,500			0 70,000
市町村民税	・ ・	11						
	・ ・	12						
	当期分 中間	13						
	当期分 確定	14						
	計	15						
事業税	・ ・	16						
	29・4・1 29・6・30	17		0				0
	当期中間分	18						
	計	19		0				0
その他	損金算入のもの 利子税	20						
	損金算入のもの 延滞金（延納に係るもの）	21						
	損金算入のもの 印紙税	22		10,000			10,000	0
	損金算入のもの	23						
	損金不算入のもの 加算税及び加算金	24						
	損金不算入のもの 延滞税	25						
	損金不算入のもの 延滞金（延納分を除く。）	26						
	損金不算入のもの 過怠税	27						
	損金不算入のもの 源泉所得税	28						
	損金不算入のもの	29						

納税充当金の計算

区分	項目	番号	金額	区分	項目	番号	金額
	期首納税充当金	30	17,500 円	取崩額 その他	損金算入のもの	36	円
繰入額	損金経理をした納税充当金	31	70,000		損金不算入のもの	37	
		32				38	
	計 (31)+(32)	33	70,000		仮払税金消却	39	
取崩額	法人税額等 (5の③)+(10の③)+(15の③)	34	17,500		計 (34)+(35)+(36)+(37)+(38)+(39)	40	17,500
	事業税 (19の③)	35			期末納税充当金 (30)+(33)−(40)	41	70,000

【別表五（二）　租税公課の納付状況等に関する明細書】記載手順

① 「道府県民税」「7」欄は、平成29年6月期の別表五（二）の「期末現在未納税額⑥」欄から記入します。本設例では、17,500円と記入します。

② 平成29年6月期の法人都民税について、納税充当金を取り崩して納付しているため、同「7」「当期中の納付税額　充当金取崩しによる納付③」欄に17,500円と記入します。

③ 「当期分　確定　9」欄は、平成30年6月期の法人都民税申告書に記載された確定納税額70,000円を同「9」「当期発生税額②」欄に記入します。「期末現在未納税額⑥」欄を計算し記入します。

④ 本設例において、印紙等を租税公課として10,000円計上しています。「その他」「損金算入のもの　22」欄は、「印紙税」と記入し、「当期発生税額②」欄に10,000円を記入します。本設例では、損金経理をしているため、「当期中の納付税額　損金経理による納付⑤」欄へ10,000円と記入します。

⑤ 「期首納税充当金　30」欄は、平成29年6月期の別表五（二）の「期末納税充当金　41」欄から記入します。本設例では、17,500円と記入します。

⑥ 「繰入額　損金経理をした納税充当金　31」欄は、本設例では、平成30年6月期の損益計算書上の「法人税等」の額70,000円と記入します。別表四「4」へ転記します。

⑦ 「取崩額　法人税額等　34」欄は、［(5の③)＋(10の③)＋(15の③)］により計算し記入します。本設例では、17,500円と記入します。

⑧ 「期末納税充当金　41」欄は、［(30)＋(33)－(40)］により計算し記入します。本設例では、70,000円と記入します。

<清算事業年度　法人税・地方法人税申告書　別表七（一）　記載例>

設例Ａ－②

⑤ 欠損金又は災害損失金の損金算入等に関する明細書

別表七（一）　平二十九・四・一以後終了事業年度分

事業年度	平成29・7・1 平成30・6・30	法人名	株式会社　みさき商事

控除前所得金額（別表四「38の①」）－（別表七(二)「9」又は「21」）	1	① 190,000円	所得金額控除限度額 (1)×100/100	2	② 190,000円

事業年度	区分	控除未済欠損金額 3	当期控除額（当該事業年度の(3)と((2)－当該事業年度前の(4)の合計額)のうち少ない金額） 4	翌期繰越額（((3)－(4))又は(別表七(三)「15」)） 5
	青色欠損・連結みなし欠損・災害損失	円	円	
	青色欠損・連結みなし欠損・災害損失			円
	青色欠損・連結みなし欠損・災害損失			
	青色欠損・連結みなし欠損・災害損失			
	青色欠損・連結みなし欠損・災害損失			
	青色欠損・連結みなし欠損・災害損失			
	青色欠損・連結みなし欠損・災害損失			
③ 平28・4・1 平29・3・31	青色欠損（○印）・連結みなし欠損・災害損失	2,350,000	④ 190,000	⑤ 2,160,000
	青色欠損・連結みなし欠損・災害損失			
計		2,350,000	190,000	2,160,000
当期分	欠損金額（別表四「48の①」）		欠損金の繰戻し額	
	同上のうち　災害損失金			
	同上のうち　青色欠損金			
合計				2,160,000

災害により生じた損失の額の計算

項目		棚卸資産 ①	固定資産（固定資産に準ずる繰延資産を含む。） ②	計 ①＋② ③
災害の種類			災害のやんだ日又はやむを得ない事情のやんだ日	
当期の欠損金額（別表四「48の①」）	6			円
災害により生じた損失の額　資産の滅失等により生じた損失の額	7	円	円	
被害資産の原状回復のための費用等に係る損失の額	8			
被害の拡大又は発生の防止のための費用に係る損失の額	9			
計 (7)＋(8)＋(9)	10			
保険金又は損害賠償金等の額	11			
差引災害により生じた損失の額 (10)－(11)	12			
同上のうち所得税額の還付又は欠損金の繰戻しの対象となる災害損失金額	13			
中間申告における災害損失欠損金の繰戻し額	14			
繰戻しの対象となる災害損失欠損金額（(6の③)と((13の③)－(14の③))のうち少ない金額）	15			
繰越控除の対象となる損失の額（(6の③)と((12の③)－(14の③))のうち少ない金額）	16			

法 0301－0701

【別表七（一）　欠損金または災害損失金の損金算入に関する明細書】記載手順

① 「控除前所得金額　1」欄は、[別表四「38の①－別表七(二)「9」又は「21」]により計算し記入します。本設例では、190,000円と記入します。

② 「所得金額控除限度額　(1)×50、55、60又は100/100　2」欄は、本設例では当期が中小法人等事業年度に該当する事業年度であるため、数式部分について「~~50、55、60又は~~100」と記載します。同「2」欄は［(1)×100／100］により計算し記入します。本設例では、190,000円と記入します。

③ 「控除未済欠損金額　3」欄は、平成29年6月期の別表七（一）の「翌期繰越額　5」欄より当期首前9年以内に開始した事業年度に生じた青色欠損金の額で、過去に繰越控除等を受けなかった額を古い事業年度から順次記入します。本設例では、平成29年3月期の青色欠損金の控除未済額が2,350,000円ありますので、「事業年度」欄は、「平成28年4月1日　平成29年3月31日」と記入し、「区分」欄は、青色欠損に○印を付けます。同「3」欄は、2,350,000円と記入します。

④ 「当期控除額　4」欄は、古い事業年度分から順次控除できる額を記入します。「控除未済欠損金額　3」欄と「所得金額控除限度額　2」欄の金額を比べていずれか少ない金額を記入します。本設例では、2,350,000円と190,000円を比べて少ない金額である190,000円を記入します。「4」の「計」欄を計算し記入します。

⑤ 「翌期繰越額　5」欄は、[(3)－(4)］により計算し記入します。本設例では、2,160,000円と記入します。最後に「合計」欄を計算し記入します。別表一(一)「31」欄へ転記します。

＜清算事業年度　地方税申告書　第六号様式　記載例＞

設例Ａ－②

第六号様式（提出用）

受付印　24006B62

整理番号　管理番号 1234000

平成 30 年 8 月 31 日
千代田都税事務所長 殿

法人番号 1 2345 6789 0123

所在地	東京都千代田区〇〇町１－１－１（電話 03－0000－0000）
(ふりがな)	かぶしきがいしゃ　みさきしょうじ
法人名	株式会社　みさき商事
(ふりがな)	みさき　いちろう
代表者自署押印	みさき　一郎
事業種目	物品販売業
期末現在の資本金の額又は出資金の額	10,000,000 / 10,000,000
同上が１億円以下の普通法人のうち中小法人等に該当しないもの	非中小法人等
期末現在の資本金の額及び資本準備金の額の合算額	10,000,000
期末現在の資本金等の額	10,000,000

平成29年7月1日から平成30年6月30日までの事業年度分又は連結事業年度分の道府県民税・事業税・地方法人特別税の確定申告書

事業税

摘要		課税標準	税額
所得割	所得金額総額	4 0	
	年400万円以下の金額	0,0,0	0,0
	年400万円を超え年800万円以下の金額	0,0,0	0,0
	年800万円を超える金額	0,0,0	0,0
	計	0,0,0	0,0
	軽減税率不適用法人の金額	0,0,0	0,0
付加価値割	付加価値額総額		
	付加価値額	0,0,0	0,0
資本割	資本金等の額総額		
	資本金等の額	0,0,0	0,0
収入割	収入金額総額		
	収入金額	0,0,0	0,0
合計事業税額			0,0
仮装経理に基づく事業税額の控除額			0,0
所得割		0,0	0,0
資本割		0,0	0,0
差引			0

地方法人特別税

摘要	課税標準	税額
所得割に係る地方法人特別税額	0,0	0,0
収入割に係る地方法人特別税額	0,0	0,0
合計地方法人特別税額		0,0
差引		0

所得金額の計算の内訳

所得金額（法人税の明細書（別表4）の(33)）又は個別所得金額（法人税の明細書（別表4の2付表）の(41)）	1 1,9,0,0,0,0
加算　損金の額又は個別帰属損金額に算入した所得税額及び復興特別所得税額	
加算　損金の額又は個別帰属損金額に算入した海外投資等損失準備金勘定への繰入額	
減算　益金の額又は個別帰属益金額に算入した海外投資等損失準備金勘定からの戻入額	
減算　外国の事業に帰属する所得以外の所得に対して課された外国法人税額	
仮計	2 1,9,0,0,0,0
繰越欠損金額等若しくは災害損失金額又は債務免除等があった場合の欠損金額等の当期控除額	1,9,0,0,0,0
法人税の所得金額（法人税の明細書（別表4）の(48)）又は個別所得金額（法人税の明細書（別表4の2付表）の(55)）	3 0
決算確定の日	8 平成　年　月　日
解散の日	平成29年6月30日
残余財産の最後の分配又は引渡しの日	平成　年　月　日
法人税の申告書の種類	9 青色・その他

道府県民税

法人税法の規定によって計算した法人税額	5 0
差引法人税額	0,0,0
法人税割額	0
差引法人税割額	0,0
既に納付の確定した当期分の法人税割額	0,0
既還付請求利子割額が過大である場合の納付額	0,0
この申告により納付すべき法人税割額	6 0,0
均等割額　算定期間中において事務所等を有していた月数	12月
円×月数/12	7 7,0,0,0,0
既に納付の確定した当期分の均等割額	0,0
この申告により納付すべき均等割額	7,0,0,0,0
この申告により納付すべき道府県民税額	7,0,0,0,0
差引	7,0,0,0,0
特別区分の課税標準額	0,0,0
同上に対する税額	0
市町村分の課税標準額	0,0,0
法人税の期末現在の資本金等の額又は連結個別資本金等の額	1,0,0,0,0,0,0,0 （10）
法人税の当期の確定税額又は連結法人税個別帰属支払額	0

署名押印　関与税理士

【第六号様式】記載手順

① 「事業税」「所得金額の計算の内訳　所得金額㊼」欄は、法人税申告書の別表四の「合計　33」欄より転記します。「仮計㊷」欄は［㊼＋㊽＋㊾－㊿－(71)］により計算し記入します。本設例では、それぞれ190,000円と記入します。

② 繰越欠損金額等の当期控除額「(73)」欄は、第六号様式別表九の「④」の「計」欄から転記します。本設例では、190,000円と記入します。

③ 「法人税の所得金額(74)」欄は、法人税申告書の別表四の「48」欄から転記します。本設例では、0円と記入します。

④ 「事業税」「所得割　所得金額総額㉝」欄は、［(72)－(73)］により計算し記入します。本設例では、0円と記入します。

⑤ 「道府県民税」「法人税法の規定によって計算した法人税額①」欄は、法人税申告書の別表一（一）の「10」欄から転記します。「東京都に申告する場合の⑦の計算　同上に対する税額㉕」欄を計算し、同額を「法人税割額⑦」欄に記入します。本設例では、0円と記入します。「差引法人税割額⑫」欄、「この申告により納付すべき法人税割額⑯」欄を計算します。本設例では、それぞれ0円と記入します。

⑥ 「均等割額」「算定期間中において事務所等を有していた月数⑰」欄は、本設例では、12と記入します。

⑦ 「　　円×⑰/12　⑱」欄には、第六号様式別表四の三の「⑧」欄から転記します。本設例では、70,000円と記入します。「この申告により納付すべき均等割額⑳」欄、「この申告により納付すべき道府県民税額㉑」欄、「差引㉓」欄を、計算します。本設例では、70,000円と記入します。

⑧ 「解散の日」欄は、解散決議があった日を記入します。本設例では、平成29年6月30日と記入します。

⑨ 「法人税の申告書の種類」欄は、本設例では、青色に○印を付けて表示します。

⑩ 「法人税の期末現在の資本金等の額」欄は、本設例では、10,000,000円と記入します。

＜清算事業年度　地方税申告書　第六号様式別表四の三　記載例＞

設例Ａ－②

第六号様式別表四の三

均等割額の計算に関する明細書

事業年度又は連結事業年度	平成29年 7月 1日から 平成30年 6月30日まで	法人名	株式会社　みさき商事

事務所、事業所又は寮等（事務所等）の従業者数の明細

①

東京都内における主たる事務所等の所在地	事務所等を有していた月数	従業者数の合計数
東京都千代田区〇〇町１－１－１	12月	1人

特別区内における従たる事務所等

	所在地	名称（外　箇所）	月数	従業者数の合計数
1	千代田区	（外　箇所）		
2	中央区	（外　箇所）		
3	港区	（外　箇所）		
4	新宿区	（外　箇所）		
5	文京区	（外　箇所）		
6	台東区	（外　箇所）		
7	墨田区	（外　箇所）		
8	江東区	（外　箇所）		
9	品川区	（外　箇所）		
10	目黒区	（外　箇所）		
11	大田区	（外　箇所）		
12	世田谷区	（外　箇所）		
13	渋谷区	（外　箇所）		
14	中野区	（外　箇所）		
15	杉並区	（外　箇所）		
16	豊島区	（外　箇所）		
17	北区	（外　箇所）		
18	荒川区	（外　箇所）		
19	板橋区	（外　箇所）		
20	練馬区	（外　箇所）		
21	足立区	（外　箇所）		
22	葛飾区	（外　箇所）		
23	江戸川区	（外　箇所）		
合計（主たる事務所等の従業者数の合計数を含む。）				1

市町村の存する区域内における従たる事務所等	名称（外　箇所）	所在地
	（外　箇所）	

当該事業年度又は連結事業年度（算定期間）中の従たる事務所等の設置・廃止及び主たる事務所等の異動

異動区分	異動の年月日	名称	所在地
設置			
廃止			
旧の主たる事務所等	（　月）		

均等割額の計算

区分			税率（年額）（ア）	月数（イ）	区数（ウ）	税額計算 (ア)×(イ)/12×(ウ)
特別区のみに事務所等を有する場合	主たる事務所等所在の特別区	事務所等の従業者数50人超　①	円	月		円 00
						00
		事務所等の従業者数50人以下②				00
			70,000	12		70,000
	従たる事務所等所在の特別区	事務所等の従業者数50人超　③				00
						00
		事務所等の従業者数50人以下④				00
						00
特別区と市町村に事務所等を有する場合	道府県分　⑤					00
	特別区（市町村分）	事務所等の従業者数50人超　⑥				00
						00
		事務所等の従業者数50人以下　⑦				00
						00
納付すべき均等割額 ①＋②＋③＋④又は⑤＋⑥＋⑦　⑧						70,000
備考						

②

【第六号様式別表四の三　均等割額の計算に関する明細書】記載手順

①「東京都内における主たる事務所等の所在地」欄、「事務所等を有していた月数」欄、「従業者数の合計数」欄をそれぞれ記入します。

②「均等割額の計算」欄は、本設例では、特別区に主たる事務所を有しているのみであるため、「主たる事務所等所在の特別区」「事務所等の従業者数50人以下②」区分欄を使用します。都民税均等割額の税額表に基づき資本金等の額区分により算定した金額を「税率（年額）（ア）」欄に記入します。本設例では、資本金等の額が1,000万円以下で従業者数が50人以下であるため、70,000円と記入し、次に事務所等を有していた月数として「月数（イ）」欄に12を記入します。「税額計算」欄は［(ア)×(イ)／12×(ウ)］により計算し記入します。最後に「納付すべき均等割額⑧」欄を計算し記入します。本設例では、それぞれ70,000円と記入します。第六号様式の「⑱」欄へ転記します。

<清算事業年度　地方税申告書　第六号様式別表九　記載例>

設例Ａ－②

第六号様式別表九

欠損金額等及び災害損失金の控除明細書

事業年度	平成29年 7月 1日から 平成30年 6月30日まで	法人名	株式会社　みさき商事

控除前所得金額 第6号様式㉒－(別表10⑨又は㉑)	①	(1) 190,000円	所得金額控除限度額 ①× ~~50、55、60又は~~100/100	②	(2) 190,000円

事業年度	区分	控除未済欠損金額等又は控除未済災害損失金③	当期控除額④ (当該事業年度の③と(②－当該事業年度前の④の合計額)のうち少ない金額)	翌期繰越額⑤ ((③－④)又は別表11⑦)
	欠損金額等・災害損失金	円	円	
	欠損金額等・災害損失金			円
	欠損金額等・災害損失金			
	欠損金額等・災害損失金			
	欠損金額等・災害損失金			
	欠損金額等・災害損失金			
	欠損金額等・災害損失金			
(3) 平28・4・1 平29・3・31	(欠損金額等)・災害損失金	2,350,000	(4) 190,000	(5) 2,160,000
	欠損金額等・災害損失金			
計		2,350,000	190,000	2,160,000
当期分	欠損金額等・災害損失金			
当期分 同上のうち	災害損失金			円
当期分 同上のうち	青色欠損金			
合計				2,160,000

災害により生じた損失の額の計算

災害の種類		災害のやんだ日又はやむを得ない事情のやんだ日	
当期の欠損金額 ⑥	円	差引災害により生じた損失の額(⑦－⑧) ⑨	円
災害により生じた損失の額 ⑦		繰越控除の対象となる損失の額(⑥と⑨のうち少ない金額) ⑩	
保険金又は損害賠償金等の額 ⑧			

【第六号様式別表九　欠損金額等及び災害損失金の控除明細書】記載手順

① 「控除前所得金額①」欄は、［第六号様式㉜－(別表10⑨又は㉑)］により計算し記入します。本設例では、190,000円と記入します。

② 「所得金額控除限度額　①×50、55、60又は100/100　②」欄は、本設例では、当期が中小法人等事業年度に該当する事業年度であるため、数式部分について「~~50、55、60又は~~100」と記載します。同「②」欄を［①×100／100］により計算し記入します。本設例では、190,000円と記入します。

③ 控除未済欠損金額等「③」欄は、平成29年6月期の第六号様式別表九の「翌期繰越額⑤」欄より当期首前9年以内に開始した事業年度に生じた欠損金額等の額で過去に繰越控除を受けなかった額を古い事業年度から順次記入します。本設例では平成29年3月期の欠損金額等の控除未済額が2,350,000円ありますので、「事業年度」欄は、「平成28年4月1日　平成29年3月31日」と記入し、「区分」欄は、欠損金額等に〇印を付けます。同「③」欄は、2,350,000円と記入します。

④ 「当期控除額④」欄は、古い事業年度分から順次控除できる額を記入します。控除未済欠損金額等「③」欄と「所得金額控除限度額②」欄の金額を比べていずれか少ない金額を記入します。本設例では、2,350,000円と190,000円を比べて少ない金額である190,000円を記入します。「④」の「計」欄を計算し記入します。第六号様式の「㉝」欄へ転記します。

⑤ 「翌期繰越額⑤」欄は、［③－④］により計算します。本設例では、2,160,000円と記入します。最後に「合計」欄を計算し記入します。

＜清算事業年度　消費税及び地方消費税の申告書　記載例＞

設例Ａ－②

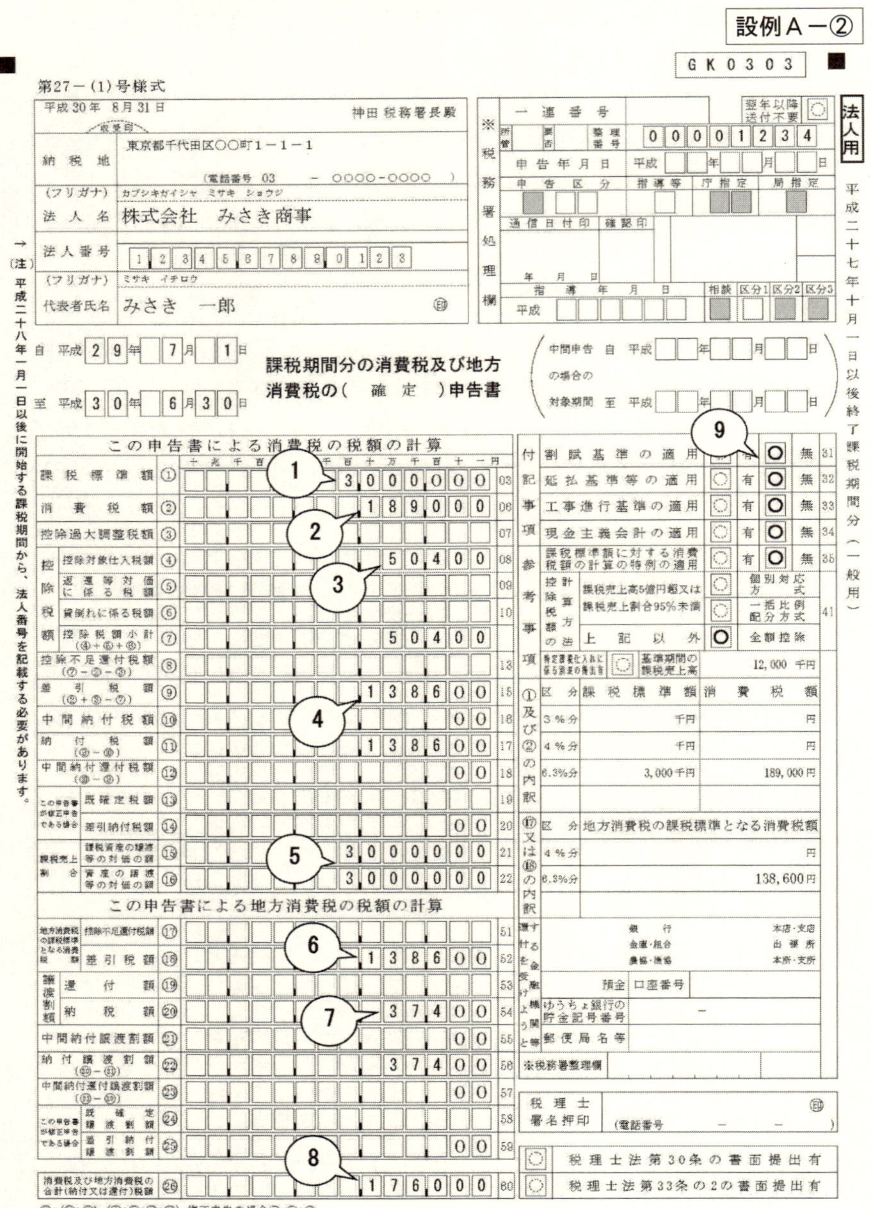
GK0303

第27－(1)号様式

平成30年 8月31日　神田 税務署長殿

納税地　東京都千代田区○○町１－１－１（電話番号 03 － ○○○○－○○○○）

（フリガナ）カブシキガイシャ ミサキ ショウジ

法人名　株式会社　みさき商事

法人番号　1234567890123

（フリガナ）ミサキ イチロウ

代表者氏名　みさき　一郎

自 平成29年7月1日　至 平成30年6月30日

課税期間分の消費税及び地方消費税の（　確　定　）申告書

整理番号 00001234

この申告書による消費税の税額の計算

課税標準額 ①	3,000,000	03
消費税額 ②	189,000	06
控除過大調整税額 ③		07
控除対象仕入税額 ④	50,400	08
返還等対価に係る税額 ⑤		09
貸倒れに係る税額 ⑥		10
控除税額小計 (④＋⑤＋⑥) ⑦	50,400	
控除不足還付税額 (⑦－②－③) ⑧		13
差引税額 (②＋③－⑦) ⑨	138,600	15
中間納付税額 ⑩	00	16
納付税額 (⑨－⑩) ⑪	138,600	17
中間納付還付税額 (⑩－⑨) ⑫	00	18
既確定税額 ⑬		19
差引納付税額 ⑭	00	20
課税資産の譲渡等の対価の額 ⑮	3,000,000	21
資産の譲渡等の対価の額 ⑯	3,000,000	22

この申告書による地方消費税の税額の計算

控除不足還付税額 ⑰		51
差引税額 ⑱	138,600	52
還付額 ⑲		53
納税額 ⑳	37,400	54
中間納付譲渡割額 ㉑	00	55
納付譲渡割額 (⑳－㉑) ㉒	37,400	56
中間納付還付譲渡割額 (㉑－⑳) ㉓	00	57
既確定譲渡割額 ㉔		58
差引納付譲渡割額 ㉕	00	59
消費税及び地方消費税の合計(納付又は還付)税額 ㉖	176,000	60

付記事項：割賦基準の適用 無／延払基準等の適用 無／工事進行基準の適用 無／現金主義会計の適用 無／課税標準額に対する消費税額の計算の特例の適用 無

控除税額の計算方法：上記以外　全額控除

基準期間の課税売上高 12,000千円

①及び②の内訳：6.3%分　3,000千円　189,000円

⑰又は⑱の内訳：6.3%分　138,600円

税理士法第30条の書面提出有

税理士法第33条の2の書面提出有

（注）平成二十八年一月一日以後に開始する課税期間から、法人番号を記載する必要があります。

平成二十七年十月一日以後終了課税期間分（一般用）

㉖＝(⑪＋㉒)－(⑧＋⑫＋⑲＋㉓)・修正申告の場合㉖＝⑭＋㉕

㉖が還付税額となる場合はマイナス「－」を付してください。

【消費税及び地方消費税の確定申告書】記載手順

① 「この申告書による消費税の税額の計算」「課税標準額①」欄は、課税売上高（税込み）3,240,000円に100/108を乗じて、1,000円未満の端数を切り捨てた金額3,000,000円を記入します。

② 「消費税額②」欄は、①で算出した課税標準額3,000,000円に6.3％を乗じて計算した189,000円を記入します。

③ 「控除税額　控除対象仕入税額④」欄は、付表2「㉒」欄から転記します。本設例では、50,400円を記入します。「控除税額小計⑦」欄は、[④+⑤+⑥]により計算し記入します。

④ 「差引税額⑨」欄および「納付税額⑪」欄を、計算し記入します。本設例ではそれぞれ138,600円と記入します。100円未満の端数は切り捨てます。

⑤ 「課税売上割合　課税資産の譲渡等の対価の額⑮」欄は、付表2の「④」欄から、「課税売上割合　資産の譲渡等の対価の額⑯」欄は、付表2の「⑦」欄からそれぞれ転記します。

⑥ 「この申告書による地方消費税の税額の計算」「地方消費税の課税標準となる消費税額　差引税額⑱」欄は、申告書「差引税額⑨」欄の金額を転記します。本設例では、138,600円と記入します。

⑦ 「譲渡割額　納税額⑳」欄は申告書「地方消費税の課税標準となる消費税額　差引税額⑱」欄の金額に17/63を乗じて計算した金額37,400円を記入します。「納付譲渡割額㉒」欄は、表示されている算式により計算し記入します。本設例では、37,400円と記入します。100円未満の端数は切り捨てます。

⑧ 「消費税及び地方消費税の合計税額㉖」欄は、本設例では、申告書「⑪」欄と「㉒」欄の合計176,000円と記入します。

⑨ 「付記事項」の欄および「参考事項」の欄は、それぞれ掲げる該当事項に○印をします。

＜清算事業年度 消費税及び地方消費税の申告書 付表2 記載例＞

設例Ａ－②

第28－(1)号様式

付表2 課税売上割合・控除対象仕入税額等の計算表

一般

課税期間	29・7・1～30・6・30	氏名又は名称	株式会社 みさき商事

項目		金額	
課税売上額（税抜き）	①	3,000,000 円	1
免税売上額	②		
非課税資産の輸出等の金額、海外支店等へ移送した資産の価額	③		
課税資産の譲渡等の対価の額（①＋②＋③）	④	※申告書の⑮欄へ 3,000,000	
課税資産の譲渡等の対価の額（④の金額）	⑤	3,000,000	
非課税売上額	⑥		
資産の譲渡等の対価の額（⑤＋⑥）	⑦	※申告書の⑯欄へ 3,000,000	2
課税売上割合（④／⑦）		〔100.0 %〕※端数切捨て	
課税仕入れに係る支払対価の額（税込み）	⑧	※注2参照 864,000	3
課税仕入れに係る消費税額（⑧×6.3／108）	⑨	※注3参照 50,400	4
特定課税仕入れに係る支払対価の額	⑩	※注2参照 ※上記課税売上割合が95%未満、…仕入れがある事業者のみ記載してください	
特定課税仕入れに係る消費税額（⑩×6.3／100）	⑪	※注3参照	
課税貨物に係る消費税額	⑫		
納税義務の免除を受けない（受ける）こととなった場合における消費税額の調整（加算又は減算）額	⑬		
課税仕入れ等の税額の合計額（⑨＋⑪＋⑫±⑬）	⑭	50,400	
課税売上高が5億円以下、かつ、課税売上割合が95％以上の場合（⑭の金額）	⑮	50,400	5
課税売上高が5億円超又は課税売上割合が95％未満の場合 個別対応方式 ⑭のうち、課税売上げにのみ要するもの	⑯		
課税売上高が5億円超又は課税売上割合が95％未満の場合 個別対応方式 ⑭のうち、課税売上げと非課税売上げに共通して要するもの	⑰		
課税売上高が5億円超又は課税売上割合が95％未満の場合 個別対応方式 個別対応方式により控除する課税仕入れ等の税額〔⑯＋（⑰×④／⑦）〕	⑱		
課税売上高が5億円超又は課税売上割合が95％未満の場合 一括比例配分方式により控除する課税仕入れ等の税額（⑭×④／⑦）	⑲		
控除の税額調整 課税売上割合変動時の調整対象固定資産に係る消費税額の調整（加算又は減算）額	⑳		
控除の税額調整 調整対象固定資産を課税業務用（非課税業務用）に転用した場合の調整（加算又は減算）額	㉑		
差引 控除対象仕入税額〔（⑮、⑱又は⑲の金額）±⑳±㉑〕がプラスの時	㉒	※申告書の④欄へ 50,400	
差引 控除過大調整税額〔（⑮、⑱又は⑲の金額）±⑳±㉑〕がマイナスの時	㉓	※申告書の③欄へ	
貸倒回収に係る消費税額	㉔	※申告書の③欄へ	

注意1 金額の計算においては、1円未満の端数を切り捨てる。
2 ⑧及び⑩欄には、値引き、割戻し、割引きなど仕入対価の返還等の金額がある場合（仕入対価の返還等の金額を仕入金額から直接減額している場合を除く。）には、その金額を控除した後の金額を記入する。
3 上記2に該当する場合には、⑨又は⑪欄には次の算式により計算した金額を記入する。

課税仕入れに係る消費税額⑨＝〔課税仕入れに係る支払対価の額（仕入対価の返還等の金額を控除する前の税込金額）× 6.3/108〕－〔仕入対価の返還等の金額（税込み）× 6.3/108〕

特定課税仕入れに係る消費税額⑪＝〔特定課税仕入れに係る支払対価の額（特定課税仕入対価の返還等の金額を控除する前の支払対価の額）× 6.3/100〕－〔特定課税仕入対価の返還等の金額 × 6.3/100〕

4 ⑩及び⑪欄は、課税売上割合が95％未満、かつ、特定課税仕入れがある事業者のみが記載する。
なお、課税売上割合が95％未満、かつ、特定課税仕入れがある事業者は、併せて別表を提出する。
5 ㉓欄と㉔欄のいずれにも記載がある場合は、その合計金額を申告書③欄に記入する。

【付表2　課税売上割合・控除対象仕入税額等の計算表】記載手順

① 「課税売上額（税抜き）①」欄は、課税売上高3,240,000円（税込み）に100/108を乗じて計算した金額3,000,000円を記入します。「課税資産の譲渡等の対価の額④」欄、「資産の譲渡等の対価の額⑦」欄を、計算し、記入します。本設例ではそれぞれ3,000,000円と記入します。また、「④」欄の金額は消費税及び地方消費税の申告書の「⑮」欄へ、「⑦」欄の金額は、消費税及び地方消費税の申告書の「⑯」欄へそれぞれ転記します。

② 「課税売上割合④/⑦」欄は、表示されている算式により計算した割合を記入します。本設例では、100.0と記入します。

③ 「課税仕入れに係る支払対価の額（税込み）⑧」欄には、本設例では、電話代などのその他経費の支払金額864,000円（税込み）を記入します。

④ 「課税仕入れに係る消費税額⑨」欄は、表示されている算式により計算し記入します。本設例では、50,400円と記入します。「課税仕入れ等の税額の合計額⑭」欄は、表示されている算式により計算し記入します。本設例では、50,400円と記入します。

⑤ 「課税売上高が5億円以下、かつ、課税売上割合が95%以上の場合⑮」欄は、「課税仕入れ等の税額の合計額⑭」の金額を記入します。

　本設例では、課税売上高が3,000,000円かつ、課税売上割合が100.0%であるため、「⑭」欄の50,400円を「⑮」欄へ記入します。「差引　控除対象仕入税額㉒」欄は、表示されている算式により計算し記入します。本設例では、50,400円と記入します。消費税及び地方消費税の申告書「④」欄へ転記します。

設例C－①

実在性のない資産が判明したことにより過年度損益修正損を計上する場合の申告

> 当社は、売上の伸び悩みから業績不振が続いていたため、平成29年6月30日に臨時株主総会を開催し、解散決議が可決されました。解散事業年度には、従来どおり商品販売等の取引が行われました。平成29年7月1日からは、清算手続を進めていましたが、その過程で過去に「実在性のない売掛金」を計上していたことが判明しました。なお、消費税等について平成30年6月期は納税義務がありませんでした。消費税等の会計処理は、従前より税込経理方式で行ってきました。

【解散事業年度末（平成29年6月30日現在）の貸借対照表】

貸借対照表（平成29年6月30日）　　(単位：円)

現金及び預金	1,200,000	未払法人税等	17,500
売掛金	2,000,000	未払消費税等	200,000
商品	1,500,000	借入金	4,000,000
		資本金	10,000,000
		繰越利益剰余金	△ 9,517,500
資産合計	4,700,000	負債・純資産合計	4,700,000

※未払法人税等の額17,500円は、法人都民税の均等割額です。

※未払消費税等200,000円は、平成29年6月期の消費税等の納付税額です。

※借入金4,000,000円はすべて代表者から借り入れたものです。

※青色欠損金の額は、1,000,000円です。

【平成29年7月1日から平成30年6月30日までの間の取引】

① 在庫商品900,000円を現金1,500,000円で販売しました。

(借方)		(貸方)	
現金及び預金	1,500,000円	棚卸資産処分収入	1,500,000円
棚卸資産処分原価	900,000円	商　　品	900,000円

② 平成29年6月期の未払法人税等17,500円を納付しました。

(借方)	未払法人税等	17,500円	(貸方)	現金及び預金	17,500円

③ 平成29年6月期の未払消費税等200,000円を納付しました。

(借方)	未払消費税等	200,000円	(貸方)	現金及び預金	200,000円

④ 電話代などのその他経費1,100,000円と、印紙代など租税公課100,000円を現金で支払いました。

(借方)	その他経費	1,100,000円	(貸方)	現金及び預金	1,100,000円
(借方)	租税公課	100,000円	(貸方)	現金及び預金	100,000円

⑤　期首の売掛金残高2,000,000円は、過去の帳簿を調査した結果、平成18年3月期に仮装経理によって計上された実際には存在しない売掛金であることが判明しました。この売掛金2,000,000円は、「実在性のない資産」に該当するため、すべて前期損益修正損として処理しました。なお、当社は平成18年3月期において、消費税等の納税義務はありませんでした。

（借方）		（貸方）	
前期損益修正損	2,000,000円	売掛金	2,000,000円

⑥　決算において法人税等の未払額70,000円を計上しました。

（借方）　法人税等	70,000円	（貸方）　未払法人税等	70,000円

【清算事業年度の貸借対照表、損益計算書並びに申告書】

貸借対照表（平成30年6月30日）　（単位：円）

現金及び預金	1,282,500	未払法人税等	70,000
商品	600,000	借入金	4,000,000
		資本金	10,000,000
		繰越利益剰余金	△ 12,187,500
資産合計	1,882,500	負債・純資産合計	1,882,500

損益計算書（平成29年7月1日から平成30年6月30日）　（単位：円）

棚卸資産処分原価	900,000	棚卸資産処分収入	1,500,000
租税公課	100,000		
その他経費	1,100,000		
前期損益修正損	2,000,000		
法人税等	70,000		
当期純利益	△2,670,000		
合計	1,500,000	合計	1,500,000

※法人税等、未払法人税等の額70,000円は、当期に発生する法人都民税の均等割額です。

▶設例C－①のポイント

① 本設例では、実在性のない資産（仮装経理）の修正処理により前期損益修正損が計上されています。過去に計上した実在性のない資産の計上根拠（発生原因）等が明らかである場合について、税実務では原則として、適正な処理に修正し、その原因の生じた事業年度の欠損金にすることが認められる取扱いがなされています[1)]。

この前期損益修正損が過去分の欠損金として認められる場合、当期の別表四では同額の加算調整となります。そのため清算事業年度の所得金額は、△600,000円（当期純利益△2,670,000円＋納税充当金70,000円＋前期損益修正損加算2,000,000円）となります。本設例では、清算事業年度の所得金額△600,000円は、別表七（一）において当期発生した欠損金額として記載し、翌期以降に繰り越されることになります。なお、所得金額がマイナスであるため、法人税および地方法人税の課税はありません。

② 法人事業税は、この事業年度の所得金額がマイナスであるため、課税されません。清算事業年度の所得金額△600,000円は、第六号様式別表九おいて当期発生した欠損金額として記載し、翌期以降に繰り越されることになります。

また、法人都民税の法人税割については、その課税標準となる法人税額がゼロであることから課税されません。ただし、均等割の納付が求められます。

上記の設例に基づいて、平成29年4月1日現在の法令および規則により計算しています。なお、消費税等については、納税義務がないものとし、経理処理は、税込経理方式を採用するものとします。

＜C－①参考書式＞

法人税・地方法人税申告書　別表一（一）各事業年度の所得に係る申告書
――普通法人（特定の医療法人を除く。）、一般社団法人等及び人格のない社団

1)　国税庁法人課税課情報第5号、審理室情報第2号、調査課情報第3号「平成22年度税制改正に係る法人税質疑応答事例（グループ法人税制その他の資本に関係する取引等に係る税制関係）（情報）」（平成22年10月6日）、問11(実在性のない資産)
https://www.nta.go.jp/shiraberu/zeiho-kaishaku/joho-zeikaishaku/hojin/101006/pdf/11.pdf

等の分

法人税・地方法人税申告書　別表一（一）次葉

法人税・地方法人税申告書　別表二　同族会社等の判定に関する明細書

法人税・地方法人税申告書　別表四　所得の金額の計算に関する明細書

法人税・地方法人税申告書　別表五（一）　利益積立金額及び資本金等の額の計算に関する明細書

法人税・地方法人税申告書　別表五（二）　租税公課の納付状況等に関する明細書

法人税・地方法人税申告書　別表七（一）　欠損金又は災害損失金の損金算入に関する明細書

地方税申告書　第六号様式

地方税申告書　第六号様式別表四の三　均等割額の計算に関する明細書

地方税申告書　第六号様式別表九　欠損金額等及び災害損失金の控除明細書

※申告書サンプルは、平成29年4月1日現在のものを使用しています。

＜清算事業年度　法人税・地方法人税申告書　別表一（一）　記載例＞

設例Ｃ－①

FB0603

平成30年 8月31日
神田 税務署長殿

納税地	東京都千代田区○○町１－１－１　電話（03　）○○○○－○○○○
（フリガナ）	カブシキカイシャ　ミサキショウジ
法人名	株式会社　みさき商事
法人番号	1234567890123
（フリガナ）	ミサキ　イチロウ
代表者自署押印	みさき　一郎
代表者住所	東京都千代田区△△町１－１－１
事業種目	物品販売業
期末現在の資本金の額又は出資金の額	10,000,000円
同非区分	非同族会社
整理番号	00001234

平成 29年 7月 1日 事業年度分の法人税 確定 申告書
平成 30年 6月 30日 課税事業年度分の地方法人税 確定 申告書

この申告書による法人税額の計算

項目	番号	金額
所得金額又は欠損金額（別表四「48の①」）	1	△600000
法人税額（54）又は（55）	2	0
差引法人税額（2）－（3）	4	0
土地譲渡利益金額	6	000
課税留保金額	8	000
法人税額計	10	00 / 0
差引所得に対する法人税額	13	00
中間申告分の法人税額	14	00
差引確定法人税額	15	00
土地譲渡税額（別表三（二）「27」）	21	0
同上（別表三（二の二）「28」）	22	0
同上（別表三（三）「23」）	23	00
この申告により納付すべき法人税額又は減少する還付請求税額	29	00
欠損金又は災害損失金等の当期控除額	30	0
翌期へ繰り越す欠損金又は災害損失金（別表七（一）「5の合計」）	31	1600000

この申告書による地方法人税額の計算

項目	番号	金額
所得の金額に対する法人税額	32	0
課税標準法人税額（32）＋（33）	34	000
地方法人税額（58）	35	0
所得地方法人税額（35）＋（36）	37	0
差引地方法人税額（37）－（38）－（39）	40	00
中間申告分の地方法人税額	41	00
差引確定地方法人税額	42	00
課税標準法人税額（70）	46	000
この申告により納付すべき地方法人税額	47	00

①②③④⑤

別表一（一）普通法人（特定の医療法人を除く。）、一般社団法人等及び人格のない社団等の分……平二十九・四・一以後終了事業年度等分

法 0301-0101

【別表一（一）各事業年度の所得に係る申告書】記載手順

① 「この申告書による法人税額の計算」「所得金額又は欠損金額　1」欄は、別表四の「48の①」欄から転記します。本設例では、△600,000円と記入します。

② 「法人税額　2」欄は、別表一（一）次葉の「法人税額　54」欄から転記します。本設例では、0円と記入します。「差引法人税額　4」欄、「法人税額計　10」欄、「差引所得に対する法人税額　13」欄、「差引確定法人税額　15」欄については、それぞれの算式に基づき計算します。本設例では、それぞれ0円と記入します。「10」欄の額を地方税申告書の第六号様式の「①」欄へ転記します。

③ 「翌期へ繰り越す欠損金又は災害損失金　31」欄は、別表七（一）の「5」の「合計」欄から転記します。本設例では、1,600,000円と記入します。

④ 「この申告書による地方法人税額の計算」「課税標準法人税額の計算　基準法人税額　所得の金額に対する法人税額　32」欄を計算します。本設例では、0円と記入します。同額を別表一（一）次葉「56」欄に転記します。

⑤ 「地方法人税額　35」欄は、別表一（一）次葉の「58」欄から転記します。本設例では、0円と記入します。「所得地方法人税額　37」欄、「差引地方法人税額　40」欄、「差引確定地方法人税額　42」欄については、それぞれの算式に基づき計算します。本設例では、それぞれ0円と記入します。

＜清算事業年度 法人税・地方法人税申告書 別表一（一）次葉 記載例＞

設例Ｃ－①

事業年度等	平成29・7・1 平成30・6・30	法人名	株式会社 みさき商事

別表一（一）次葉 平二十九・四・一以後終了事業年度等分

法人税額の計算

中小法人等の場合	(1)の金額又は800万円×$\frac{12}{12}$相当額のうち少ない金額	48	0	(48)の15%相当額	52	0
	(1)のうち年800万円相当額を超える金額 (1)－(48)	49	0	(49)の23.4%相当額	53	0
	所得金額 (48)＋(49)	50	0	法人税額 (52)＋(53)	54	0
その他の法人の場合	所得金額 (1)	51		法人税額 ((51)の23.4%相当額)	55	

地方法人税額の計算

所得の金額に対する法人税額 (32)	56	0	(56)の4.4%相当額	58	0
課税留保金額に対する法人税額 (33)	57		(57)の4.4%相当額	59	

この申告が修正申告である場合の計算

法人税額の計算	この申告前の	所得金額又は欠損金額	60		地方法人税額の計算	この申告前の	所得の金額に対する法人税額	68	
		課税土地譲渡利益金額	61				課税留保金額に対する法人税額	69	
		課税留保金額	62				課税標準法人税額 (68)＋(69)	70	
		法人税額	63				確定地方法人税額	71	
		還付金額	64	外			中間還付額	72	
	この申告により納付すべき法人税額又は減少する還付請求税額 ((15)－(63))若しくは((15)＋(64))又は((64)－(27))		65	外			欠損金の繰戻しによる還付金額	73	
	この申告前の	欠損金又は災害損失金等の当期控除額	66			この申告により納付すべき地方法人税額 ((42)－(71))若しくは((42)＋(72)＋(73))又は(((72)－(43))＋((73)－(43の外書)))		74	
		翌期へ繰り越す欠損金又は災害損失金	67						

法 0301－0101－次

【別表一（一）次葉】記載手順

① 本設例では、当期末における資本金の額が1億円以下の普通法人であるため、別表一（一）次葉の「中小法人等の場合」を使用して計算します。「(1)の金額又は800万円×　/12相当額のうち少ない金額　48」欄は、分子が空欄になっていますので、当期の月数（暦に従って計算し、1月未満の端数は切り上げる）を記入します。本設例では12と記入します。同「48」欄は、[0円と(800万円×12／12相当額）のうちいずれか少ない金額]を記入します。本設例では、0円と記入します。「(1)のうち年800万円相当額を超える金額　49」欄、「所得金額　50」欄について計算します。本設例では、それぞれ0円と記入します。

② 「(48)の15%相当額　52」欄、「(49)の23.4%相当額　53」欄、「法人税額　54」欄について計算し記入します。本設例では、それぞれ0円と記入します。別表一（一）の「2」欄に転記します。

③ 「地方法人税額の計算　所得の金額に対する法人税額　56」欄は、別表一（一）の「32」欄から転記します。本設例では、0円と記入します。「(56)の4.4%相当額　58」欄を計算し記入します。本設例では0円と記入します。別表一（一）の「35」欄に転記します。

＜清算事業年度　法人税・地方法人税申告書　別表二　記載例＞

設例Ｃ－①

同族会社等の判定に関する明細書

事業年度又は連結事業年度	平成29・7・1 平成30・6・30	法人名	株式会社　みさき商事

別表二　平二十九・四・一以後終了事業年度又は連結事業年度分

区分	項目	番号	金額等	区分	項目	番号	金額等
同族会社の判定	期末現在の発行済株式の総数又は出資の総額	1	内 200	特定同族会社の判定	(21)の上位1順位の株式数又は出資の金額	11	
	(19)と(21)の上位3順位の株式数又は出資の金額	2	200		株式数等による判定 (11)/(1)	12	%
	株式数等による判定 (2)/(1)	3	100.0 %		(22)の上位1順位の議決権の数	13	
	期末現在の議決権の総数	4	内		議決権の数による判定 (13)/(4)	14	%
	(20)と(22)の上位3順位の議決権の数	5			(21)の社員の1人及びその同族関係者の合計人数のうち最も多い数	15	
	議決権の数による判定 (5)/(4)	6	%		社員の数による判定 (15)/(7)	16	%
	期末現在の社員の総数	7			特定同族会社の判定割合 ((12)、(14)又は(16)のうち最も高い割合)	17	%
	社員の3人以下及びこれらの同族関係者の合計人数のうち最も多い数	8					
	社員の数による判定 (8)/(7)	9	%				
	同族会社の判定割合 ((3)、(6)又は(9)のうち最も高い割合)	10	100.0 %		判定結果	18	特定同族会社 同族会社（○） 非同族会社

判定基準となる株主等の株式数等の明細

順位 株式数等	順位 議決権数	住所又は所在地	氏名又は法人名	判定基準となる株主等との続柄	被支配会社でない法人株主等 株式数又は出資の金額 (19)	被支配会社でない法人株主等 議決権の数 (20)	その他の株主等 株式数又は出資の金額 (21)	その他の株主等 議決権の数 (22)
1		東京都千代田区△△町1－1－1	みさき　一郎	本人			200	

法 0301－0200

【別表二　同族会社等の判定に関する明細書】記載手順

① 「判定基準となる株主等の株式数等の明細」は、その会社の株主の1人およびその同族関係者の所有する株式数の合計が最も多いものから順次記入していきます。本設例では、みさき一郎が当社の発行済株式総数200株をすべて保有しているため、第1順位がみさき一郎となり、「株式数又は出資の金額等　その他の株主等　株式数又は出資の金額　21」欄は、200と記入します。

② 「同族会社の判定」「期末現在の発行済株式の総数又は出資の総額　1」欄は、本設例では、200と記入します。

③ 「⒆と㉑の上位3順位の株式数又は出資の金額　2」欄は、「判定基準となる株主等の株式数等の明細」より計算して記入します。本設例では、200と記入します。

④ 「株式数等による判定⑵/⑴　3」欄は、表示されている算式により計算した割合を記入します。本設例では、100.0と記入します。さらに、「同族会社の判定割合　10」欄を記入します。本設例では、100.0と記入します。

⑤ 「判定結果　18」欄は、該当するものを○印で囲んで表示します。本設例では、当期末の資本金の額が1億円以下であり、「同族会社の判定割合10」欄が50％超であるため同族会社に該当します。

＜清算事業年度　法人税・地方法人税申告書　別表四　記載例＞

設例Ｃ－①

所得の金額の計算に関する明細書

事業年度	平成29・7・1 平成30・6・30	法人名	株式会社　みさき商事

別表四　平二十九・四・一以後終了事業年度分

区分		総額 ①	処分 留保 ②	社外流出 ③	
当期利益又は当期欠損の額	1	1 Δ2,670,000円	Δ2,670,000円	配当 その他	円
加算 損金経理をした法人税及び地方法人税（附帯税を除く。）	2				
加算 損金経理をした道府県民税及び市町村民税	3				
加算 損金経理をした納税充当金	4	2 70,000	70,000		
加算 損金経理をした附帯税（利子税を除く。）、加算金、延滞金（延納分を除く。）及び過怠税	5			その他	
加算 減価償却の償却超過額	6				
加算 役員給与の損金不算入額	7			その他	
加算 交際費等の損金不算入額	8			その他	
加算 前期損益修正損加算	9	3 2,000,000	2,000,000		
加算	10				
加算 小計	11	2,070,000	2,070,000		
減算 減価償却超過額の当期認容額	12				
減算 納税充当金から支出した事業税等の金額	13				
減算 受取配当等の益金不算入額（別表八(一)「13」又は「26」）	14			※	
減算 外国子会社から受ける剰余金の配当等の益金不算入額（別表八(二)「26」）	15			※	
減算 受贈益の益金不算入額	16			※	
減算 適格現物分配に係る益金不算入額	17			※	
減算 法人税等の中間納付額及び過誤納に係る還付金額	18				
減算 所得税額等及び欠損金の繰戻しによる還付金額等	19			※	
減算	20				
減算 小計	21			外※	
仮計 (1)＋(11)－(21)	22	4 Δ600,000	Δ600,000	外※	
関連者等に係る支払利子等の損金不算入額 （別表十七(二の二)「25」又は「30」）	23			その他	
超過利子額の損金算入額 （別表十七(二の三)「10」）	24			※	
仮計 ((22)から(24)までの計)	25	Δ600,000	Δ600,000	外※	
寄附金の損金不算入額 （別表十四(二)「24」又は「40」）	26			その他	
沖縄の認定法人の所得の特別控除額 （別表十(一)「9」又は「13」）	27			※	
国家戦略特別区域における指定法人の所得の特別控除額　（別表十(二)「8」）	28			※	
法人税額から控除される所得税額 （別表六(一)「6の③」）	29			その他	
税額控除の対象となる外国法人税の額 （別表六(二の二)「7」）	30			その他	
組合等損失額の損金不算入額又は組合等損失超過合計額の損金算入額　（別表九(二)「10」）	31				
対外船舶運航事業者の日本船舶による収入金額に係る所得の金額の損金算入額又は益金算入額 （別表十(四)「20」、「21」又は「23」）	32			※	
合計 (25)＋(26)＋(27)＋(28)＋(29)＋(30)＋(31)±(32)	33	Δ600,000	Δ600,000	外※	
契約者配当の益金算入額 （別表九(一)「13」）	34				
特定目的会社等の支払配当又は特定目的信託に係る受託法人の利益の分配等の損金算入額 （別表十(七)「13」、別表十(八)「11」又は別表十(九)「16」若しくは「33」）	35				
中間申告における繰戻しによる還付に係る災害損失欠損金額の益金算入額	36			※	
非適格合併又は残余財産の全部分配等による移転資産等の譲渡利益額又は譲渡損失額	37			※	
差引計 ((33)から(37)までの計)	38	Δ600,000	Δ600,000	外※	
欠損金又は災害損失金等の当期控除額 （別表七(一)「4の計」＋(別表七(二)「9」若しくは「21」又は別表七(三)「10」)）	39	0		※	0
総計 (38)＋(39)	40	Δ600,000	Δ600,000	外※	0
新鉱床探鉱費又は海外新鉱床探鉱費の特別控除額　（別表十(三)「43」）	41			※	
農業経営基盤強化準備金積立額の損金算入額 （別表十二(十四)「10」）	42				
農用地等を取得した場合の圧縮額の損金算入額　（別表十二(十四)「43の計」）	43				
関西国際空港用地整備準備金積立額の損金算入額　（別表十二(十一)「15」）	44				
中部国際空港整備準備金積立額の損金算入額 （別表十二(十二)「10」）	45				
再投資等準備金積立額の損金算入額 （別表十二(十五)「12」）	46				
残余財産の確定の日の属する事業年度に係る事業税の損金算入額	47				
所得金額又は欠損金額	48	5 Δ600,000	Δ600,000	外※	0

法 0301－0401

【別表四　所得の金額の計算に関する明細書】記載手順

① 損益計算書上の当期純利益△2,670,000円を「当期利益又は当期欠損の額　1」欄に記入します。

② 「損金経理をした納税充当金　4」欄は、別表五（二）の「31」欄の金額70,000円を転記します。

③ 損益計算書上の前期損益修正損は、実在性のない資産の処理に係るものであるため、損金の額に算入することができません。「加算」の「9」欄に「前期損益修正損加算」と記入し、「総額①」欄に2,000,000円を記入します。「加算」の「小計　11」欄を計算し記入します。

④ 「仮計　22」欄は、[(1)＋(11)－(21)]により計算し記入します。本設例では△600,000円と記入します。

⑤ 「合計　33」欄、「差引計　38」欄、「総計　40」欄については、それぞれの算式に基づいて計算し記入します。本設例では、それぞれ△600,000円と記入します。最後に「所得金額又は欠損金額　48」欄を計算し記入します。本設例では、△600,000円と記入します。同額を別表一（一）「1」欄および別表七（一）「当期分　欠損金額　控除未済欠損金額　3」欄へ転記します。

<清算事業年度　法人税・地方法人税申告書　別表五（一）　記載例>

設例C－①

利益積立金額及び資本金等の額の計算に関する明細書

事業年度	平成29・7・1 平成30・6・30	法人名	株式会社　みさき商事

別表五（一）　平二十九・四・一以後終了事業年度分

Ⅰ　利益積立金額の計算に関する明細書

区分		期首現在利益積立金額 ①	当期の増減 減 ②	当期の増減 増 ③	差引翌期首現在利益積立金額 ①－②＋③ ④
利益準備金	1	円	円	円	円
除斥期間経過分受入（売掛金）	2	Δ2,000,000			Δ2,000,000
売掛金	3			2,000,000	2,000,000
	4				
	5				
	6				
	7				
	8				
	9				
	10				
	11				
	12				
	13				
	14				
	15				
	16				
	17				
	18				
	19				
	20				
	21				
	22				
	23				
繰越損益金（損は赤）	26	Δ9,517,500	Δ9,517,500	Δ12,187,500	Δ12,187,500
納税充当金	27	17,500	17,500	70,000	70,000
未納法人税等（退職年金等積立金に対するものを除く。） 未納法人税及び未納地方法人税（附帯税を除く。）	28			中間 確定 0	0
未納道府県民税（均等割額及び利子割額を含む。）	29	Δ17,500	Δ17,500	中間 確定 Δ70,000	Δ70,000
未納市町村民税（均等割額を含む。）	30			中間 確定	
差引合計額	31	Δ11,517,500	Δ9,517,500	Δ10,187,500	Δ12,187,500

Ⅱ　資本金等の額の計算に関する明細書

区分		期首現在資本金等の額 ①	当期の増減 減 ②	当期の増減 増 ③	差引翌期首現在資本金等の額 ①－②＋③ ④
資本金又は出資金	32	10,000,000 円	円	円	10,000,000 円
資本準備金	33				
	34				
	35				
差引合計額	36	10,000,000			10,000,000

法 0301－0501

【別表五(一)　利益積立金額及び資本金等の額の計算に関する明細書】記載手順

① 実在性のない資産について、その発生した事業年度に遡って修正した場合に生じたであろう損失が過去の事業年度から繰り越されたものと考え、「区分　2」欄に「除斥期間経過分受入（売掛金）」と記入し、「期首現在利益積立金額①」欄に△2,000,000円を記入します。また、当期に前期損益修正損を別表四で加算調整するため、「区分　3」欄に「売掛金」と記入し、「当期の増減　増③」欄に2,000,000円と記入します。

② 「繰越損益金　26」欄は、平成29年6月期の別表五（一）の「差引翌期首現在利益積立金額④」欄から記入します。本設例では、△9,517,500円と記入します。「当期の増減　減②」欄に△9,517,500円と記入します。平成30年6月末時点の貸借対照表の「繰越利益剰余金」の額△12,187,500円を「当期の増減　増③」の欄に記入します。「差引翌期首現在利益積立金額④」欄（以下「④」欄とする）を計算し記入します。

③ 「納税充当金　27」欄は、平成29年6月期の別表五（一）の「差引翌期首現在利益積立金額④」欄から記入します。本設例では、17,500円と記入します。当期中に納税充当金を取り崩して納付していますので、「当期の増減　減②」には、前期分の法人住民税均等割額17,500円を記入します。また、当期末に未払計上した「未払法人税等」の額70,000円を「当期の増減　増③」に記入します。「④」欄を計算し記入します。

④ 「未納法人税等　未納道府県民税　29」欄は、平成29年6月期の別表五（一）の「差引翌期首現在利益積立金額④」欄から記入します。本設例では、△17,500円と記入します。当期中に納付していますので、「当期の増減　減②」に△17,500円と記入します。また、平成30年6月期の法人都民税申告書に記載された確定納税額を「当期の増減　増③」の「確定」欄に△70,000円と記入します。「④」欄を計算し記入します。

⑤ 「差引合計額　31」欄は、「④」欄の合計額を記入します。

⑥ 「資本金又は出資金　32」、「差引合計額　36」の「①」欄は、平成29年6月期の別表五（一）の「差引翌期首現在資本金等の額④」欄から記入します。本設例では、10,000,000円と記入します。「④」欄を計算し記入します。

＜清算事業年度　法人税・地方法人税申告書　別表五（二）　記載例＞

設例Ｃ－①

租税公課の納付状況等に関する明細書

事業年度	平成29・7・1 平成30・6・30	法人名	株式会社　みさき商事

別表五（二）　平二十九・四・一以後終了事業年度分

税目及び事業年度			期首現在未納税額 ①	当期発生税額 ②	当期中の納付税額 充当金取崩しによる納付 ③	仮払経理による納付 ④	損金経理による納付 ⑤	期末現在未納税額 ①+②−③−④−⑤ ⑥
法人税及び地方法人税	・　・	1	円		円	円	円	円
	29・4・1 29・6・30	2						
	当期分 中間	3		円				
	当期分 確定	4		0				0
	計	5		0				0
道府県民税	・　・	6						
	29・4・1 29・6・30	7	17,500		17,500			0
	当期分 中間	8						
	当期分 確定	9		0 70,000				0 70,000
	計	10	17,500	0 70,000	17,500			0 70,000
市町村民税	・　・	11						
	・　・	12						
	当期分 中間	13						
	当期分 確定	14						
	計	15						
事業税	・　・	16						
	・　・	17						
	当期中間分	18						
	計	19						
その他	損金算入のもの 利子税	20						
	損金算入のもの 延滞金（延納に係るもの）	21						
	損金算入のもの 印紙税	22		100,000			100,000	0
	損金算入のもの	23						
	損金不算入のもの 加算税及び加算金	24						
	損金不算入のもの 延滞税	25						
	損金不算入のもの 延滞金（延納分を除く。）	26						
	損金不算入のもの 過怠税	27						
	損金不算入のもの 源泉所得税	28						
	損金不算入のもの	29						

納税充当金の計算

項目		番号	金額	項目		番号	金額
期首納税充当金		30	17,500円	取崩額 その他	損金算入のもの	36	円
繰入額	損金経理をした納税充当金	31	70,000		損金不算入のもの	37	
		32				38	
	計 (31)+(32)	33	70,000		仮払税金消却	39	
取崩額	法人税額等 (5の③)+(10の③)+(15の③)	34	17,500		計 (34)+(35)+(36)+(37)+(38)+(39)	40	17,500
	事業税 (19の③)	35		期末納税充当金 (30)+(33)−(40)		41	70,000

法 0301－0502

【別表五（二）　租税公課の納付状況等に関する明細書】記載手順

① 「道府県民税」「7」欄は、平成29年6月期の別表五（二）の「期末現在未納税額⑥」欄から記入します。本設例では、17,500円と記入します。

② 平成29年6月期の法人都民税について、納税充当金を取り崩して納付しているため、同「7」「当期中の納付税額　充当金取崩しによる納付③」欄に17,500円と記入します。

③ 「当期分　確定　9」欄は、平成30年6月期の法人都民税申告書に記載された確定納税額70,000円を同「9」「当期発生税額②」欄に記入します。「期末現在未納税額⑥」欄を計算し記入します。

④ 本設例において、印紙等を租税公課として100,000円計上しています。「その他」「損金算入のもの　22」欄は、「印紙税」と記入し、「当期発生税額②」欄に100,000円を記入します。本設例では、損金経理をしているため、「当期中の納付税額　損金経理による納付⑤」欄に100,000円と記入します。

⑤ 「期首納税充当金　30」欄は、平成29年6月期の別表五（二）の「期末納税充当金　41」欄から記入します。本設例では、17,500円と記入します。

⑥ 「繰入額　損金経理をした納税充当金　31」欄は、本設例では、平成30年6月期の損益計算書上の「法人税等」の額70,000円と記入します。別表四「4」に転記します。

⑦ 「取崩額　法人税額等　34」欄は、［(5の③)＋(10の③)＋(15の③)］により計算し記入します。本設例では、17,500円と記入します。

⑧ 「期末納税充当金　41」欄は、［(30)＋(33)－(40)］より計算し記入します。本設例では、70,000円とを記入します。

＜清算事業年度　法人税・地方法人税申告書　別表七（一）　記載例＞

設例Ｃ－①

⑤ 欠損金又は災害損失金の損金算入等に関する明細書

事業年度	平成29・7・1 平成30・6・30	法人名	株式会社　みさき商事

別表七（一）　平二十九・四・一以後終了事業年度分

控除前所得金額 (別表四「38の①」)－(別表七(二)「9」又は「21」)	1	円	所得金額控除限度額 (1)× 50、55、60又は100/100	2	円

事業年度	区分	控除未済欠損金額 3	当期控除額 (当該事業年度の(3)と((2)－当該事業年度前の(4)の合計額)のうち少ない金額) 4	翌期繰越額 ((3)－(4))又は(別表七(三)「15」) 5
	青色欠損・連結みなし欠損・災害損失	円	円	
	青色欠損・連結みなし欠損・災害損失			円
	青色欠損・連結みなし欠損・災害損失			
	青色欠損・連結みなし欠損・災害損失			
	青色欠損・連結みなし欠損・災害損失			
	青色欠損・連結みなし欠損・災害損失			
	青色欠損・連結みなし欠損・災害損失			
	青色欠損・連結みなし欠損・災害損失			
平28・4・1 平29・3・31	青色欠損・連結みなし欠損・災害損失	1,000,000		1,000,000
計		1,000,000		1,000,000
当期分	欠損金額 (別表四「48の①」)	600,000	欠損金の繰戻し額	
	同上のうち 災害損失金			
	同上のうち 青色欠損金	600,000		600,000
合計				1,600,000

災害により生じた損失の額の計算

災害の種類			災害のやんだ日又はやむを得ない事情のやんだ日	
災害を受けた資産の別		棚卸資産 ①	固定資産 (固定資産に準ずる繰延資産を含む。) ②	計 ①＋② ③
当期の欠損金額 (別表四「48の①」)	6			円
災害により生じた損失の額 資産の滅失等により生じた損失の額	7	円	円	
被害資産の原状回復のための費用等に係る損失の額	8			
被害の拡大又は発生の防止のための費用に係る損失の額	9			
計 (7)＋(8)＋(9)	10			
保険金又は損害賠償金等の額	11			
差引災害により生じた損失の額 (10)－(11)	12			
同上のうち所得税額の還付又は欠損金の繰戻しの対象となる災害損失金額	13			
中間申告における災害損失欠損金の繰戻し額	14			
繰戻しの対象となる災害損失欠損金額 ((6の③)と((13の③)－(14の③))のうち少ない金額)	15			
繰越控除の対象となる損失の額 ((6の③)と((12の③)－(14の③))のうち少ない金額)	16			

法 0301－0701

【別表七（一）　欠損金又は災害損失金の損金算入に関する明細書】記載手順

① 「控除未済欠損金額　3」欄は、平成29年6月期の別表七（一）の「翌期繰越額　5」欄より当期首前9年以内に開始した事業年度に生じた青色欠損金の額で過去に繰越控除等を受けなかった額を古い事業年度から順次記入します。本設例では平成29年3月期の青色欠損金の控除未済額が1,000,000円ありますので、「事業年度」欄は、「平成28年4月1日　平成29年3月31日」と記入し、「区分」欄は、青色欠損に○印をつけます。同「3」欄は、1,000,000円と記入します。

② 「当期分　欠損金額」欄は、別表四「48の①」欄より転記します。本設例では、「控除未済欠損金額　3」欄に、600,000円と記入します。同額を「同上のうち　青色欠損金」欄に記入します。

③ 「翌期繰越額　5」欄は、[(3)−(4)]により計算し記入します。最後に「翌期繰越額　5」欄の合計額を「合計」欄に記入します。本設例では、1,600,000円と記入します。別表一（一)「31」欄へ転記します。

＜清算事業年度 地方税申告書 第六号様式 記載例＞

設例Ｃ－①

第六号様式（提出用）

24006B62

受付印

平成 30 年 8 月 31 日

千代田都税事務所長 殿

法人番号	整理番号	管理番号
1 2345 6789 0123		1,234,000

所在地	東京都千代田区〇〇町１－１－１（電話 03 - 〇〇〇〇－〇〇〇〇）
（ふりがな）	かぶしきがいしゃ みさきしょうじ
法人名	株式会社 みさき商事
（ふりがな）	みさき いちろう
代表者 自署押印	みさき 一郎
経理責任者 自署押印	
事業種目	物品販売業
期末現在の資本金の額又は出資金の額（解散日現在の資本金の額又は出資金の額）	10,000,000 / 10,000,000
同上が１億円以下の普通法人のうち中小法人等に該当しないもの	非中小法人等（中小法人等）
期末現在の資本金の額及び資本準備金の額の合算額	10,000,000
期末現在の資本金等の額	10,000,000

平成29年7月1日から平成30年6月30日までの事業年度分又は連結事業年度分の道府県民税・事業税・地方法人特別税の 確定 申告書

事業税

摘要		課税標準	税額
所得金額総額（⑪－⑫又は別表5⑭）	㉝	△6,000,000	
年400万円以下の金額	㉞	0,00	0,0
年400万円を超え年800万円以下の金額	㉟	0,00	0,0
年800万円を超える金額	㊱	0,00	0,0
計 ㉞＋㉟＋㊱	㊲	0,00	0,0
軽減税率不適用法人の金額	㊳	0,00	0,0
付加価値額総額	㊴		
付加価値額	㊵	0,00	0,0
資本金等の額総額	㊶		
資本金等の額	㊷	0,00	0,0
収入金額総額	㊸		
収入金額	㊹	0,00	0,0
合計事業税額 ㊲＋㊵＋㊷＋㊹又は㊳＋㊵＋㊷＋㊹	㊺		0,0
平成27年改正法附則第5条又は平成28年改正法附則第5条の控除額	㊻	0,0	
事業税の特定寄附金税額控除額	㊼		0,0
仮装経理に基づく事業税額の控除額	㊽		
既に納付の確定した当期分の事業税額	㊾		0,0
租税条約の実施に係る事業税額の控除額	㊿		
この申告により納付すべき事業税額	51		0,0
51の内訳 所得割	52	0,0	
付加価値割	53		0,0
資本割	54	0,0	
収入割	55		0,0
51のうち見込納付額	56		
差引 51－56	57		0,0

地方法人特別税

摘要		課税標準	税額
所得割に係る地方法人特別税額	58	0,0	0,0
収入割に係る地方法人特別税額	59	0,0	0,0
合計地方法人特別税額（58＋59）	60		0,0
仮装経理に基づく地方法人特別税額の控除額	61		
既に納付の確定した当期分の地方法人特別税額	62		0,0
租税条約の実施に係る地方法人特別税額の控除額	63		
この申告により納付すべき地方法人特別税額	64		0,0
64のうち見込納付額	65		
差引 64－65	66		0,0

所得金額の計算の内訳

所得金額（法人税の明細書（別表4）の（33））又は個別所得金額（法人税の明細書（別表4の2付表）の（41））	67	△6,000,000
加算 損金の額又は個別帰属損金額に算入した所得税額及び復興特別所得税額	68	
加算 損金の額又は個別帰属損金額に算入した海外投資等損失準備金勘定への繰入額	69	
減算 益金の額又は個別帰属益金額に算入した海外投資等損失準備金勘定からの戻入額	70	
減算 外国の事業に帰属する所得以外の所得に対して課された外国法人税額	71	
仮計 67＋68＋69－70－71	72	△6,000,000
繰越欠損金額等若しくは災害損失金額又は債務免除等があった場合の欠損金額等の当期控除額	73	0
法人税の所得金額（法人税の明細書（別表4）の（48））又は個別所得金額（法人税の明細書（別表4の2付表）の（55））	74	△6,000,000
法第15条の4の徴収猶予を受けようとする税額	75	

決算確定の日	平成 年 月 日
解散の日	平成29年 6月30日
残余財産の最後の分配又は引渡しの日	平成 年 月 日
申告期限の延長の処分（承認）の有無	事業税 有・無 法人税 有・無
法人税の申告書の種類	青色 その他
この申告が中間申告の場合の計算期間	平成 年 月 日から 平成 年 月 日まで
既間の中間申告の要否	要・否
国外関連者の有無	有・無

道府県民税

（使途秘匿金税額等）法人税法の規定によって計算した法人税額	①	0
試験研究費の額等に係る法人税額の特別控除額	②	
還付法人税額等の控除額	③	
退職年金等積立金に係る法人税額	④	
課税標準となる法人税額又は個別帰属法人税額 ①＋②－③＋④	⑤	0,00
2以上の道府県に事務所又は事業所を有する法人における課税標準となる法人税額又は個別帰属法人税額	⑥	0,00
法人税割額（⑤又は⑥×$\frac{}{100}$）	⑦	0
道府県民税の特定寄附金税額控除額	⑧	
外国の法人税等の額の控除額	⑨	
仮装経理に基づく法人税割額の控除額	⑩	
利子割額の控除額（控除した金額㉙）	⑪	
差引法人税割額 ⑦－⑧－⑨－⑩－⑪	⑫	0,0
既に納付の確定した当期分の法人税割額	⑬	0,0
租税条約の実施に係る法人税割額の控除額	⑭	
既還付請求利子割額が過大である場合の納付額（㉜）	⑮	0,0
この申告により納付すべき法人税割額 ⑫－⑬－⑭＋⑮	⑯	0,0
均等割 算定期間中において事務所等を有していた月数	⑰	12月
均等割 円×$\frac{⑰}{12}$	⑱	70,000
均等割 既に納付の確定した当期分の均等割額	⑲	0,0
均等割 この申告により納付すべき均等割額 ⑱－⑲	⑳	70,000
この申告により納付すべき道府県民税額 ⑯＋⑳	㉑	70,000
㉑のうち見込納付額	㉒	
差引 ㉑－㉒	㉓	70,000
特別区分の課税標準額	㉔	0,00
同上に対する税額 ㉔×$\frac{}{100}$	㉕	0
市町村分の課税標準額	㉖	0,00
同上に対する税額 ㉖×$\frac{}{100}$	㉗	
利子割額（控除されるべき額）	㉘	
控除した金額（⑦－⑧－⑨－⑩と㉘のうち少ない額）	㉙	
控除することができなかった金額 ㉘－㉙	㉚	
既に還付を請求した利子割額	㉛	
既還付請求利子割額が過大である場合の納付額 ㉛－㉚	㉜	

利子割還付額の均等割への充当 □希望する □希望しない

還付請求		
中間納付額	76	
利子割額	77	
還付を受けようとする金融機関及び支払方法		口座番号（ ）

法人税の期末現在の資本金等の額又は連結個別資本金等の額	10,000,000
法人税の当期の確定税額又は連結法人税個別帰属支払額	0

署名押印 関与税理士

（電話 ）

1 2 3 4 5 6 7 8 9

【第六号様式】記載手順

① 「事業税」「所得金額の計算の内訳　所得金額㊼」欄は、法人税申告書の別表四の「合計　33」欄より転記します。「仮計㊷」欄は［㊼＋㊽＋㊾－㊿－㊱］により計算し記入します。本設例ではそれぞれ△600,000円と記入します。

② 「法人税の所得金額㊴」欄は、法人税申告書の別表四の「48」欄より転記します。本設例では、△600,000円と記入します。

③ 「事業税」「所得割　所得金額総額㉝」欄には、［㊷－㊸］により計算し記入します。本設例では、△600,000円と記入します。

④ 「道府県民税」「法人税法の規定によって計算した法人税額①」欄は、法人税申告書の別表一（一）の「10」欄の金額を記入します。「東京都に申告する場合の⑦の計算　同上に対する税額㉕」欄を計算し、同額を「法人税割額⑦」欄に記入します。本設例では、0円と記入します。「差引法人税割額⑫」欄、「この申告により納付すべき法人税割額⑯」欄を計算します。本設例では、それぞれ0円と記入します。

⑤ 「均等割額」「算定期間中において事務所等を有していた月数⑰」欄は、本設例では12と記入します。

⑥ 「　　円×⑰/12　⑱」欄には、第六号様式別表四の三「⑧」欄から転記します。本設例では、70,000円を記入します。「この申告により納付すべき均等割額⑳」欄、「この申告により納付すべき道府県民税額㉑」、「差引㉓」欄を計算します。本設例では、それぞれ70,000円と記入します。

⑦ 「解散の日」欄には、解散決議があった日を記入します。本設例では、平成29年6月30日と記入します。

⑧ 「法人税の申告書の種類」欄は、本設例では、青色の箇所に○印を付けて表示します。

⑨ 「法人税の期末現在の資本金等の額」欄は、本設例では、10,000,000円と記入します。

＜清算事業年度　地方税申告書　第六号様式別表四の三　記載例＞

設例Ｃ－①

第六号様式別表四の三

均等割額の計算に関する明細書	事業年度又は連結事業年度	平成 29 年 7 月 1 日から 平成 30 年 6 月 30 日まで	法人名	株式会社　みさき商事

事務所、事業所又は寮等（事務所等）の従業者数の明細

1

東京都内における主たる事務所等の所在地	事務所等を有していた月数	従業者数の合計数
東京都千代田区○○町１－１－１	12 月	1 人

特別区内における従たる事務所等

	所在地	名称（外　箇所）	月数	従業者数の合計数
1	千代田区	（外　箇所）		人
2	中央区	（外　箇所）		
3	港区	（外　箇所）		
4	新宿区	（外　箇所）		
5	文京区	（外　箇所）		
6	台東区	（外　箇所）		
7	墨田区	（外　箇所）		
8	江東区	（外　箇所）		
9	品川区	（外　箇所）		
10	目黒区	（外　箇所）		
11	大田区	（外　箇所）		
12	世田谷区	（外　箇所）		
13	渋谷区	（外　箇所）		
14	中野区	（外　箇所）		
15	杉並区	（外　箇所）		
16	豊島区	（外　箇所）		
17	北区	（外　箇所）		
18	荒川区	（外　箇所）		
19	板橋区	（外　箇所）		
20	練馬区	（外　箇所）		
21	足立区	（外　箇所）		
22	葛飾区	（外　箇所）		
23	江戸川区	（外　箇所）		
合計（主たる事務所等の従業者数の合計数を含む。）				1

市町村の存する区域内における従たる事務所等	名称（外　箇所）	所在地
	（外　箇所）	

当該事業年度又は連結事業年度（算定期間）中の従たる事務所等の設置・廃止及び主たる事務所等の異動

異動区分	異動の年月日	名称	所在地
設置			
廃止			
旧の主たる事務所等	（　月）		

均等割額の計算

区分			税率（年額）（ア）	月数（イ）	区数（ウ）	税額計算 $(ア)\times\frac{(イ)}{12}\times(ウ)$
特別区のみに事務所等を有する場合	主たる事務所等所在の特別区	事務所等の従業者数50人超 ①	円	月		円 00
						00
		事務所等の従業者数50人以下 ②				00
			70000	12		70000
	従たる事務所等所在の特別区	事務所等の従業者数50人超 ③				00
						00
		事務所等の従業者数50人以下 ④				00
						00
特別区と市町村に事務所等を有する場合	道府県分 ⑤					00
	特別区（市町村分）	事務所等の従業者数50人超 ⑥				00
						00
		事務所等の従業者数50人以下 ⑦				00
						00
納付すべき均等割額 ①＋②＋③＋④又は⑤＋⑥＋⑦ ⑧						70000

2

備考	

【第六号様式別表四の三　均等割額の計算に関する明細書】記載手順

① 「東京都内における主たる事務所等の所在地」欄、「事務所等を有していた月数」欄、「従業者数の合計数」欄をそれぞれ記入します。

② 「均等割額の計算」欄は、本設例では、特別区に主たる事務所を有しているのみであるため、「主たる事務所等所在の特別区　事務所等の従業者数50人以下②」区分欄を使用します。都民税均等割額の税額表に基づき資本金等の額区分により算定した金額を「税率（年額）（ア）」欄に記入します。本設例では、資本金等の額が1,000万円以下で従業者数が50人以下であるため、70,000円と記入し、次に事務所を有していた月数として「月数（イ）」欄に12を記入します。「税額計算」欄は、［(ア)×(イ)／12×(ウ)］により計算し記入します。最後に「納付すべき均等割額⑧」欄を計算し記入します。本設例では、それぞれ70,000円と記入します。

＜清算事業年度 地方税申告書 第六号様式別表九 記載例＞

設例Ｃ－①

第六号様式別表九

欠損金額等及び災害損失金の控除明細書

事業年度	平成29年 7月 1日から 平成30年 6月 30日まで	法人名	株式会社 みさき商事

控除前所得金額 第6号様式㉒－（別表10⑨又は㉑）	①	円	所得金額控除限度額 ①×(50、55、60又は100)/100	②	円

事業年度	区分	控除未済欠損金額等又は控除未済災害損失金③	当期控除額④ （当該事業年度の③と（②－当該事業年度前の④の合計額）のうち少ない金額）	翌期繰越額⑤ （（③－④）又は別表11⑰）
	欠損金額等・災害損失金	円	円	
	欠損金額等・災害損失金			円
	欠損金額等・災害損失金			
	欠損金額等・災害損失金			
	欠損金額等・災害損失金			
	欠損金額等・災害損失金			
	欠損金額等・災害損失金			
	欠損金額等・災害損失金			
平28・4・1 平29・3・31	(欠損金額等)・災害損失金	1,000,000		1,000,000
計		1,000,000		1,000,000
当期分	欠損金額等・災害損失金	600,000		
当期分 同上のうち	災害損失金			円
当期分 同上のうち	青色欠損金	600,000		600,000
合計				1,600,000

災害により生じた損失の額の計算

災害の種類		災害のやんだ日又はやむを得ない事情のやんだ日	
当期の欠損金額 ⑥	円	差引災害により生じた損失の額（⑦－⑧） ⑨	円
災害により生じた損失の額 ⑦		繰越控除の対象となる損失の額（⑥と⑨のうち少ない金額） ⑩	
保険金又は損害賠償金等の額 ⑧			

【第六号様式別表九　欠損金額等及び災害損失金の控除明細書】記載手順

① 控除未済欠損金額等「③」欄は、平成29年6月期の第六号様式別表九の「翌期繰越額⑤」欄より当期首前9年以内に開始した事業年度に生じた欠損金額等の額で過去に繰越控除を受けなかった額を古い事業年度から順次記入します。本設例では平成29年3月期に欠損金額等の控除未済額が1,000,000円ありますので、「事業年度」欄は、「平成28年4月1日　平成29年3月31日」と記入し、「区分」欄は、欠損金額等に○印を付けます。同「③」欄は、1,000,000円と記入します。

② 「当期分　欠損金額等・災害損失金」欄は、第六号様式「仮計㊷」欄より転記します。本設例では、控除未済欠損金額等「③」欄に、600,000円と記入します。同額を「同上のうち　青色欠損金」欄に記入します。

③ 「翌期繰越額⑤」欄は、[③－④] により計算し記入します。最後に「翌期繰越額⑤」欄の合計額を「合計」欄に記入します。本設例では、1,600,000円と記入します。

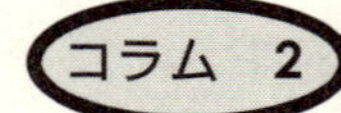

器である法人格と、その上に盛られた事業体

松嶋　隆弘

1. はじめに

法人における法人格の意義は、かつては、法人制度の存在意義として、華々しい議論がなされたところですが、現在は議論が終息しています。ただ、だからといって議論がないわけでなく、考えれば考えるほど、よくわかりません。そこで、ここでは自然人ではない、法人の法人格というものについて、少し考えてみます。

2. 権利義務の帰属主体たる地位

(1)　私が学生時代、大学の民法総則の講義で、法人格＝権利能力、すなわち権利義務の帰属主体たる地位のことと習いました。これを法人の法人格につきあてはめると、要はX（ラージエックス）に置き換えるということでありましょう。すなわち、自然人x1～x100が、Yと契約を締結したり、Yを被告として訴えたりする場合、x1～x100をXと「ひとくくり」にまとめてしまえば、単なるXY間の契約関係であったり、訴訟であったりするにすぎませんが、法的処理が簡単になります（図1参照）。この簡単にするための技術が「法人化」であり、その結果としての権利義務の帰属点Xが法人格ということなのであります。ここまではまあそうなのでありましょう。

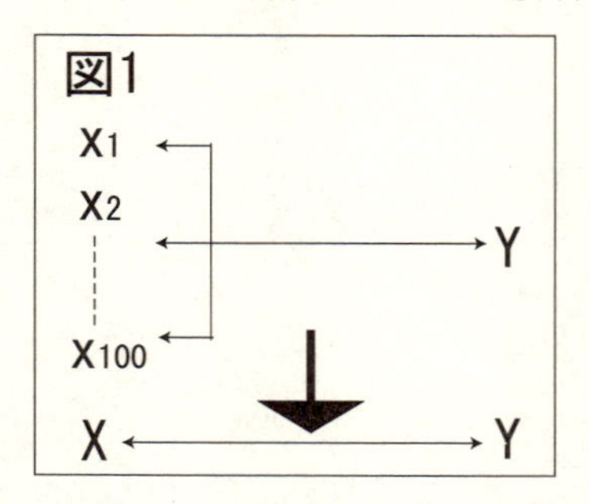

(2)　ただ、よく考えてみると、法律の世界には、法人と似た概念が他にもいくつかあります。

たとえば、権利能力なき社団もそうです。権利能力なき社団の財産関係は総有であるというのが判例・通説の立場でありますが、これによると、限りなく法人格が与えられたことと同様な帰結になります。もう一つは、組合です。 たとえば、民法上の組合と合名会社、有限責任事業組合と合同会社は、法人格の有無を別にすれば、ほぼ同じ制度といってもよいくらい類似しています。

「法が当該事業体に法人格を与えた（前述の例でいうと、Xとした）」という点以外に、両者を截然と区別することは困難です。学説の中では、このようなことから、法人概念を「量的」に把握していこうという考えも有力のようです。かつて民法の講義で、所有権の移転時期について、所有権を量的に把握し、あたかも砂時計のように、なし崩し的に移転すると説く学説があることを習いました。量的把握とは、このようなことなのでしょうか。

3. 法人格を「器」と見立てると

(1) 上記の学説の当否は別にして、私は、少なくとも企業法の実務上、法人というか事業体の法人格は、むしろ「料理の器」のようなものと理解して議論したほうがよいのではないかと考えています。法人格は、いわばお皿であり、その上に載っている料理が事業体と考えるのです。近時、証券化の文脈で「ビークル」という用語が用いられるのも、このような認識と親和的です。

(2) このような理解のもとで、器たる法人格の意義を考えてみましょう。事業を営もうとする場合、当該事業の内容だけでなく、それをどのような「器」にもっていくかということが、重要とならざるをえないのですが、「料理」（事業）も器次第で、おいしさが変わってきうるからです。

たとえば、営利事業を営む場合、これまでだと「会社」、そして大部分が株式会社という選択肢しかなかったのです、今後はたとえば、ヴェンチャー・ビジネスの場合、株式会社（特に公開会社でない会社）という選択肢だけでなく、合同会社や、法人格のない有限責任事業組合という選択

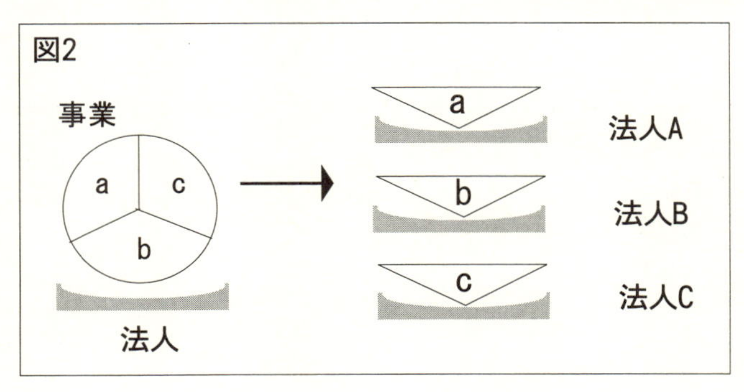

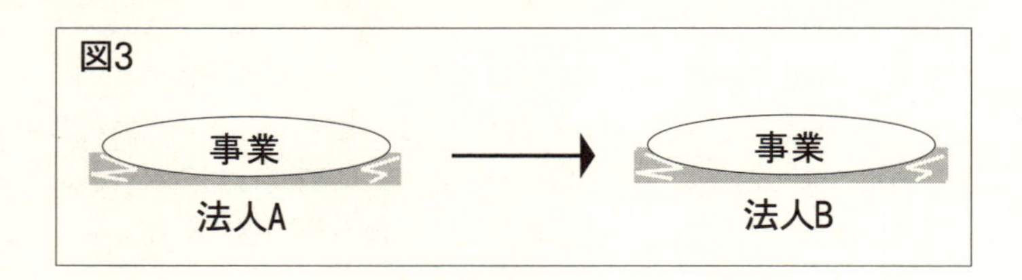

肢もあります。

さらには、事業を複数の器の間に「小分け」にすることすら可能です。これも料理にたとえれば、1つのお皿にどさっと盛った「大皿料理」をいくつかの「小皿」に分けることに相当します（図2参照）。

特に、不景気の影響などで事業が傷み始めた場合、傷んでいない優良な事業を別の「器」に盛り代えて、存続を図ることが考えられますが、事業再生などで利用される「第二会社方式」とは、まさにそのためのスキームなのです（図3参照）。

(3)　公益法人や公益信託では、「シ・プレ」原則というものがります。「可及的近似の原則」ともいい、当該公益法人・公益信託の終了の際、他の類似する目的のために、移し替え、存続を図ろうとするものです（公益社団法人及び公益財団法人の認定等に関する法律5条17号、公益信託ニ関スル法律9条）。これなども、器を変え、コンテンツたる公益事業の存続を図ろうとするものと理解できます。

第4　残余財産確定事業年度の確定申告

1　残余財産確定の日の属する事業年度

残余財産確定の日の属する事業年度（残余財産確定事業年度、最終事業年度）をもって、最後の清算事業年度が終了します。

2　所得金額

所得金額の計算は、前述の清算事業年度と概ね同様ですが、残余財産確定事業年度の事業税の額は、翌事業年度ではなくその事業年度の損金に算入します（法法62条の5第5項）。このほか、一括償却資産や繰延消費税等についてなど、一部、清算事業年度と異なる取扱いがあります。

【残余財産確定事業年度の主な税務取扱い一覧表】

項　　目	適用可否
貸倒引当金（法法52条1項・2項）、返品調整引当金（法法53条1項）	不可
租税特別措置法上の準備金	不可
法人税法及び租税特別措置法上の圧縮記帳	不可
収用換地等の場合の所得の特別控除（措法65条の2）	不可
欠損金の繰戻還付（措法66条の13）	可
期限切れ欠損金（法法59条3項）	可
事業税の額の損金算入（法法62条の5第5項）	可
一括償却資産の金額の損金算入（法法令133条の2第4項）	可
繰延消費税額等の損金算入（法法令139条の4第9項）	可

※解散事業年度において適用できない特別償却、特別控除（69頁）は、残余財産確定事業年度においても適用できません。

3　税　額

税率や税額の計算は、清算事業年度と同様です。

4　申告手続等

事業年度終了の日（残余財産確定の日）の翌日から1月以内（ただし1月以内に残余財産の最後の分配等が行われる場合には、その行われる日の前日まで）に、納税地を所轄する税務署長に対し、確定申告書を提出しなければなりません（法法74条2項、法法規34条1項4号）。そのため、残余財産がある場合には、会社法507条で定める株主総会への決算報告よりも法人税の申告期限が早く到来することになります。なお、残余財産確定事業年度においては、確定申告書の提出期限の延長の特例の適用は認められていません（法法75条の2）。

確定申告書には、貸借対照表、損益計算書、株主資本等変動計算書、勘定科目内訳明細書、事業概況書などの添付が必要となります（法法74条3項、法法規35条）。

帳簿等の保存について、法人税法では保存期間を7年間とする等の規定がありますが、これとは別に会社法による定めがあります（会社432条2項・508条）。会社法の規定では、法人税法よりも10年間と保存期間が長く、保存しなければならない帳簿等が異なる点にも注意が必要です。

会社法432条2項

株式会社は、会計帳簿の閉鎖の時から10年間、その会計帳簿及びその事業に関する重要な資料を保存しなければならない。

会社法508条

清算人（清算人会設置会社にあっては、第489条第7項各号に掲げる清算人）は、清算株式会社の本店の所在地における清算結了の登記の時から10年間、清算株式会社の帳簿並びにその事業及び清算に関する重要な資料（以下この条において「帳簿資料」という。）を保存しなければならない。

2　裁判所は、利害関係人の申立てにより、前項の清算人に代わって帳簿資料を保存する者を選任することができる。この場合においては、同項の規定は、適用しない。

3　前項の規定により選任された者は、清算株式会社の本店の所在地における清算結了の登記の時から10年間、帳簿資料を保存しなければならない。

4　第2項の規定による選任の手続に関する費用は、清算株式会社の負担とする。

5　届出書

会社の清算が結了した場合には、遅滞なく必要事項を記載した異動届出書を所轄の税務署長、都道府県税事務所長、市町村長（納税地が東京都特別区内にある場合は、都税事務所長）に提出する必要があります。届出書の提出に際しては、異動事項等の欄に清算結了と記載し、異動年月日の欄に清算結了の日および清算結了の登記日等を記載した上で、閉鎖事項証明書を添付します。

<清算結了時の異動届出書の記載例>

異動届出書

※整理番号	
※関グループ整理番号	

税務署受付印	提出法人	(フリガナ)	トウキョウトチヨダク○○チョウ
平成30年11月10日	☑単体法人 □連結親法人 □連結親法人となる法人 □連結子法人 □連結子法人となる法人	本店又は主たる事務所の所在地	〒100-0000 東京都千代田区○○町1－1－1 電話（03）○○○○－○○○○
		(フリガナ)	
		納税地	〒 同上
		(フリガナ)	カブシキガイシャ ミサキショウジ
		法人等の名称	株式会社 みさき商事
神田 税務署長殿		法人番号	1 2 3 4 5 6 7 8 9 0 1 2 3
		(フリガナ)	ミサキ イチロウ
次の事項について異動したので届け出ます。		代表者氏名	みさき 一郎 ㊞
		(フリガナ)	トウキョウトチヨダク△△チョウ
		代表者住所	〒100-0000 東京都千代田区△△町1－1－1

異動のあった □連結親法人 □連結親法人となる法人 □連結子法人 □連結子法人となる法人（提出法人の場合は記載不要）	(フリガナ) 法人名等		※税務署処理欄	整理番号	
	納税地（本店又は主たる事務所の所在地）	〒 （ 局 署） 電話（ ） －		部門	
				決算期	
	(フリガナ) 代表者氏名			業種番号	
	代表者住所	〒		整理簿	
				回付先	□ 親署 ⇒ 子署 □ 子署 ⇒ 調査課

異動事項等	異動前	異動後	異動年月日（登記年月日）
清算結了			H30. 10. 31 (H30. 11. 10)
所轄税務署	税務署	税務署	

納税地を変更した場合	給与支払事務所等の移転の有無 □ 有 □ 無（名称等変更有） □ 無（名称等変更無）			
	※「有」及び「無（名称等変更有）」の場合には「給与支払事務所等の開設・移転・廃止届出書」を提出してください。			
事業年度を変更した場合	変更後最初の事業年度：（自）平成 年 月 日～（至）平成 年 月 日			
合併、分割の場合	合併	□ 適格合併 □ 非適格合併	分割	□ 分割型分割 ： □ 適格 □ その他 □ 分社型分割 ： □ 適格 □ その他
（備考）				

税理士署名押印	㊞

※税務署処理欄	部門		決算期		業種番号		番号		入力		名簿	

27.06 改正　（規格A4）

6　残余財産確定事業年度の申告書の記載例

＜会社の概要＞

法人名	株式会社みさき商事（以下「当社」とします。）
本店所在地	東京都千代田区〇〇町 1-1-1
業種	物品販売業
資本金	1,000万円
発行済株式	代表者が全て保有しています。
その他の事項	青色申告法人であり、本店以外に事業所等はありません。

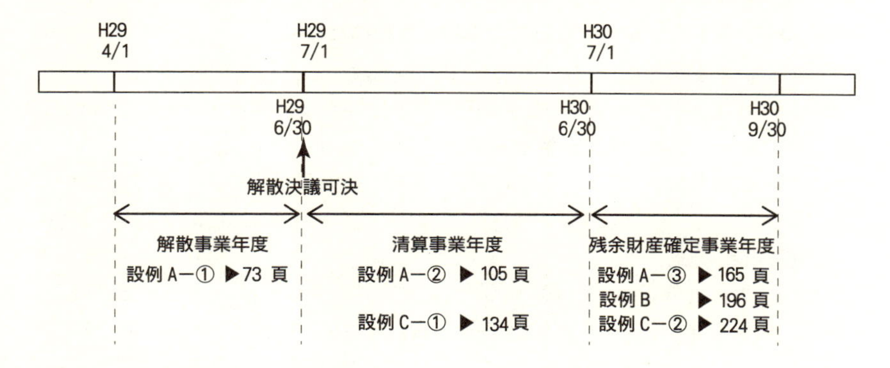

設例Ａ－③

残余財産確定事業年度の申告書（借入金が返済できずに生じた債務免除益に対して、青色欠損金の繰越控除等により法人税等が生じない場合）

> 清算手続を進めた結果、平成30年9月30日に残余財産が確定しました。消費税等ついて、この事業年度は基準期間における課税売上高が1000万円以下であるため納税義務が免除されます（消法9条）。そのため、ここでの消費税等について、経理方法は税込経理方式によっています。

【清算事業年度末（平成30年6月30日現在）の貸借対照表】

貸借対照表（平成30年6月30日）　　(単位：円)

現金及び預金	4,428,500	未払法人税等	70,000
		未払消費税等	176,000
		借入金	8,000,000
		資本金	10,000,000
		繰越利益剰余金	△ 13,817,500
資産合計	4,428,500	負債・純資産合計	4,428,500

※未払法人税等の額70,000円は、法人都民税の均等割額です。

※未払消費税等176,000円は、平成30年6月期の消費税等の納付税額です。

※借入金8,000,000円は、すべて代表者から借り入れたものです。

※青色欠損金の額は、2,160,000円です。

【平成30年7月1日から9月30日までの間に行われた取引】

① 平成30年6月期の未払法人税等70,000円を納付しました。

(借方)	未払法人税等	70,000円	(貸方)	現金及び預金	70,000円

② 平成30年6月期の未払消費税等176,000円を納付しました。

(借方)	未払消費税等	176,000円	(貸方)	現金及び預金	176,000円

③ 電話代などのその他経費486,000円、印紙代など租税公課50,000円を現金で支払いました。

(借方)	その他経費	486,000円	(貸方)	現金及び預金	486,000円
(借方)	租税公課	50,000円	(貸方)	現金及び預金	50,000円

④ 借入金について残余財産が残らないよう3,629,000円を代表者へ返済し、残額について債務免除を受けました。

(借方)	借入金	8,000,000円	(貸方)	現金及び預金	3,629,000円
				債務免除益	4,371,000円

⑤ 決算において法人税等の未払額17,500円を計上しました。

(借方)	法人税等	17,500円	(貸方)	未払法人税等	17,500円

【残余財産確定事業年度の貸借対照表、損益計算書並びに申告書】

貸借対照表（平成30年9月30日）　　(単位：円)

現金及び預金	17,500	未払法人税等	17,500
		資本金	10,000,000
		繰越利益剰余金	△ 10,000,000
資産合計	17,500	負債・純資産合計	17,500

※事業年度の末日において、残余財産は残らないものとします。

損益計算書（平成30年7月1日から平成30年9月30日）　（単位：円）

租税公課	50,000	債務免除益	4,371,000
その他経費	486,000		
法人税等	17,500		
当期純利益	3,817,500		
合計	4,371,000	合計	4,371,000

※法人税等、未払法人税等の額17,500円は、当期に発生する法人都民税の均等割額です。法人都民税の均等割額は残余財産確定事業年度の調整計算（月数按分）をしています。

（計算式）70,000円×3月（当期の月数）／12月＝17,500円

▶設例Ａ－③のポイント

①　残余財産確定事業年度の青色欠損金を控除する前の所得金額は3,835,000円（当期純利益3,817,500円＋納税充当金17,500円）となります。所得の金額の計算上、青色欠損金の額2,160,000円を控除することができます。さらに、残余財産がないと見込まれるときに該当するため、期限切れ欠損金の額（別表五（一）期首現在利益積立金額の差引合計額に記載されるべき金額がマイナスである場合のその金額）13,817,500円のうち、1,675,000円（青色欠損金控除前の所得金額3,835,000円－青色欠損金の額2,160,000円）を損金の額に算入することができます。その結果として、法人税の課税所得はゼロになります。したがって、法人税および地方法人税の課税はありません。

②　法人事業税は、この事業年度の所得の金額がゼロとなるため、課税されません。また、法人都民税の法人税割については、その課税標準となる法人税額がゼロであることから課税されません。ただし、均等割の納付は発生します。

③　消費税等について、本設例の場合、基準期間はその事業年度の前々事業年度すなわち平成29年4月1日から平成29年6月30日となります。前々事業年度が1年未満の場合、その事業年度開始の日の2年前の日の前日から同日以後1年を経過する日までに開始した事業年度を合わせた期間が納税義務の有無を判定する基準期間となります。

④　本設例では、基準期間が1年未満であるため、その期間中の課税売上高を1年分に換算して判定した結果、1,000万円以下［1,000,000円×12月／3月＝4,000,000円≦1,000万円］となるので、消費税等の納税義務が免除さ

れることになります。

上記の設例に基づいて、平成29年4月1日現在の法令および規則により計算しています。なお、消費税等については、納税義務がないため申告の必要はなく、経理処理は、税込経理方式を採用するものとします。

<A－③参考書式>

法人税・地方法人税申告書　別表一（一）　各事業年度の所得に係る申告書――普通法人（特定の医療法人を除く。）、一般社団法人等及び人格のない社団等の分

法人税・地方法人税申告書　別表一（一）次葉

法人税・地方法人税申告書　別表二　同族会社等の判定に関する明細書

法人税・地方法人税申告書　別表四　所得の金額の計算に関する明細書

法人税・地方法人税申告書　別表五（一）　利益積立金額及び資本金等の額の計算に関する明細書

法人税・地方法人税申告書　別表五（二）　租税公課の納付状況等に関する明細書

法人税・地方法人税申告書　別表七（一）　欠損金又は災害損失金の損金算入に関する明細書

法人税・地方法人税申告書　別表七（三）　民事再生等評価換えが行われる場合以外の再生等欠損金の損金算入及び解散の場合の欠損金の損金算入に関する明細書

地方税申告書　第六号様式

地方税申告書　第六号様式別表四の三　均等割額の計算に関する明細書

地方税申告書　第六号様式別表九　欠損金額等及び災害損失金の控除明細書

地方税申告書　第六号様式別表十一　民事再生等評価換えが行われる場合以外の再生等欠損金額等及び解散の場合の欠損金額等の控除明細書

※申告書サンプルは、平成29年4月1日現在のものを使用しています。

コラム　3

解散と休眠の違い

松嶋　康尚

本書は解散に関する各種取扱いについて詳述していますが、解散と似て非なるものに休眠があります。

事業活動をしていた会社が業績不振等の理由で休眠状態になってしまうのが典型的でしょうが、会社で事業を行うつもりで設立してみたものの結局会社形態を利用することなしにそのまま登記だけ残っている場合もあるでしょう。

業績不振等で会社を畳まざるを得ない状態になったのであれば、本来は本書で詳述されているとおりの手続を踏んでいくのですが、①解散に関する法知識は一般の事業主はあまり持ち合わせていないこと、②書類の作成等、それなりに手続が必要で面倒であること、③登記費用や専門家に頼んだ場合には各種手数料等ある程度の支出をしなければならないこと等の理由で正式な法手続をしないで、そのまま会社登記を放置している場合もありうることです。

解散と休眠、両者ともに会社を畳むことを前提にしていることには違いがないのですが、両者の違いとしてはきちんと会社を畳むための法的手続に入っているか、それともそのまま放置しているかの違いといえるでしょうか。

休眠状態とはいえ登記上会社はありますので、少なくとも税務上申告はしなければなりません。事業活動をしていないので所得はないでしょうから法人税が発生する可能性は低いかもしれませんが、地方自治体に対する均等割として毎年定額（都道府県・市町村両方合わせて7万円のところが多いでしょう）を支払わなければなりません。ただ、自治体によっては休眠（休業）の届出をすることによってこの均等割を免除してもらえるところもあるので、この点は自治体に確認のうえ届け出たほうがよいでしょう。

専門家でもあまりじっくりと見ることのない条文かもしれませんが、会社法472条には休眠会社に関する規定が置かれ、そこでは休眠会社についての定義も書かれており、「株式会社であって、当該株式会社に関する登記が最後にあった日から12年を経過したものをいう。」とされています。同様に一般社団法人及び一般財団法人に関する法律第149条においても「一般社団法人であって、当該一般社団法人に関する登記が最後にあった日から5年を経過したもの」を休眠一般社団法人というとされ、同203条においては「一般財団法人であって、当該一般財団法人に関する登記が最後にあった日から5年を経過したもの」を休眠一般財団法人というとされております。

これらの休眠会社・休眠一般社団法人・休眠一般財団法人については、法務大臣による公告および登記所からの通知がされ、この公告から2か月以内に役員変更等の登記または事業を廃止していない旨の届出をしない場合には、「みなし解散」の登記がされます。この一連の手続を「休眠会社・休眠一般法人の整理作業」といい、全国の法務局では平成26年度以降毎年この作業を行っております。

以前は法務局の職員による手作業で膨大な登記資料を精査していたため5年ないし12年に一度程度で行っていたようですが、平成20年に登記のオンライン化が完了して休眠会社の抽出がコンピューターにより容易になったことにより毎年行われることとなりました。

この整理作業を行う理由について法務省のホームページにおいては「長期間登記がされていない株式会社、一般社団法人又は一般財団法人は、既に事業を廃止し、実体がない状態となっている可能性が高く、このような休眠状態の株式会社、一般社団法人又は一般財団法人の登記をそのままにしておくと、商業登記制度に対する国民の信頼が損なわれることになります。」と説明されております[1)]。また、同ホームページに掲載されている「一般社団法人及び一般財団法人制度Q＆A」[2)]においては、そのQ26・27において整理作業が必要な理由について「法人制度の濫用・悪用の弊害を防ぐため」と説明しております。

つまり「登記制度に対する国民の信頼保持」「法人制度の悪用・濫用の防止」のため「みなし解散」の規定が置かれているということです。

休眠会社の分割や転売は新たに会社を設立するよりも低コストであり、なおかつ、審査が甘く詐欺や脱税など経済事件の温床になっているとの指摘がされていましたが、それらの指摘に沿った形の対応と言うことでしょうか。

休眠会社の定義は登記してからの期間を基準にしているため、実際は事業活動を行っているが登記をすることのみ失念している場合も実際はあるかもしれません。そのような場合には公告から2か月以内に（実際には通知がきて気づくと思いますので、登記所からの通知がきてからになります）速やかに役員変更等の登記をするか、登記所からの通知書を利用して、所定の事項を記載し、「まだ事業を廃止していない」旨の届出として登記所に郵送または持参します。ただ、届出をした場合であっても、必要な登記申請を行わない限り、翌年も「休眠会社・休眠一般法人の整理作業」の対象となりますので登記手続はしておくべきです。

「みなし解散」でも「解散」ではありますので、本書で述べたような税務上の問題等出てくるのですが、株式会社でいえば10年以上も何もせずに放置している会社であり、既に実体上の痕跡（事業所や会社財産）は存在せず、結局課税関係が生じないという場合もあるでしょう。

<残余財産確定事業年度　法人税・地方法人税申告書　別表一（一）　記載例>

設例Ａ－③

FB0603

別表一（一）　普通法人（特定の医療法人を除く。）、一般社団法人等及び人格のない社団等の分……平二十九・四・一以後終了事業年度等分

税務署受付印	平成30年10月31日　神田 税務署長殿
納税地	東京都千代田区○○町１－１－１　電話（03　）○○○○－○○○○
（フリガナ）	カブシキガイシャ　ミサキショウジ
法人名	株式会社　みさき商事
法人番号	1 2 3 4 5 6 7 8 9 0 1 2 3
（フリガナ）	ミサキ　イチロウ
代表者自署押印	みさき　一郎　㊞
代表者住所	東京都千代田区△△町１－１－１
事業種目	物品販売業
期末現在の資本金の額又は出資金の額	10,000,000円
同非区分	特定同族会社・同族会社・非同族会社
一般社団・財団法人のうち非営利型法人に該当するもの	非営利型法人
経理責任者自署押印	㊞
旧納税地及び旧法人名等	
添付書類	貸借対照表、損益計算書、株主（社員）資本等変動計算書、勘定科目内訳明細書、事業概況書 等
青色申告　一連番号	
整理番号	0 0 0 0 1 2 3 4
事業年度（至）	年　月　日
売上金額	
申告年月日	年　月　日
処理欄	通信日付印・確認印・庁指定・局指定・指導等・区分
申告区分	法人税（中間・期限後・修正）、地方法人税（中間・期限後・修正）

平成 3 0 年　7 月　1 日　事業年度分の法人税　確定　申告書
平成 3 0 年　9 月 3 0 日　課税事業年度分の地方法人税　確定　申告書
（中間申告の場合の計算期間　平成　年　月　日～平成　年　月　日）

翌年以降送付要否	要・否	適用額明細書提出の有無	有・無
税理士法第30条の書面提出有	有	税理士法第33条の2の書面提出有	有

この申告書による法人税額の計算

項目	番号	金額（円）
所得金額又は欠損金額（別表四「48の①」）	1	0 ①
法人税額（54）又は（55）	2	0 ②
法人税額の特別控除額	3	
差引法人税額（2）－（3）	4	0
連結納税の承認を取り消された場合等における既に控除された法人税額の特別控除額の加算額	5	
土地譲渡税額　課税土地譲渡利益金額	6	000
同上に対する税額（21）＋（22）＋（23）	7	
留保金　課税留保金額（別表三（一）「41」）	8	000
同上に対する税額（別表三（一）「49」）	9	
		00
法人税額計（4）＋（5）＋（7）＋（9）	10	
仮装経理に基づく過大申告の更正に伴う控除法人税額	11	
控除税額	12	
差引所得に対する法人税額（10）－（11）－（12）	13	00
中間申告分の法人税額	14	00
差引確定法人税額（中間申告の場合はその税額とし、マイナスの場合は、（25）へ記入）（13）－（14）	15	00
控除税額の計算　所得税の額（別表六（一）「6の③」）	16	
外国税額（別表六（二）「20」）	17	
計（16）＋（17）	18	
控除した金額（12）	19	
控除しきれなかった金額（18）－（19）	20	
土地譲渡税額の内訳　土地譲渡税額（別表三（二）「27」）	21	0
同上（別表三（二の二）「28」）	22	0
同上（別表三（三）「23」）	23	00
この申告による還付金額　所得税額等の還付金額（20）	24	
中間納付額（14）－（13）	25	
欠損金の繰戻しによる還付請求税額	26	
計（24）＋（25）＋（26）	27	
この申告が修正申告である場合　この申告前の所得金額又は欠損金額	28	
この申告により納付すべき法人税額又は減少する還付請求税額	29	00 ③
欠損金又は災害損失金等の当期控除額	30	3835000
翌期へ繰り越す欠損金又は災害損失金（別表七（一）「5の合計」）	31	0

この申告書による地方法人税額の計算

項目	番号	金額（円）
課税標準法人税額の計算　所得の金額に対する法人税額	32	0 ④
課税留保金額に対する法人税額	33	
課税標準法人税額（32）＋（33）	34	000
地方法人税額（58）	35	0 ⑤
課税留保金額に係る地方法人税額（59）	36	
所得地方法人税額（35）＋（36）	37	0
外国税額の控除額（別表六（二）「50」）	38	
仮装経理に基づく過大申告の更正に伴う控除地方法人税額	39	
差引地方法人税額（37）－（38）－（39）	40	00
中間申告分の地方法人税額	41	00
差引確定地方法人税額（中間申告の場合はその税額とし、マイナスの場合は、（43）へ記入）（40）－（41）	42	00
この申告による還付金額（41）－（40）	43	
この申告が修正申告である場合　所得の金額に対する法人税額	44	
課税留保金額に対する法人税額	45	
課税標準法人税額	46	000
この申告により納付すべき地方法人税額	47	00

剰余金・利益の配当（剰余金の分配）の金額	
残余財産の最後の分配又は引渡しの日	平成　年　月　日
決算確定の日	平成　年　月　日
還付を受けようとする金融機関等	銀行・金庫・組合・農協・漁協　本店・支店・出張所・本所・支所　預金　郵便局名等
口座番号	ゆうちょ銀行の貯金記号番号　－
※税務署処理欄	

法 0301-0101

税理士署名押印	㊞

【別表一（一）各事業年度の所得に係る申告書】記載手順

① 「この申告書による法人税額の計算」「所得金額又は欠損金額1」欄は、別表四「48の①」欄から転記します。本設例では、0円と記入します。

② 「法人税額　2」欄は、別表一（一）次葉「54」欄から転記します。本設例では、0円と記入します。「差引法人税額　4」欄、「法人税額計　10」欄、「差引所得に対する法人税額　13」欄、「差引確定法人税額　15」欄については、それぞれの算式に基づき計算します。本設例では、それぞれ0円と記入します。また、「10」欄の金額を地方税申告書の第六号様式の「①」欄へ転記します。

③ 「欠損金又は災害損失金等の当期控除額　30」欄は、[別表七(一)「4」の「計」＋別表七(三)「10」] により計算し記入します。本設例では、3,835,000円と記入します。「翌期へ繰り越す欠損金又は災害損失金　31」欄は、別表七（一）「5」の「合計」欄から転記します。本設例では、0円と記入します。

④ 「この申告書による地方法人税額の計算」「課税標準法人税額の計算　基準法人税額　所得の金額に対する法人税額　32」欄を計算します。本設例では、0円と記入します。同額を別表一（一）次葉「56」欄へ転記します。

⑤ 「地方法人税　35」欄は、別表一（一）次葉「58」欄から転記します。本設例では0円と記入します。「所得地方法人税額　37」欄、「差引地方法人税額　40」欄、「差引確定地方法人税額　42」欄については、それぞれの算式に基づき計算します。本設例では、それぞれ0円と記入します。

＜残余財産確定事業年度　法人税・地方法人税申告書　別表一（一）次葉　記載例＞

設例Ａ－③

事業年度等	平成30・7・1 平成30・9・30	法人名	株式会社　みさき商事

別表一(一)次葉　平二十九・四・一以後終了事業年度等分

法人税額の計算

区分	項目	番号	金額	項目	番号	金額
中小法人等の場合	(1)の金額又は800万円×$\frac{3}{12}$相当額のうち少ない金額	48	① 0	(48)の15％相当額	52	② 0
	(1)のうち年800万円相当額を超える金額 (1)－(48)	49	0	(49)の23.4％相当額	53	0
	所得金額 (48)＋(49)	50	0	法人税額 (52)＋(53)	54	0
その他の法人の場合	所得金額 (1)	51		法人税額 ((51)の23.4%相当額)	55	

地方法人税額の計算

項目	番号	金額	項目	番号	金額
所得の金額に対する法人税額 (32)	56	③ 0	(56)の4.4％相当額	58	0
課税留保金額に対する法人税額 (33)	57		(57)の4.4％相当額	59	

この申告が修正申告である場合の計算

区分		項目	番号	金額	区分		項目	番号	金額
法人税額の計算	この申告前の	所得金額又は欠損金額	60		地方法人税額の計算	この申告前の	所得の金額に対する法人税額	68	
		課税土地譲渡利益金額	61				課税留保金額に対する法人税額	69	
		課税留保金額	62				課税標準法人税額 (68)＋(69)	70	
		法人税額	63				確定地方法人税額	71	
		還付金額	64	外			中間還付額	72	
	この申告により納付すべき法人税額又は減少する還付請求税額 ((15)－(63))若しくは((15)＋(64))又は((64)－(27))		65	外			欠損金の繰戻しによる還付金額	73	
	この申告前の	欠損金又は災害損失金等の当期控除額	66			この申告により納付すべき地方法人税額 ((42)－(71))若しくは((42)＋(72)＋(73))又は(((72)－(43))＋((73)－(43の外書)))		74	
		翌期へ繰り越す欠損金又は災害損失金	67						

法 0301－0101－次

【別表一（一）次葉】記載手順

① 本設例では、当期末における資本金の額が1億円以下の普通法人であるため、別表一（一）次葉の「中小法人等の場合」を使用して計算します。「(1)の金額又は800万円×　/12相当額のうち少ない金額　48」欄は、分子が空欄になっていますので、当期の月数（暦に従って計算し、1月未満の端数は切り上げる）を記入します。本設例では、3と記入します。同「48」欄は、0円と［800万円×3／12相当額］のいずれか少ない金額を計算し記入します。本設例では、0円と記入します。「(1)のうち年800万円相当額を超える金額　49」欄、「所得金額　50」欄について計算します。本設例では、それぞれ0円と記入します。

② 「(48)の15%相当額　52」欄、「(49)の23.4%相当額　53」欄、「法人税額　54」欄について計算し記入します。本設例では、それぞれ0円と記入します。別表一（一）の「2」欄に転記します。

③ 「地方法人税額の計算　所得の金額に対する法人税額　56」欄は、別表一（一）の「32」欄から転記します。本設例では、0円と記入します。「(56)の4.4%相当額　58」欄を計算し記入します。本設例では0円と記入します。別表一（一）の「35」欄に転記します。

＜残余財産確定事業年度　法人税・地方法人税申告書　別表二　記載例＞

設例Ａ－③

同族会社等の判定に関する明細書

事業年度又は連結事業年度	平成30・7・1 平成30・9・30	法人名	株式会社　みさき商事

区分	項目	番号	金額	区分	項目	番号	金額
同族会社の判定	期末現在の発行済株式の総数又は出資の総額	1	内 200	特定同族会社の判定	(21)の上位1順位の株式数又は出資の金額	11	
	(19)と(21)の上位3順位の株式数又は出資の金額	2	200		株式数等による判定 (11)/(1)	12	%
	株式数等による判定 (2)/(1)	3	100.0 %		(22)の上位1順位の議決権の数	13	
	期末現在の議決権の総数	4	内		議決権の数による判定 (13)/(4)	14	%
	(20)と(22)の上位3順位の議決権の数	5			(21)の社員の1人及びその同族関係者の合計人数のうち最も多い数	15	
	議決権の数による判定 (5)/(4)	6	%		社員の数による判定 (15)/(7)	16	%
	期末現在の社員の総数	7			特定同族会社の判定割合 ((12),(14)又は(16)のうち最も高い割合)	17	%
	社員の3人以下及びこれらの同族関係者の合計人数のうち最も多い数	8		判定結果		18	特定同族会社 **同族会社**（〇） 非同族会社
	社員の数による判定 (8)/(7)	9	%				
	同族会社の判定割合 ((3),(6)又は(9)のうち最も高い割合)	10	100.0 %				

判定基準となる株主等の株式数等の明細

順位（株式数等）	順位（議決権数）	判定基準となる株主（社員）及び同族関係者：住所又は所在地	氏名又は法人名	判定基準となる株主等との続柄	被支配会社でない法人株主等：株式数又は出資の金額 19	被支配会社でない法人株主等：議決権の数 20	その他の株主等：株式数又は出資の金額 21	その他の株主等：議決権の数 22
1		東京都千代田区△△町1－1－1	みさき　一郎	本人			200	

法 0301－0200

別表二　平二十九・四・一以後終了事業年度又は連結事業年度分

【別表二　同族会社等の判定に関する明細書】記載手順

① 「判定基準となる株主等の株式数等の明細」は、その会社の株主の1人およびその同族関係者の所有する株式数の合計が最も多いものから順次記入していきます。本設例では、みさき一郎が発行済株式総数200株をすべて保有しているため、第1順位がみさき一郎となり、「株式数又は出資の金額等　その他の株主等　株式数又は出資の金額　21」欄は、200と記入します。

② 「同族会社の判定」「期末現在の発行済株式の総数又は出資の総額　1」欄は、本設例では、200と記入します。

③ 「⒆と㉑の上位3順位の株式数又は出資の金額　2」欄は、「判定基準となる株主等の株式数等の明細」より計算して記入します。本設例では、200と記入します。

④ 「株式数等による判定⑵/⑴　3」欄は、表示されている算式により計算した割合を記入します。本設例では、100.0と記入します。さらに、「同族会社の判定割合　10」欄を記入します。本設例では、100.0と記入します。

⑤ 「判定結果　18」欄は、該当するものを○印で囲んで表示します。本設例では、当期末の資本金の額が1億円以下であり、「同族会社の判定割合　10」欄が50％超であるため同族会社に該当します。

＜残余財産確定事業年度　法人税・地方法人税申告書　別表四　記載例＞

設例Ａ－③

所得の金額の計算に関する明細書

事業年度	平成30・7・1 平成30・9・30	法人名	株式会社　みさき商事

区分		総額 ①	処分 留保 ②	処分 社外流出 ③	
当期利益又は当期欠損の額	1	3,817,500円	3,817,500円	配当 その他	円
加算　損金経理をした法人税及び地方法人税(附帯税を除く。)	2				
加算　損金経理をした道府県民税及び市町村民税	3				
加算　損金経理をした納税充当金	4	17,500	17,500		
加算　損金経理をした附帯税(利子税を除く。)、加算金、延滞金(延納分を除く。)及び過怠税	5			その他	
加算　減価償却の償却超過額	6				
加算　役員給与の損金不算入額	7			その他	
加算　交際費等の損金不算入額	8			その他	
加算	9				
加算	10				
加算　小計	11	17,500	17,500		
減算　減価償却超過額の当期認容額	12				
減算　納税充当金から支出した事業税等の金額	13				
減算　受取配当等の益金不算入額(別表八(一)「13」又は「26」)	14			※	
減算　外国子会社から受ける剰余金の配当等の益金不算入額(別表八(二)「26」)	15			※	
減算　受贈益の益金不算入額	16			※	
減算　適格現物分配に係る益金不算入額	17			※	
減算　法人税等の中間納付額及び過誤納に係る還付金額	18				
減算　所得税額等及び欠損金の繰戻しによる還付金額等	19			※	
減算	20				
減算　小計	21			外※	
仮計(1)+(11)−(21)	22	3,835,000	3,835,000	外※	
関連者等に係る支払利子等の損金不算入額(別表十七(二の二)「25」又は「30」)	23			その他	
超過利子額の損金算入額(別表十七(二の三)「10」)	24			※	
仮計((22)から(24)までの計)	25	3,835,000	3,835,000	外※	
寄附金の損金不算入額(別表十四(二)「24」又は「40」)	26			その他	
沖縄の認定法人の所得の特別控除額(別表十(一)「9」又は「13」)	27			※	
国家戦略特別区域における指定法人の所得の特別控除額(別表十(二)「8」)	28			※	
法人税額から控除される所得税額(別表六(一)「6の③」)	29			その他	
税額控除の対象となる外国法人税の額(別表六(二の二)「7」)	30			その他	
組合等損失額の損金不算入額又は組合等損失超過合計額の損金算入額(別表九(二)「10」)	31				
対外船舶運航事業者の日本船舶による収入金額に係る所得の金額の損金算入額又は益金算入額(別表十(四)「20」、「21」又は「23」)	32			※	
合計(25)+(26)+(27)+(28)+(29)+(30)+(31)±(32)	33	3,835,000	3,835,000	外※	
契約者配当の益金算入額(別表九(一)「13」)	34				
特定目的会社等の支払配当又は特定目的信託に係る受託法人の利益の分配等の損金算入額(別表十(七)「13」、別表十(八)「11」又は別表十(九)「16」若しくは「33」)	35				
中間申告における繰戻しによる還付に係る災害損失欠損金額の益金算入額	36			※	
非適格合併又は残余財産の全部分配等による移転資産等の譲渡利益額又は譲渡損失額	37			※	
差引計((33)から(37)までの計)	38	3,835,000	3,835,000	外※	
欠損金又は災害損失金等の当期控除額(別表七(一)「4の計」+(別表七(二)「9」若しくは「21」又は別表七(三)「10」))	39	△3,835,000		※	△3,835,000
総計(38)+(39)	40	0	3,835,000	外※	△3,835,000
新鉱床探鉱費又は海外新鉱床探鉱費の特別控除額(別表十(三)「43」)	41			※	
農業経営基盤強化準備金積立額の損金算入額(別表十二(十四)「10」)	42				
農用地等を取得した場合の圧縮額の損金算入額(別表十二(十四)「43の計」)	43				
関西国際空港用地整備準備金積立額の損金算入額(別表十二(十一)「15」)	44				
中部国際空港整備準備金積立額の損金算入額(別表十二(十二)「10」)	45				
再投資等準備金積立額の損金算入額(別表十二(十五)「12」)	46				
残余財産の確定の日の属する事業年度に係る事業税の損金算入額	47				
所得金額又は欠損金額	48	0	3,835,000	外※	△3,835,000

（吹き出し：① 行1、② 行4、③ 行22、④ 行38、⑤ 行40、⑥ 行48）

別表四　平二十九・四・一以後終了事業年度分

法 0301－0401

【別表四　所得の金額の計算に関する明細書】記載手順

① 損益計算書上の当期純利益3,817,500円を「当期利益又は当期欠損の額　1」欄に記入します。

② 「損金経理をした納税充当金　4」欄は、別表五（二）の「31」欄から転記します。本設例では、17,500円と記入します。「加算」「小計　11」欄を計算し記入します。

③ 「仮計　22」欄は、[(1)＋(11)－(21)] により計算し記入します。本設例では、3,835,000円と記入します。

④ 「合計　33」欄および「差引計　38」欄については、それぞれの算式に基づき計算し記入します。本設例では、それぞれ3,835,000円と記入します。「合計　33」を第六号様式の「㊼」欄に転記します。

⑤ 「欠損金又は災害損失金等の当期控除額　39」欄は、[別表七（一）「4」の「計」＋別表七（三）「10」] により計算し記入します。本設例では、△3,835,000円と記入します。

⑥ 「総計　40」欄は、[(38)＋(39)] により計算します。本設例では、0円と記入します。最後に「所得金額又は欠損金額　48」欄を計算し記入します。本設例では、0円と記入します。別表一（一）の「1」欄、および地方税申告書の第六号様式の「㉔」欄に転記します。

<残余財産確定事業年度　法人税・地方法人税申告書　別表五（一）　記載例>

設例Ａ－③

利益積立金額及び資本金等の額の計算に関する明細書

事業年度	平成30・7・1 平成30・9・30	法人名	株式会社　みさき商事

別表五（一）　平二十九・四・一以後終了事業年度分

Ⅰ　利益積立金額の計算に関する明細書

区分		期首現在利益積立金額 ①	当期の増減 減 ②	当期の増減 増 ③	差引翌期首現在利益積立金額 ①－②＋③ ④
利益準備金	1	円	円	円	円
	2				
	3				
	4				
	5				
	6				
	7				
	8				
	9				
	10				
	11				
	12				
	13				
	14				
	15				
	16				
	17				
	18				
	19				
	20				
	21				
	22				
	23				
	24				
	25				
繰越損益金（損は赤）	26	Δ13,817,500	Δ13,817,500	Δ10,000,000	Δ10,000,000
納税充当金	27	70,000	70,000	17,500	17,500
未納法人税等（退職年金等積立金に対するものを除く。） 未納法人税及び未納地方法人税（附帯税を除く。）	28			中間 確定	0
未納道府県民税（均等割額及び利子割額を含む。）	29	Δ70,000	Δ70,000	中間 確定 Δ17,500	Δ17,500
未納市町村民税（均等割額を含む。）	30			中間 確定	
差引合計額	31	Δ13,817,500	Δ13,817,500	Δ10,000,000	Δ10,000,000

Ⅱ　資本金等の額の計算に関する明細書

区分		期首現在資本金等の額 ①	当期の増減 減 ②	当期の増減 増 ③	差引翌期首現在資本金等の額 ①－②＋③ ④
資本金又は出資金	32	10,000,000円	円	円	10,000,000円
資本準備金	33				
	34				
	35				
差引合計額	36	10,000,000			10,000,000

（図中の吹き出し番号：1～8）

法 0301－0501

【別表五（一）　利益積立金額及び資本金等の額の計算に関する明細書】記載手順

① 「繰越損益金　26」欄は、平成30年6月期の別表五（一）の「差引翌期首現在利益積立金額④」欄から記入します。本設例では、△13,817,500円と記入します。また、「当期の増減　減②」欄に△13,817,500円と記載します。

② 平成30年9月末時点の貸借対照表の「繰越利益剰余金」の額△10,000,000円を同「26」「当期の増減　増③」欄に記入します。「差引翌期首現在利益積立金額④」欄を計算し記入します。

③ 「納税充当金　27」欄は、平成30年6月期の別表五（一）の「差引翌期首現在利益積立金額④」欄から記入します。本設例では、70,000円と記入します。当期中に納税充当金を取り崩して納付していますので、「当期の増減　減②」欄には、前期分の法人都民税均等割額70,000円を記入します。

④ 当期末に未払計上した「未払法人税等」の額17,500円を同「納税充当金　27」「当期の増減　増③」欄に記入します。「差引翌期首現在利益積立金額④」欄を計算し記入します。

⑤ 「未納法人税等　未納道府県民税　29」欄は、平成30年6月期の別表五（一）の「差引翌期首現在利益積立金額④」欄から記入します。本設例では、△70,000円と記入します。当期中に納付していますので、「当期の増減　減②」に△70,000円と記入します。

⑥ 平成30年9月期の法人都民税申告書に記載された確定納税額を同「29」「当期の増減　増③」「確定」欄に記入します。本設例では、△17,500円と記入します。「差引翌期首現在利益積立金額④」欄を計算し記入します。

⑦ 「差引合計額　31」欄は、「差引翌期首現在利益積立金額④」欄の合計額を記入します。また、本設例では、同「31」「期首現在利益積立金額①」欄の金額を別表七（三）の「5」欄、および地方税申告書の第六号様式別表十一の「⑤」欄へ転記します。

⑧ 「資本金又は出資金　32」、「差引合計額　36」の「①」欄は、平成30年6月期の別表五（一）の「差引翌期首現在資本金等の額④」欄から記入します。本設例では、10,000,000円と記入します。同「32」欄、同「36」欄の「差引翌期首現在資本金等の額④」欄を計算し記入します。

<残余財産確定事業年度 法人税・地方法人税申告書 別表五（二） 記載例>

設例Ａ－③

別表五（二）

租税公課の納付状況等に関する明細書

事業年度	平成30・7・1 平成30・9・30	法人名	株式会社 みさき商事

税目及び事業年度			期首現在未納税額 ①	当期発生税額 ②	当期中の納付税額 充当金取崩しによる納付 ③	仮払経理による納付 ④	損金経理による納付 ⑤	期末現在未納税額 ①＋②－③－④－⑤ ⑥
法人税及び地方法人税	29・4・1 29・6・30	1	円		円	円	円	円
	29・7・1 30・6・30	2						
	当期分 中間	3		円				
	当期分 確定	4		0				0
	計	5		0				0
道府県民税	29・4・1 29・6・30	6						
	29・7・1 30・6・30	7	70,000		70,000			0
	当期分 中間	8						
	当期分 確定	9		0 17,500				0 17,500
	計	10	70,000	0 17,500	70,000			0 17,500
市町村民税	・・	11						
	・・	12						
	当期分 中間	13						
	当期分 確定	14						
	計	15						
事業税	・・	16						
	29・7・1 30・6・30	17		0				0
	当期中間分	18						
	計	19		0				0
その他	損金算入のもの 利子税	20						
	損金算入のもの 延滞金（延納に係るもの）	21						
	損金算入のもの 印紙税	22		50,000			50,000	0
	損金算入のもの	23						
	損金不算入のもの 加算税及び加算金	24						
	損金不算入のもの 延滞税	25						
	損金不算入のもの 延滞金（延納分を除く。）	26						
	損金不算入のもの 過怠税	27						
	損金不算入のもの 源泉所得税	28						
	損金不算入のもの	29						

納税充当金の計算

期首納税充当金	30	70,000円	取崩額 その他 損金算入のもの	36	円
繰入額 損金経理をした納税充当金	31	17,500	取崩額 その他 損金不算入のもの	37	
繰入額	32		取崩額 その他	38	
繰入額 計 (31)＋(32)	33	17,500	取崩額 その他 仮払税金消却	39	
取崩額 法人税額等 (5の⑤)＋(10の⑤)＋(15の⑤)	34	70,000	取崩額 計 (34)＋(35)＋(36)＋(37)＋(38)＋(39)	40	70,000
取崩額 事業税 (19の⑤)	35		期末納税充当金 (30)＋(33)－(40)	41	17,500

平二十九・四・一以後終了事業年度分

法 0301－0502

【別表五（二）　租税公課の納付状況等に関する明細書】記載手順

① 「道府県民税」「7」欄は、平成30年6月期の別表五（二）の「期末現在未納税額⑥」欄から記入します。本設例では、70,000円と記入します。

② 平成30年6月期の法人都民税について、納税充当金を取り崩して納付しているため、同「7」「当期中の納付税額　充当金取崩しによる納付③」欄に70,000円と記入します。

③ 「当期分　確定　9」欄は、平成30年9月期の法人都民税申告書に記載された確定納税額17,500円を同「9」「当期発生税額②」欄に記入します。「期末現在未納税額⑥」欄を計算し記入します。

④ 本設例において、印紙等を租税公課として50,000円計上しています。
「その他」「損金算入のもの　22」欄は、「印紙税」と記入し、「当期発生税額②」欄に50,000円を記入します。本設例では、損金経理をしているため、「当期中の納付税額　損金経理による納付⑤」欄へ50,000円と記入します。

⑤ 「期首納税充当金　30」欄は、平成30年6月期の別表五（二）の「期末納税充当金　41」欄から記入します。本設例では、70,000円と記入します。

⑥ 「繰入額　損金経理をした納税充当金　31」欄は、本設例では、平成30年9月期の損益計算書上の「法人税等」の額17,500円と記入します。別表四の「4」へ転記します。

⑦ 「取崩額　法人税額等　34」欄は、［(5の③)＋(10の③)＋(15の③)］により計算し記入します。本設例では、70,000円と記入します。

⑧ 「期末納税充当金　41」欄は、［㉚＋㉝－㊵］より計算し記入します。本設例では、17,500円と記入します。

<残余財産確定事業年度　法人税・地方法人税申告書　別表七（一）　記載例>

設例A－③

⑤ 欠損金又は災害損失金の損金算入等に関する明細書

別表七(一)　平二十九・四・一以後終了事業年度分

事業年度	平成30・7・1 平成30・9・30	法人名	株式会社　みさき商事

控除前所得金額（別表四「38の①」）－（別表七(二)「9」又は「21」）	1	① 3,835,000円	所得金額控除限度額 (1)×(50, 55, 60又は100)/100	2	② 3,835,000円

事業年度	区分	控除未済欠損金額 3	当期控除額〔当該事業年度の(3)と((2)－当該事業年度前の(4)の合計額)のうち少ない金額〕 4	翌期繰越額 ((3)－(4))又は(別表七(三)「15」) 5
	青色欠損・連結みなし欠損・災害損失	円	円	
	青色欠損・連結みなし欠損・災害損失			円
	青色欠損・連結みなし欠損・災害損失			
	青色欠損・連結みなし欠損・災害損失			
	青色欠損・連結みなし欠損・災害損失			
	青色欠損・連結みなし欠損・災害損失			
平28・4・1 平29・3・31	③ (青色欠損)・連結みなし欠損・災害損失	2,160,000	④ 2,160,000	0
	青色欠損・連結みなし欠損・災害損失			
	青色欠損・連結みなし欠損・災害損失			
計		2,160,000	2,160,000	0
当期分	欠損金額（別表四「48の①」）		欠損金の繰戻し額	
当期分 同上のうち	災害損失金			
当期分 同上のうち	青色欠損金			
合計				⑤ 0

災害により生じた損失の額の計算

		棚卸資産 ①	固定資産（固定資産に準ずる繰延資産を含む。） ②	計 ①＋② ③
災害の種類			災害のやんだ日又はやむを得ない事情のやんだ日	
当期の欠損金額（別表四「48の①」）	6			円
災害により生じた損失の額　資産の滅失等により生じた損失の額	7	円	円	
被害資産の原状回復のための費用等に係る損失の額	8			
被害の拡大又は発生の防止のための費用に係る損失の額	9			
計 (7)＋(8)＋(9)	10			
保険金又は損害賠償金等の額	11			
差引災害により生じた損失の額 (10)－(11)	12			
同上のうち所得税額の還付又は欠損金の繰戻しの対象となる災害損失金額	13			
中間申告における災害損失欠損金の繰戻し額	14			
繰戻しの対象となる災害損失欠損金額 ((6の③)と((13の③)－(14の③))のうち少ない金額)	15			
繰越控除の対象となる損失の額 ((6の③)と((12の③)－(14の③))のうち少ない金額)	16			

法 0301－0701

【別表七（一）　欠損金又は災害損失金の損金算入に関する明細書】記載手順

① 「控除前所得金額　1」欄は、[(別表四「38の①」)－(別表七(二)「9」又は「21」)] により計算し記入します。本設例では、3,835,000円と記入します。

② 「所得金額控除限度額　(1)×50、55、60又は100/100　2」欄は、本設例では、当期が中小法人等事業年度に該当する事業年度であるため、数式部分について「~~50、55、60又は~~100」と記載します。同「2」欄は、[(1)×100／100] により計算し記入します。本設例では、3,835,000円と記入します。

③ 「控除未済欠損金額　3」欄は、平成30年6月期の別表七（一）の「翌期繰越額　5」欄より当期首前9年以内に開始した事業年度に生じた青色欠損金の額で過去に繰越控除等を受けなかった額を古い事業年度から順次記入します。本設例では平成29年3月期に青色欠損金の控除未済額が2,160,000円ありますので、「事業年度」欄は、「平成28年4月1日　平成29年3月31日」と記入し、「区分」欄は、青色欠損に○印をつけます。同「3」欄は、2,160,000円と記入します。

④ 「当期控除額　4」欄は、古い事業年度分から順次控除できる額を記入します。「控除未済欠損金額　3」欄と「所得金額控除限度額　2」欄の金額を比べていずれか少ない金額を記入します。本設例では、2,160,000円と3,835,000円を比べて少ない金額である2,160,000円を記入します。「4」の「計」欄を計算し記入します。別表七（三）「7」欄に転記します。

⑤ 「翌期繰越額　5」欄は、[(3)－(4)] により計算し記入します。本設例では、0円と記入します。最後に「合計」欄を計算し記入します。

<残余財産確定事業年度 法人税・地方法人税申告書 別表七（三） 記載例>

設例A－③

⑤ 民事再生等評価換えが行われる場合以外の再生等欠損金の損金算入及び解散の場合の欠損金の損金算入に関する明細書

事業年度 平成30・7・1 平成30・9・30 法人名 株式会社 みさき商事

別表七(三) 平二十九・四・一以後終了事業年度分

			円			円
債務免除等による利益の内訳	債務の免除を受けた金額	1		所得金額差引計（別表四「38の①」）－(7)	9	③ 1,675,000
	私財提供を受けた金銭の額	2				
	私財提供を受けた金銭以外の資産の価額	3		当期控除額（(4)、(8)と(9)のうち少ない金額）	10	④ 1,675,000
	計 (1)＋(2)＋(3)	4				
欠損金額等の計算	適用年度終了の時における前期以前の事業年度又は連結事業年度から繰り越された欠損金額及び個別欠損金額	5	① 13,817,500	調整前の欠損金の翌期繰越額（13の計）	11	0
	適用年度終了の時における資本金等の額（別表五(一)「36の④」）（プラスの場合は0）	6	0			
	欠損金又は災害損失金の当期控除額（別表七(一)「4の計」）	7	② 2,160,000	欠損金額からないものとする金額（(10)と(11)のうち少ない金額）	12	0
	差引欠損金額 (5)－(6)－(7)	8	11,657,500			

欠損金の翌期繰越額の調整

発生事業年度	調整前の欠損金の翌期繰越額（別表七(一)「3」－「4」）	欠損金額からないものとする金額（当該発生事業年度の(13)と((12)－当該発生事業年度前の(14)の合計額)のうち少ない金額）	差引欠損金の翌期繰越額 (13)－(14)
	13	14	15
	円	円	円
平28・4・1 平29・3・31	0	0	0
計	0	0	0

法 0301－0703

【別表七（三）　民事再生等評価換えが行われる場合以外の再生等欠損金の損金算入及び解散の場合の欠損金の損金算入に関する明細書】記載手順

①「欠損金額等の計算」適用年度終了の時における前期以前の事業年度等から繰り越された欠損金額等「5」欄は、別表五（一）「期首現在利益積立金額①」の「差引合計額　31」欄から転記します。本設例では、13,817,500円と記入します。

②「欠損金又は災害損失金の当期控除額　7」欄は、別表七（一）「4」の「計」欄から転記します。本設例では、2,160,000円と記入します。「差引欠損金額　8」欄は、[(5)−(6)−(7)] により計算し記入します。

③「所得金額差引計　9」欄は、[別表四「38の①」−(7)] により計算し記入します。本設例では、1,675,000円と記入します。

④「当期控除額　10」欄は、本設例では、「差引欠損金額　8」欄、「所得金額差引計　9」欄とのいずれか少ない金額を記入します。11,657,500円と1,675,000円を比べて少ない金額である1,675,000円を記入します。

<残余財産確定事業年度　地方税申告書　第六号様式　記載例>

設例Ａ－③

第六号様式（提出用）

受付印　　24006B62

整理番号	事務所	管理番号	申告区分
		1234000	

平成 30 年 10 月 31 日

千代田都税事務所長 殿

法人番号	法人税の期末現在の資本金の額	この申告の基礎	申告年月日
1 2345 6789 0123		年 月 日の 修申・更・決・再 正告・正・定・更正 による。	年 月 日

所在地	東京都千代田区〇〇町１－１－１（電話 03- 0000-0000）
（ふりがな）	かぶしきがいしゃ　みさきしょうじ
法人名	株式会社　みさき商事
（ふりがな）	みさき　いちろう
代表者自署押印	みさき　一郎
経理責任者自署押印	
事業種目	物品販売業
期末現在の資本金の額又は出資金の額（解散日現在の資本金の額又は出資金の額）	10,000,000 / 10,000,000
同上が１億円以下の普通法人のうち中小法人等に該当しないもの	非中小法人等
期末現在の資本金の額及び資本準備金の額の合算額	10,000,000
期末現在の資本金等の額	10,000,000

平成30年7月1日から平成30年9月30日までの事業年度分又は連結事業年度分の道府県民税・事業税・地方法人特別税の　確定　申告書

（事業税）

摘要		課税標準	税率	税額
所得割	所得金額総額（⑫－⑬）又は別表5⑬ ㉝	0 ④		
	年400万円以下の金額 ㉞	000		00
	年400万円を超え年800万円以下の金額 ㉟	000		00
	年800万円を超える金額 ㊱	000		00
	計 ㉞＋㉟＋㊱ ㊲	000		00
	軽減税率不適用法人の金額 ㊳	000		00
付加価値割	付加価値額総額 ㊴			
	付加価値額 ㊵	000		00
資本割	資本金等の額総額 ㊶			
	資本金等の額 ㊷	000		00
収入割	収入金額総額 ㊸			
	収入金額 ㊹	000		00

合計事業税額 ㊲＋㊵＋㊷＋㊹又は㊳＋㊵＋㊷＋㊹ ㊺	00
平成27年改正法附則第5条又は平成28年改正法附則第5条の控除額 ㊻	00
事業税の特定寄附金税額控除額 ㊼	
仮装経理に基づく事業税額の控除額 ㊽	
既に納付の確定した当期分の事業税額 ㊾	00
租税条約の実施に係る事業税額の控除額 ㊿	
この申告により納付すべき事業税額 (51)	00
(51)の内訳 所得割 (52)	00
付加価値割 (53)	00
資本割 (54)	00
収入割 (55)	00
(51)のうち見込納付額 (56)	
差引 (51)－(56) (57)	0

（地方法人特別税）

摘要	課税標準	税率	税額
所得割に係る地方法人特別税額 (58)	00		00
収入割に係る地方法人特別税額 (59)	00		00
合計地方法人特別税額（(58)＋(59)） (60)			00
仮装経理に基づく地方法人特別税額の控除額 (61)		既に納付の確定した当期分の地方法人特別税額 (62)	00
租税条約の実施に係る地方法人特別税額の控除額 (63)		この申告により納付すべき地方法人特別税額 (64)	00
(64)のうち見込納付額 (65)		差引 (64)－(65) (66)	0

所得金額の計算の内訳

所得金額（法人税の明細書（別表4）の(33)）又は個別所得金額（法人税の明細書（別表4の2付表）の(41)） (67)	38,350,000 ①
加算 損金の額又は個別帰属損金額に算入した所得税額及び復興特別所得税額 (68)	
加算 損金の額又は個別帰属損金額に算入した海外投資等損失準備金勘定への繰入額 (69)	
減算 益金の額又は個別帰属益金額に算入した海外投資等損失準備金勘定からの戻入額 (70)	
減算 外国の事業に帰属する所得以外の所得に対して課された外国法人税額 (71)	
仮計 (67)＋(68)＋(69)－(70)－(71) (72)	38,350,000 ②
繰越欠損金額等若しくは災害損失金額又は債務免除等があった場合の欠損金額等の当期控除額 (73)	38,350,000 ③
法人税の所得金額（法人税の明細書（別表4）の(48)）又は個別所得金額（法人税の明細書（別表4の2付表）の(55)） (74)	0
法第15条の4の徴収猶予を受けようとする税額 (75)	

決算確定の日 ⑧	平成　年　月　日
解散の日	平成29年 6月30日
残余財産の最後の分配又は引渡しの日	平成　年　月　日
申告期限の延長の処分（承認）の有無	事業税 有・無　法人税 有・無
法人税の申告書の種類	青色　その他 ⑨
この申告が中間申告の場合の計算期間	平成　年　月　日から 平成　年　月　日まで
翌期の中間申告の要否	
国外関連者の有無	有・無

（道府県民税）

（使途秘匿金税額等）法人税法の規定によって計算した法人税額 ①	0 ⑤
試験研究費の額等に係る法人税額の特別控除額 ②	
還付法人税額等の控除額 ③	
退職年金等積立金に係る法人税額 ④	
課税標準となる法人税額又は個別帰属法人税額 ①＋②－③＋④ ⑤	000
2以上の道府県に事務所又は事業所を有する法人における課税標準となる法人税額又は個別帰属法人税額 ⑥	000
法人税割額（⑤又は⑥×$\frac{}{100}$） ⑦	0
道府県民税の特定寄附金税額控除額 ⑧	
外国の法人税等の額の控除額 ⑨	
仮装経理に基づく法人税割額の控除額 ⑩	
利子割額の控除額（控除した金額㉙） ⑪	
差引法人税割額 ⑦－⑧－⑨－⑩－⑪ ⑫	00
既に納付の確定した当期分の法人税割額 ⑬	00
租税条約の実施に係る法人税割額の控除額 ⑭	
既還付請求利子割額が過大である場合の納付額（㉜） ⑮	00
この申告により納付すべき法人税割額 ⑫－⑬－⑭＋⑮ ⑯	00 ⑥
均等割額 算定期間中において事務所等を有していた月数 ⑰	3月
均等割額 円×$\frac{⑰}{12}$ ⑱	1,7500 ⑦
既に納付の確定した当期分の均等割額 ⑲	00
この申告により納付すべき均等割額 ⑱－⑲ ⑳	1,7500
この申告により納付すべき道府県民税額 ⑯＋⑳ ㉑	1,7500
㉑のうち見込納付額 ㉒	
差引 ㉑－㉒ ㉓	1,7500
東京都に申告する場合の㉕の計算 特別区分の課税標準額 ㉔	000
同上に対する税額 ㉔×$\frac{}{100}$ ㉕	0
市町村分の課税標準額 ㉖	000
同上に対する税額 ⑩×$\frac{}{100}$ ㉗	
利子割額に関する計算 利子割額（控除されるべき額） ㉘	
控除した金額（⑦－⑧－⑨－⑩と㉘のうち少ない額） ㉙	
控除することができなかった金額 ㉘－㉙ ㉚	
既に還付を請求した利子割額 ㉛	
既還付請求利子割額が過大である場合の納付額 ㉛－㉚ ㉜	

利子割還付額の均等割額への充当　□ 希望する　□ 希望しない

還付請求 中間納付額 (76)	
利子割額 (77)	
還付を受けようとする金融機関及び支払方法	口座番号（　）
法人税の期末現在の資本金等の額又は連結個別資本金等の額	10,000,000 ⑩
法人税の当期の確定税額又は連結法人税個別帰属支払額	0

関与税理士署名押印（電話）

【第六号様式】記載手順

① 「事業税」「所得金額の計算の内訳　所得金額㊼」欄は、法人税申告書の別表四の「合計　33」欄から転記します。「仮計㊲」欄は、［㊼＋㊽＋㊾－㊿－⑦①］により計算します。本設例では、それぞれ3,835,000円と記入します。

② 繰越欠損金額等の当期控除額「⑦③」欄は、第六号様式別表九の「④」の「計」欄と別表十一の「⑪」欄の合計額を記入します。本設例では、3,835,000円と記入します。

③ 「法人税の所得金額⑦④」欄は、法人税申告書の別表四の「48」欄から転記します。本設例では0円と記入します。

④ 「事業税」「所得割　所得金額総額㉝」欄は、［⑦②－⑦③］により計算し記入します。本設例では、0円と記入します。

⑤ 「道府県民税」「法人税法の規定によって計算した法人税額①」欄は、法人税申告書の別表一（一）の「10」欄から転記します。「東京都に申告する場合の⑦の計算　同上に対する税額㉕」欄を計算し、同額を「法人税割額⑦」欄に記入します。本設例では、0円と記入します。「差引法人税割額⑫」欄、「この申告により納付すべき法人税割額⑯」欄を計算します。本設例では、それぞれ0円と記入します。

⑥ 「均等割額」「算定期間中において事務所等を有していた月数⑰」欄は、本設例では3と記入します。

⑦ 「　　円×⑰/12　⑱」欄には、第六号様式別表四の三の「⑧」欄から転記します。本設例では、17,500円と記入します。「この申告により納付すべき均等割額⑳」欄、「この申告により納付すべき道府県民税額㉑」欄、「差引㉓」欄を計算します。本設例では、それぞれ17,500円と記入します。

⑧ 「解散の日」欄は、解散決議があった日を記入します。本設例では、平成29年6月30日と記入します。

⑨ 「法人税の申告書の種類」欄は、本設例では、青色の箇所に○印を付けて表示します。

⑩ 「法人税の期末現在の資本金等の額」欄は、本設例では、10,000,000円と記入します。

＜残余財産確定事業年度　地方税申告書　第六号様式別表四の三　記載例＞

設例Ａ－③

第六号様式別表四の三

均等割額の計算に関する明細書

事業年度又は連結事業年度	平成30年 7月 1日から 平成30年 9月30日まで	法人名	株式会社　みさき商事

事務所、事業所又は寮等（事務所等）の従業者数の明細

①

東京都内における主たる事務所等の所在地	事務所等を有していた月数	従業者数の合計数
東京都千代田区○○町１－１－１	3月	1人

特別区内における従たる事務所等

	所在地	名称（外　箇所）	月数	従業者数の合計数（人）
1	千代田区	（外　箇所）		
2	中央区	（外　箇所）		
3	港区	（外　箇所）		
4	新宿区	（外　箇所）		
5	文京区	（外　箇所）		
6	台東区	（外　箇所）		
7	墨田区	（外　箇所）		
8	江東区	（外　箇所）		
9	品川区	（外　箇所）		
10	目黒区	（外　箇所）		
11	大田区	（外　箇所）		
12	世田谷区	（外　箇所）		
13	渋谷区	（外　箇所）		
14	中野区	（外　箇所）		
15	杉並区	（外　箇所）		
16	豊島区	（外　箇所）		
17	北区	（外　箇所）		
18	荒川区	（外　箇所）		
19	板橋区	（外　箇所）		
20	練馬区	（外　箇所）		
21	足立区	（外　箇所）		
22	葛飾区	（外　箇所）		
23	江戸川区	（外　箇所）		
合計（主たる事務所等の従業者数の合計数を含む。）				1

市町村の存する区域内における従たる事務所等	名称（外　箇所）	所在地
	（外　箇所）	

当該事業年度又は連結事業年度（算定期間）中の従たる事務所等の設置・廃止及び主たる事務所等の異動

異動区分	異動の年月日	名称	所在地
設置			
廃止			
旧の主たる事務所等		（　月）	

均等割額の計算

②

区分			税率（年額）（ア）	月数（イ）	区数（ウ）	税額計算 $(ア)\times\frac{(イ)}{12}\times(ウ)$
特別区のみに事務所等を有する場合	主たる事務所等所在の特別区	事務所等の従業者数50人超 ①	円	月		円 00
						00
		事務所等の従業者数50人以下 ②				00
			70,000	3		17,500
	従たる事務所等所在の特別区	事務所等の従業者数50人超 ③				00
						00
		事務所等の従業者数50人以下 ④				00
						00
特別区と市町村に事務所等を有する場合	道府県分 ⑤					00
	特別区（市町村分）	事務所等の従業者数50人超 ⑥				00
						00
		事務所等の従業者数50人以下 ⑦				00
						00
納付すべき均等割額 ①＋②＋③＋④又は⑤＋⑥＋⑦ ⑧						17,500

備考	

【第六号様式別表四の三　均等割額の計算に関する明細書】記載手順

① 「東京都内における主たる事務所等の所在地」欄、「事務所等を有していた月数」欄、「従業者数の合計数」欄をそれぞれ記入します。

② 「均等割額の計算」欄は、本設例では、特別区に主たる事務所を有しているのみであるため、「主たる事務所等所在の特別区　事務所等の従業者数50人以下②」区分欄を使用します。都民税均等割額の税額表に基づき資本金等の額区分により算定した金額を「税率（年額）（ア）」欄に記入します。本設例では、資本金等の額が1,000万円以下で従業者数が50人以下であるため、70,000円と記入し、次に事務所を有していた月数を「月数（イ）」欄に3と記入します。「税額計算」欄は、［(ア)×(イ)／12×(ウ)］により計算し記入します。最後に「納付すべき均等割額⑧」欄を計算し記入します。本設例では、それぞれ17,500円と記入します。「⑧」欄の額を第六号様式の「⑱」欄に転記します。

＜残余財産確定事業年度 地方税申告書 第六号様式別表九 記載例＞

設例Ａ－③

第六号様式別表九

欠損金額等及び災害損失金の控除明細書

事業年度	平成30年 7月 1日から 平成30年 9月 30日まで	法人名	株式会社 みさき商事

控除前所得金額 第6号様式㉒－（別表10⑨又は㉑）	①	1 3,835,000円	所得金額控除限度額 ①× ~~50、55、60又は~~100 / 100	②	2 3,835,000円

事業年度	区分	控除未済欠損金額等又は控除未済災害損失金③	当期控除額④ （当該事業年度の③と（②－当該事業年度前の④の合計額）のうち少ない金額）	翌期繰越額⑤ （（③－④）又は別表11⑰）
	欠損金額等・災害損失金	円	円	
	欠損金額等・災害損失金			円
	欠損金額等・災害損失金			
	欠損金額等・災害損失金			
	欠損金額等・災害損失金			
	欠損金額等・災害損失金			
3 平 28・4・1 平 29・3・31	（欠損金額等）・災害損失金	2,160,000	4 2,160,000	0
	欠損金額等・災害損失金			
	欠損金額等・災害損失金			
計		2,160,000	2,160,000	0
当期分	欠損金額等・災害損失金			
当期分 同上のうち	災害損失金			円
当期分 同上のうち	青色欠損金			
合計				5 0

災害により生じた損失の額の計算			
災害の種類		災害のやんだ日又はやむを得ない事情のやんだ日	
当期の欠損金額 ⑥	円	差引災害により生じた損失の額（⑦－⑧） ⑨	円
災害により生じた損失の額 ⑦		繰越控除の対象となる損失の額（⑥と⑨のうち少ない金額） ⑩	
保険金又は損害賠償金等の額 ⑧			

【第六号様式別表九　欠損金額等及び災害損失金の控除明細書】記載手順

① 「控除前所得金額①」欄は、［(第六号様式㊷) − (別表十⑨又は㉑)］により計算し記入します。本設例では、3,835,000円と記入します。

② 「所得金額控除限度額　(1)× 50、55、60又は100/100　②」欄は、本設例では、当期が中小法人等事業年度に該当する事業年度であるため、数式部分について「~~50、55、60又は~~100」と記載し、同「②」欄を、［①× 100／100］により計算し記入します。本設例では、3,835,000円と記入します。

③ 控除未済欠損金額等「③」欄は、平成30年6月期の第六号様式別表九の「翌期繰越額⑤」欄より当期首前9年以内に開始した事業年度に生じた欠損金額等の額で過去に繰越控除を受けなかった額を古い事業年度から順次記入します。本設例では平成29年3月期に欠損金額等の控除未済額が2,160,000円ありますので、「事業年度」欄は、「平成28年4月1日　平成29年3月31日」と記入し、「区分」欄は、欠損金額等に○印を付けます。同「③」欄は、2,160,000円と記入します。

④ 「当期控除額④」欄は、古い事業年度分から順次控除できる額を記入します。控除未済欠損金額等「③」欄と「所得金額控除限度額②」欄の金額を比べていずれか少ない金額を記入します。本設例では、2,160,000円と3,835,000円を比べて少ない金額である2,160,000円を記入します。「④」の「計」欄の金額は、第六号様式別表十一の「⑦」欄へ転記します。

⑤ 「翌期繰越額⑤」欄は、［③−④］または第六号様式別表十一⑰により計算し記入します。本設例では、0円と記入します。最後に「合計」欄を計算し記入します。

<残余財産確定事業年度　地方税申告書　第六号様式別表十一　記載例>

設例Ａ－③

第六号様式別表十一

民事再生等評価換えが行われる場合以外の再生等欠損金額等及び解散の場合の欠損金額等の控除明細書

事業年度	平成30年　7月　1日から 平成30年　9月　30日まで	法人名	株式会社　みさき商事

債務免除等による利益の内訳	債務の免除を受けた金額	①	円	所得金額	所得金額差引計 ((第6号様式㉒又は別表5㉓)－⑦)	⑨	(3) 1,675,000 円
	私財提供を受けた金銭の額	②			⑦の金額を控除する前の所得 (第6号様式㉒又は別表5㉓)	⑩	
	私財提供を受けた金銭以外の資産の価額	③		当期控除額	④、⑧又は⑨のうち最も少ない金額	⑪	(4) 1,675,000
	計(①＋②＋③)	④	(1)		④、⑤－⑥又は⑩のうち最も少ない金額	⑫	
欠損金額等の計算	適用年度終了の時における前期以前の事業年度から繰り越された欠損金額等	⑤	13,817,500		調整前の欠損金額等の翌期繰越額 (⑮の計)	⑬	0
	適用年度終了の時における資本金等の額 (プラスの場合は０)	⑥	(2) 0		欠損金額等からないものとする金額 (⑪と⑬のうち少ない金額)	⑭	0
	当期控除を受ける欠損金額等又は災害損失金額(別表9④の計)	⑦	2,160,000				
	差引欠損金額等(⑤－⑥－⑦)	⑧	11,657,500				

欠損金額等の翌期繰越額の調整

発生事業年度	調整前の欠損金額等の翌期繰越額 (第6号様式別表9③－④) ⑮	欠損金額等からないものとする金額 (当該発生事業年度の⑮と(⑭－当該発生事業年度前の⑯の合計額)のうち少ない金額) ⑯	差引欠損金額等の翌期繰越額 (⑮－⑯) ⑰
	円	円	円
平28・4・1 平29・3・31	0	0	0
計	0	0	0

【第六号様式別表十一　民事再生等評価換えが行われる場合以外の再生等欠損金額等及び解散の場合の欠損金額等の控除明細書】記載手順

① 「欠損金額等の計算」「適用年度終了の時における前期以前の事業年度から繰り越された欠損金額等⑤」欄は、法人税の別表五（一）「期首現在利益積立金額①」の「差引合計額　31」欄から、13,817,500円と記入します。

② 「当期控除を受ける欠損金額等又は災害損失金額⑦」欄は、第六号様式別表九「④」の「計」欄から転記し、2,160,000円と記入します。「差引欠損金額等⑧」欄は、[⑤－⑥－⑦］により計算し記入します。本設例では、11,657,500円と記入します。

③ 「所得金額」「所得金額差引計⑨」欄は、[第六号様式㉜－第六号様式別表十一⑦］により計算し記入します。本設例では、1,675,000円と記入します。

④ 「当期控除額　④、⑧又は⑨のうち最も少ない金額⑪」欄は、1,675,000円と記入します。

設例B

残余財産確定事業年度の申告書（会社所有の土地の売却益が、青色欠損金の額を超えるため、法人税等の納税がある申告）

当社は、平成29年2月28日に解散決議を可決しました。平成29年3月1日から、清算手続を進め、長期間保有していた土地の売却等を行いました。平成30年2月28日に残余財産が確定しました。

【解散事業年度末（平成29年2月28日現在）の貸借対照表】

貸借対照表（平成29年2月28日）　　**（単位：円）**

現金及び預金	114,100	未払法人税等	64,100
商品	900,000	未払消費税等	250,000
土地	4,000,000	資本金	10,000,000
		繰越利益剰余金	△ 5,300,000
資産合計	5,014,100	負債・純資産合計	5,014,100

※未払法人税等の額64,100円は、法人都民税の均等割額です。

※未払消費税等250,000円は、平成29年2月期の消費税等の納付税額です。

※青色欠損金の額は、4,300,000円です。

【平成29年3月1日から平成30年2月28日までの間に行われた取引】

①　所有する土地4,000,000円を、現金10,000,000円で売却しました。。

（借方）	現金及び預金	10,000,000円	（貸方）	土地処分収入	10,000,000円
	土地処分原価	4,000,000円		土　地	4,000,000円

②　土地売却に係る不動産仲介手数料324,000円（うち消費税額等24,000円）を現金で支払いました。

（借方）	その他経費	300,000円	（貸方）	現金及び預金	324,000円
	仮払消費税等	24,000円			

③　在庫商品900,000円を1,296,000円（うち消費税額等96,000円）で売却しました。

（借方）			（貸方）		
	現金及び預金	1,296,000円		棚卸資産処分収入	1,200,000円
				仮受消費税等	96,000円
	棚卸資産処分原価	900,000円		商　　品	900,000円

④　平成29年2月期の未払法人税等64,100円を納付しました。

（借方）	未払法人税等	64,100円	（貸方）	現金及び預金	64,100円

⑤　平成29年2月期の未払消費税等250,000円を納付しました。

（借方）	未払消費税等	250,000円	（貸方）	現金及び預金	250,000円

⑥　電話代などのその他経費648,000円（うち消費税額等48,000円）、印紙代など租税公課35,800円を現金で支払いました。

（借方）	その他経費	600,000円	（貸方）	現金及び預金	648,000円
	仮払消費税等	48,000円			
（借方）	租税公課	35,800円	（貸方）	現金及び預金	35,800円

⑦　決算において法人税等の未払額285,700円と消費税等の未払額88,200円を計上しました。

（借方）	法人税等	285,700円	（貸方）	未払法人税等	285,700円
（借方）	仮受消費税等	96,000円	（貸方）	仮払消費税等	72,000円
	雑損失	64,200円		未払消費税等	88,200円

【残余財産確定事業年度の貸借対照表、損益計算書並びに申告書】

貸借対照表（平成30年2月28日）　　（単位：円）

現金及び預金	10,088,200	未払法人税等	285,700
		未払消費税等	88,200
		資本金	10,000,000
		繰越利益剰余金	△ 285,700
資産合計	10,088,200	負債・純資産合計	10,088,200

損益計算書（平成29年3月1日から平成30年2月28日）　　（単位：円）

棚卸資産処分原価	900,000	棚卸資産処分収入	1,200,000
土地処分原価	4,000,000	土地処分収入	10,000,000
租税公課	35,800		
その他経費	900,000		
雑損失	64,200		
法人税等	285,700		
当期純利益	5,014,300		
合計	11,200,000	合計	11,200,000

※法人税等、未払法人税等の額285,700円の内訳は、以下のとおりです。

法人税の額：142,600円（法人税の課税所得金額の15%）

地方法人税の額：6,200円（法人税の額の4.4%）

事業税の額：34,000円（法人税の課税所得金額の3.4%）

地方法人特別税の額：14,600円（事業税の所得割額の43.2%）

法人都民税の法人税割額：18,300円（法人税の額の12.9%）

法人都民税の均等割額：70,000円

※未払消費税等の額88,200円は、当期に確定した消費税等の納付税額です。

<設例Bのポイント>

① 本設例では、残余財産確定事業年度の青色欠損金を控除する前の所得金額が5,300,000円［当期純利益5,014,300円＋納税充当金285,700円］となります。前期から繰り越された青色欠損金の額は4,300,000円ありますが、所得の金額の計算上、青色欠損金の額4,300,000円全額を控除しても、課税される所得金額が1,000,000円生じることになります。

② 本設例において、法人税申告書別表五（一）の「期首現在利益積立金額①」の「差引合計額31」欄のマイナス符号をないものとした金額5,300,000円から当期に控除した青色欠損金の額4,300,000円を控除した金額1,000,000円が、いわゆる期限切れ欠損金となります。その期限切れ欠損金の損金算入が可能かどうかの判断が必要となります。当事業年度期末時点（平成30年2月28日）の実態貸借対照表によると、債務超過でない［現金及び預金10,088,200円－未払法人税等285,700円－未払消費税等88,200円＞0］ため、「残余財産がないと見込まれるとき」に該当しません。したがって、期限切れ欠損金の損金算入ができません。

③ その結果、法人税などの納税が発生することになります。

④ 本設例においては、最後事業年度の事業税等を別表四で減算することができます。

⑤ 本設例では、土地を譲渡しています。消費税法において、土地の譲渡は、国内において行われる資産の譲渡等のうち消費税を課さない非課税取引に該当します（消法6条1項　別表第一）。

⑥ 本設例の場合、課税売上割合は10.7％［1,200,000円／11,200,000円］と算出され、95％未満となります。そのため、課税仕入れ等の税額の全額をその課税期間の課税標準額に対する消費税額から控除することができません。課税売上割合が95％未満の場合は、個別対応方式または一括比例配分方式により控除対象仕入税額を計算することになります。本設例は、一括比例配分方式を採用したケースです。課税仕入れ等に係る消費税額のうち課税売上割合に応じた金額についてのみ控除が可能となります。

⑦ 本設例では、中小企業者等の法人税率の特例（措法42条の3の2第1項1号）を適用しているため、「適用額明細書」を法人税申告書に添付する必要があります。

上記の設例に基づいて、平成29年4月1日現在の法令および規則により計算しています。なお、消費税等については、納税義務があるものとし、経理処理は、税抜経理方式を採用するものとします。

＜B参考書式＞

法人税・地方法人税申告書　別表一（一）各事業年度の所得に係る申告書――普通法人（特定の医療法人を除く。）、一般社団法人等及び人格のない社団等の分

法人税・地方法人税申告書　別表一（一）次葉

法人税・地方法人税申告書　別表二　同族会社等の判定に関する明細書

法人税・地方法人税申告書　別表四　所得の金額の計算に関する明細書

法人税・地方法人税申告書　別表五（一）　利益積立金額及び資本金等の額の計算に関する明細書

法人税・地方法人税申告書　別表五（二）　租税公課の納付状況等に関する明細書

法人税・地方法人税申告書　別表七（一）　欠損金又は災害損失金の損金算入に関する明細書

地方税申告書　第六号様式

地方税申告書　第六号様式別表四の三　均等割額の計算に関する明細書

地方税申告書　第六号様式別表九　欠損金額等及び災害損失金の控除明細書

消費税及び地方消費税の申告書

消費税及び地方消費税の申告書　付表2　課税売上割合・控除対象仕入税額等の計算表

※申告書サンプルは、平成29年4月1日現在のものを使用しています。

<残余財産確定事業年度 法人税・地方法人税申告書 別表一（一） 記載例>

設 例 B

FB0603

別表一(一) 普通法人(特定の医療法人を除く。)、一般社団法人等及び人格のない社団等の分……平二十九・四・一以後終了事業年度等分

税務署受付印	平成30年 3月31日 神田 税務署長殿
納税地	東京都千代田区○○町1－1－1 電話(03)○○○○－○○○○
(フリガナ)	カブシキガイシャ ミサキショウジ
法人名	株式会社 みさき商事
法人番号	1 2 3 4 5 6 7 8 9 0 1 2 3
(フリガナ)	ミサキ イチロウ
代表者自署押印	みさき 一郎 ㊞
代表者住所	東京都千代田区△△町1－1－1
事業種目	物品販売業
期末現在の資本金の額又は出資金の額	10,000,000円
同非区分	特定同族会社・同族会社・非同族会社
経理責任者自署押印	㊞
旧納税地及び旧法人名等	
添付書類	貸借対照表、損益計算書、株主(社員)資本等変動計算書又は損益金処分表、勘定科目内訳明細書、事業概況書、組織再編成に係る契約書等の写し、組織再編成に係る移転資産等の明細書
青色申告	一連番号
整理番号	0 0 0 0 1 2 3 4

平成 2 9 年 3 月 1 日から 平成 3 0 年 2 月 2 8 日 事業年度分の法人税 確定 申告書 / 課税事業年度分の地方法人税 確定 申告書

翌年以降送付要否	要・否	適用額明細書提出の有無	有・無
税理士法第30条の書面提出有	有	税理士法第33条の2の書面提出有	有

この申告書による法人税額の計算

所得金額又は欠損金額 (別表四「48の①」)	1	951400
法人税額 (54)又は(55)	2	142650
法人税額の特別控除額	3	
差引法人税額 (2)－(3)	4	142650
連結納税の承認を取り消された場合等における既に控除された法人税額の特別控除額の加算額	5	
土地譲渡利益金額 課税土地譲渡利益金額	6	000
同上に対する税額 (21)＋(22)＋(23)	7	
留保金 課税留保金額 (別表三(一)「41」)	8	000
同上に対する税額 (別表三(一)「49」)	9	
		00
法人税額計 (4)＋(5)＋(7)＋(9)	10	142650
仮装経理に基づく過大申告の更正に伴う控除法人税額	11	
控除税額	12	
差引所得に対する法人税額 (10)－(11)－(12)	13	142600
中間申告分の法人税額	14	00
差引確定法人税額 (13)－(14)	15	142600
所得税の額 (別表六(一)「6の③」)	16	
外国税額 (別表六(二)「20」)	17	
計 (16)＋(17)	18	
控除した金額 (12)	19	
控除しきれなかった金額 (18)－(19)	20	
土地譲渡税額 (別表三(二)「27」)	21	0
同上 (別表三(二の二)「28」)	22	0
同上 (別表三(三)「23」)	23	00
所得税額等の還付金額 (20)	24	
中間納付額 (14)－(13)	25	
欠損金の繰戻しによる還付請求税額	26	
計 (24)＋(25)＋(26)	27	
この申告前の所得金額又は欠損金額	28	
この申告により納付すべき法人税額又は減少する還付請求税額	29	00
欠損金又は災害損失金等の当期控除額	30	4300000
翌期へ繰り越す欠損金又は災害損失金 (別表七(一)「5の合計」)	31	0

この申告書による地方法人税額の計算

所得の金額に対する法人税額	32	142650
課税留保金額に対する法人税額	33	
課税標準法人税額 (32)＋(33)	34	142000
地方法人税額 (58)	35	6248
課税留保金額に係る地方法人税額 (59)	36	
所得地方法人税額 (35)＋(36)	37	6248
外国税額の控除額 (別表六(二)「50」)	38	
仮装経理に基づく過大申告の更正に伴う控除地方法人税額	39	
差引地方法人税額 (37)－(38)－(39)	40	6200
中間申告分の地方法人税額	41	00
差引確定地方法人税額 (40)－(41)	42	6200
この申告による還付金額 (41)－(40)	43	
この申告前の所得の金額に対する法人税額	44	
この申告前の課税留保金額に対する法人税額	45	
この申告前の課税標準法人税額 (70)	46	000
この申告により納付すべき地方法人税額	47	00
剰余金・利益の配当(剰余金の分配)の金額		
残余財産の最後の分配又は引渡しの日		平成 年 月 日
決算確定の日		平成 年 月 日

還付を受けようとする金融機関等：銀行・金庫・組合・農協・漁協 本店・支店・出張所・本所・支所 預金 郵便局名等 口座番号 ゆうちょ銀行の貯金記号番号

※税務署処理欄

法 0301-0101

税理士署名押印 ㊞

1 2 3 4 5

【別表一（一）各事業年度の所得に係る申告書】記載手順

① 「この申告書による法人税額の計算」「所得金額又は欠損金額　1」欄は、別表四「48の①」欄から転記します。本設例では、951,400円と記入します。

② 「法人税額　2」欄は、別表一（一）次葉「54」欄から転記します。本設例では、142,650円と記入します。「差引法人税額　4」欄、「法人税額計　10」欄については、それぞれの算式に基づき計算します。本設例では、それぞれ142,650円と記入します。また、「10」欄の金額を地方税申告書の第六号様式「①」欄へ転記します。「差引所得に対する法人税額　13」欄、「差引確定法人税額　15」欄について計算します。100円未満の端数がある場合は、その端数を切り捨てた金額を記入します。本設例では、それぞれ142,600円と記入します。「15」欄を第六号様式「法人税の当期の確定税額」欄へ転記します。

③ 「欠損金又は災害損失金等の当期控除額　30」欄は、別表七（一）「4」の「計」欄より記入します。本設例では、4,300,000円と記入します。「翌期へ繰り越す欠損金又は災害損失金　31」欄は、別表七（一）「5」の「合計」欄から転記します。本設例では、0円と記入します。

④ 「この申告書による地方法人税額の計算」「課税標準法人税額の計算　基準法人税額　所得の金額に対する法人税額　32」欄を計算し記入します。本設例では、142,650円と記入します。同額を別表一（一）次葉の「56」欄に転記します。「課税標準法人税額　34」欄は、[(32)＋(33)] により計算し記入します。1,000円未満の端数がある場合は、その端数を切り捨てた金額を記入します。本設例の場合は、142,000円と記入します。

⑤ 「地方法人税額　35」欄は、別表一（一）次葉「58」欄から転記します。本設例では、6,248円と記入します。「所得地方法人税額　37」欄について計算し記入します。本設例では、6,248円と記入します。「差引地方法人税額　40」欄、「差引確定地方法人税額　42」欄について計算し記入します。100円未満の端数がある場合には、その端数を切り捨てた金額を記入します。本設例では、6,200円と記入します。

＜残余財産確定事業年度　法人税・地方法人税申告書　別表一（一）次葉　記載例＞

設　例　B

事業年度等	平成29・3・1 平成30・2・28	法人名	株式会社　みさき商事

別表一（一）次葉　平二十九・四・一以後終了事業年度等分

法人税額の計算

区分	項目	番号	金額	項目	番号	金額
中小法人等の場合	(1)の金額又は800万円×12/12相当額のうち少ない金額	48	① 951,000	(48)の15%相当額	52	② 142,650
	(1)のうち年800万円相当額を超える金額 (1)−(48)	49	0	(49)の23.4%相当額	53	0
	所得金額 (48)+(49)	50	951,000	法人税額 (52)+(53)	54	142,650
その他の法人の場合	所得金額 (1)	51		法人税額 ((51)の23.4%相当額)	55	

地方法人税額の計算

項目	番号	金額	項目	番号	金額
所得の金額に対する法人税額 (32)	56	③ 142,000	(56)の4.4%相当額	58	6,248
課税留保金額に対する法人税額 (33)	57		(57)の4.4%相当額	59	

この申告が修正申告である場合の計算

区分	項目	番号	金額	区分	項目	番号	金額
法人税額の計算 この申告前の	所得金額又は欠損金額	60		地方法人税額の計算 この申告前の	所得の金額に対する法人税額	68	
	課税土地譲渡利益金額	61			課税留保金額に対する法人税額	69	
	課税留保金額	62			課税標準法人税額 (68)+(69)	70	
	法人税額	63			確定地方法人税額	71	
	還付金額	64	外		中間還付額	72	
	この申告により納付すべき法人税額又は減少する還付請求税額 ((15)−(63))若しくは((15)+(64))又は((64)−(27))	65	外		欠損金の繰戻しによる還付金額	73	
この申告前の	欠損金又は災害損失金等の当期控除額	66			この申告により納付すべき地方法人税額 ((42)−(71))若しくは((42)+(72)+(73))又は(((72)−(43))+((73)−(43の外書)))	74	
	翌期へ繰り越す欠損金又は災害損失金	67					

法 0301−0101−次

【別表一（一）次葉】記載手順

① 本設例では、当期末における資本金の額が1億円以下の普通法人であるため、別表一（一）次葉の「中小法人等の場合」を使用して計算します。「(1)の金額又は800万円×　/12相当額のうち少ない金額　48」欄は、分子が空欄になっていますので、当期の月数（暦に従って計算し、1月未満の端数は切り上げる）を記入します。本設例では、12と記入します。同「48」欄は、951,400円と［800万円×12／12相当額］のいずれか少ない金額を記入します。1,000円未満の端数がある場合には、その端数を切り捨てた金額を記入します。本設例では、951,000円と記入します。「(1)のうち年800万円相当額を超える金額　49」欄について計算し記入します。本設例では、0円と記入します。「所得金額　50」欄について計算し、951,000円と記入します。

② 「(48)の15%相当額　52」欄について計算し記入します。本設例では、142,650円と記入します。「(49)の23.4%相当額　53」欄について計算し記入します。同「53」欄は、0と記入します。「法人税額　54」欄について計算し記入します。本設例では、142,650円と記入します。別表一（一）の「2」欄に転記します。

③ 「地方法人税額の計算　所得の金額に対する法人税額　56」欄は、別表一（一）の「32」欄から転記しますが、1,000円未満の端数がある場合には、その端数を切り捨てた金額を記入します。本設例では、142,000円と記入します。「(56)の4.4%相当額　58」欄を計算し、6,248円と記入します。別表一（一）の「35」欄に転記します。

＜残余財産確定事業年度 法人税・地方法人税申告書 別表二 記載例＞

設 例 B

同族会社等の判定に関する明細書

事業年度又は連結事業年度	平成29・3・1 平成30・2・28	法人名	株式会社 みさき商事

区分	項目	番号	金額	区分	項目	番号	金額
同族会社の判定	期末現在の発行済株式の総数又は出資の総額	1	内 200	特定同族会社の判定	(21)の上位1順位の株式数又は出資の金額	11	
	(19)と(21)の上位3順位の株式数又は出資の金額	2	200		株式数等による判定 $\frac{(11)}{(1)}$	12	%
	株式数等による判定 $\frac{(2)}{(1)}$	3	100.0 %		(22)の上位1順位の議決権の数	13	
	期末現在の議決権の総数	4	内		議決権の数による判定 $\frac{(13)}{(4)}$	14	%
	(20)と(22)の上位3順位の議決権の数	5			(21)の社員の1人及びその同族関係者の合計人数のうち最も多い数	15	
	議決権の数による判定 $\frac{(5)}{(4)}$	6	%		社員の数による判定 $\frac{(15)}{(7)}$	16	%
	期末現在の社員の総数	7			特定同族会社の判定割合 ((12)、(14)又は(16)のうち最も高い割合)	17	%
	社員の3人以下及びこれらの同族関係者の合計人数のうち最も多い数	8			判定結果	18	特定同族会社 同族会社（○） 非同族会社
	社員の数による判定 $\frac{(8)}{(7)}$	9	%				
	同族会社の判定割合 ((3)、(6)又は(9)のうち最も高い割合)	10	100.0 %				

判定基準となる株主等の株式数等の明細

順位（株式数等）	順位（議決権数）	判定基準となる株主（社員）及び同族関係者：住所又は所在地	氏名又は法人名	判定基準となる株主等との続柄	被支配会社でない法人株主等：株式数又は出資の金額 19	被支配会社でない法人株主等：議決権の数 20	その他の株主等：株式数又は出資の金額 21	その他の株主等：議決権の数 22
1		東京都千代田区△△町1－1－1	みさき 一郎	本人			200	

別表二 平二十九・四・一以後終了事業年度又は連結事業年度分

法 0301－0200

【別表二　同族会社等の判定に関する明細書】記載手順

① 「判定基準となる株主等の株式数等の明細」は、その会社の株主の1人およびその同族関係者の所有する株式数の合計が最も多いものから順次記入していきます。本設例では、みさき一郎が発行済株式総数200株をすべて保有しているため、第1順位がみさき一郎となり、「株式数又は出資の金額等その他の株主等　株式数又は出資の金額　21」欄は、200と記入します。

② 「同族会社の判定」「期末現在の発行済株式の総数又は出資の総額　1」欄は、本設例では、200と記入します。

③ 「⒆と㉑の上位3順位の株式数又は出資の金額　2」欄は、「判定基準となる株主等の株式数等の明細」より計算して記入します。本設例では、200と記入します。

④ 「株式数等による判定⑵/⑴　3」欄は、表示されている算式により計算した割合を記入します。本設例では、100.0と記入します。さらに、「同族会社の判定割合　10」欄を記入します。本設例では、100.0と記入します。

⑤ 「判定結果　18」欄は、該当するものを〇印で囲んで表示します。本設例では、当期末の資本金の額が1億円以下であり、「同族会社の判定割合　10」欄が50％超であるため同族会社に該当します。

＜残余財産確定事業年度 法人税・地方法人税申告書 別表四 記載例＞

設 例 B

別表四

所得の金額の計算に関する明細書

事業年度	平成29・3・1 平成30・2・28	法人名	株式会社 みさき商事

区分			総額 ①	処分 留保 ②	処分 社外流出 ③	
当期利益又は当期欠損の額		1	円 5,014,300	円 5,014,300	配当 その他	円
加算	損金経理をした法人税及び地方法人税(附帯税を除く。)	2				
	損金経理をした道府県民税及び市町村民税	3				
	損金経理をした納税充当金	4	285,700	285,700		
	損金経理をした附帯税(利子税を除く。)、加算金、延滞金(延納分を除く。)及び過怠税	5			その他	
	減価償却の償却超過額	6				
	役員給与の損金不算入額	7			その他	
	交際費等の損金不算入額	8			その他	
		9				
		10				
	小計	11	285,700	285,700		
減算	減価償却超過額の当期認容額	12				
	納税充当金から支出した事業税等の金額	13				
	受取配当等の益金不算入額(別表八(一)「13」又は「26」)	14			※	
	外国子会社から受ける剰余金の配当等の益金不算入額(別表八(二)「26」)	15			※	
	受贈益の益金不算入額	16			※	
	適格現物分配に係る益金不算入額	17			※	
	法人税等の中間納付額及び過誤納に係る還付金額	18				
	所得税額等及び欠損金の繰戻しによる還付金額等	19			※	
		20				
	小計	21			外※	
仮計 (1)+(11)−(21)		22	5,300,000	5,300,000	外※	
関連者等に係る支払利子等の損金不算入額(別表十七(二の二)「25」又は「30」)		23			その他	
超過利子額の損金算入額(別表十七(二の三)「10」)		24			※	
仮計 ((22)から(24)までの計)		25	5,300,000	5,300,000	外※	
寄附金の損金不算入額(別表十四(二)「24」又は「40」)		26			その他	
沖縄の認定法人の所得の特別控除額(別表十(一)「9」又は「13」)		27			※	
国家戦略特別区域における指定法人の所得の特別控除額(別表十(二)「8」)		28			※	
法人税額から控除される所得税額(別表六(一)「6の③」)		29			その他	
税額控除の対象となる外国法人税の額(別表六(二の二)「7」)		30			その他	
組合等損失額の損金不算入額又は組合等損失超過合計額の損金算入額(別表九(二)「10」)		31				
対外船舶運航事業者の日本船舶による収入金額に係る所得の金額の損金算入額又は益金算入額(別表十(四)「20」、「21」又は「23」)		32			※	
合計 (25)+(26)+(27)+(28)+(29)+(30)+(31)±(32)		33	5,300,000	5,300,000	外※	
契約者配当の益金算入額(別表九(一)「13」)		34				
特定目的会社等の支払配当又は特定目的信託に係る受託法人の利益の分配等の損金算入額(別表十(七)「13」、別表十(八)「11」又は別表十(九)「16」若しくは「33」)		35				
中間申告における繰戻しによる還付に係る災害損失欠損金額の益金算入額		36			※	
非適格合併又は残余財産の全部分配等による移転資産等の譲渡利益額又は譲渡損失額		37			※	
差引計 ((33)から(37)までの計)		38	5,300,000	5,300,000	外※	
欠損金又は災害損失金等の当期控除額(別表七(一)「4の計」+(別表七(二)「9」若しくは「21」又は別表七(三)「10」))		39	Δ4,300,000		※	Δ4,300,000
総計 (38)+(39)		40	1,000,000	5,300,000	外※	Δ4,300,000
新鉱床探鉱費又は海外新鉱床探鉱費の特別控除額(別表十(三)「43」)		41			※	
農業経営基盤強化準備金積立額の損金算入額(別表十二(十四)「10」)		42				
農用地等を取得した場合の圧縮額の損金算入額(別表十二(十四)「43の計」)		43				
関西国際空港用地整備準備金積立額の損金算入額(別表十二(十一)「15」)		44				
中部国際空港整備準備金積立額の損金算入額(別表十二(十二)「10」)		45				
再投資等準備金積立額の損金算入額(別表十二(十五)「12」)		46				
残余財産の確定の日の属する事業年度に係る事業税の損金算入額		47	Δ48,600	Δ48,600		
所得金額又は欠損金額		48	951,400	5,251,400	外※	Δ4,300,000

平二十九・四・一以後終了事業年度分

法 0301−0401

【別表四　所得の金額の計算に関する明細書】記載手順

① 損益計算書上の当期純利益5,014,300円を「当期利益又は当期欠損の額　1」欄に記入します。

② 「損金経理をした納税充当金　4」欄は、別表五（二）の「31」欄から転記します。本設例では、285,700円を転記します。「加算」「小計　11」欄を計算し記入します。

③ 「仮計　22」欄は、[(1)＋(11)－(21)] により計算し記入します。本設例では、5,300,000円と記入します。

④ 「合計　33」欄および「差引計　38」欄については、それぞれの算式に基づき計算し記入します。本設例では、それぞれ5,300,000円と記入します。「33」欄から地方税申告書の第六号様式の「㊽」欄へ転記します。

⑤ 「欠損金又は災害損失金等の当期控除額　39」欄は、別表七（一）「4」の「計」欄より記入します。本設例では、△4,300,000円と記入します。

「総計　40」欄は、[(38)＋(39)] により計算し記入します。本設例では、1,000,000円と記入します。

⑥ 「残余財産の確定の日の属する事業年度に係る事業税の損金算入額　47」欄は、本設例では、第六号様式「合計事業税額㊺」欄34,000円と「合計地方法人特別税額㊿」欄14,600円の合計額48,600円をマイナス表示で記入します。同「47」欄の金額を本設例では、別表五（一）「区分　2」「当期の増減」「③」欄に転記します。

⑦ 最後に「所得金額又は欠損金額　48」欄を計算し記入します。本設例では、951,400円と記入します。別表一（一）の「1」欄、および地方税申告書の第六号様式の「㊹」欄へ転記します。

<残余財産確定事業年度　法人税・地方法人税申告書　別表五（一）　記載例>

設　例　B

利益積立金額及び資本金等の額の計算に関する明細書

事業年度　平成29・3・1　平成30・2・28　法人名　株式会社　みさき商事

別表五（一）

平二十九・四・一以後終了事業年度分

Ⅰ　利益積立金額の計算に関する明細書

区分		期首現在利益積立金額 ①	当期の増減 減 ②	当期の増減 増 ③	差引翌期首現在利益積立金額 ①－②＋③ ④
		円	円	円	円
利益準備金	1				
未払事業税	2			Δ48,600	Δ48,600
	3				
	4				
	5				
	6				
	7				
	8				
	9				
	10				
	11				
	12				
	13				
	14				
	15				
	16				
	17				
	18				
	19				
	20				
	21				
	22				
	23				
	24				
	25				
繰越損益金（損は赤）	26	Δ5,300,000	Δ5,300,000	Δ285,700	Δ285,700
納税充当金	27	64,100	64,100	285,700	285,700
未納法人税等（退職年金等積立金に対するものを除く。） 未納法人税及び未納地方法人税（附帯税を除く。）	28			中間 / 確定 Δ148,800	Δ148,800
未納法人税等 未納道府県民税（均等割額及び利子割額を含む。）	29	Δ64,100	Δ64,100	中間 / 確定 Δ88,300	Δ88,300
未納法人税等 未納市町村民税（均等割額を含む。）	30			中間 / 確定	
差引合計額	31	Δ5,300,000	Δ5,300,000	Δ285,700	Δ285,700

Ⅱ　資本金等の額の計算に関する明細書

区分		期首現在資本金等の額 ①	当期の増減 減 ②	当期の増減 増 ③	差引翌期首現在資本金等の額 ①－②＋③ ④
資本金又は出資金	32	10,000,000 円	円	円	10,000,000 円
資本準備金	33				
	34				
	35				
差引合計額	36	10,000,000			10,000,000

法 0301－0501

【別表五（一）　利益積立金額及び資本金等の額の計算に関する明細書】記載手順

① 最終事業年度の事業税を別表四で調整しているため、「区分　2」欄に「未払事業税」と記入します。同「2」「当期の増減　増③」欄に別表四「47の②」欄から転記します。本設例では、△48,600円と記入します。

② 「繰越損益金　26」欄は、前期分の別表五（一）の「差引翌期首現在利益積立金額④」欄より記入します。本設例では、△5,300,000円と記入します。また、「当期の増減　減②」欄に△5,300,000円と記入します。

③ 平成30年2月末時点の貸借対照表の「繰越利益剰余金」の額△285,700円を同「26」「当期の増減　増③」欄に記入します。「差引翌期首現在利益積立金額④」欄を計算し記入します。

④ 「納税充当金　27」欄は、平成29年2月期の別表五（一）の「差引翌期首現在利益積立金額④」欄から記入します。本設例では、64,100円と記入します。当期中に納税充当金を取り崩して納付していますので、「当期の増減　減②」欄には、前期分の法人都民税の均等割額64,100円を記入します。

⑤ 当期末に未払計上した「未払法人税等」の額285,700円を同「27」「当期の増減　増③」欄に記入します。「差引翌期首現在利益積立金額④」欄を計算し記入します。

⑥ 「未納法人税等　未納道府県民税　29」欄は、平成29年2月期の別表五（一）の「差引翌期首現在利益積立金額④」欄から記入します。本設例では、△64,100円と記入します。当期中に納付していますので、「当期の増減　減②」に△64,100円と記入します。

⑦ 平成30年2月期の法人税の申告書、法人都民税の申告書に記載された確定納税額を「28」および「29」の「当期の増減　増③」「確定」欄にそれぞれ△148,800円、△88,300円と記入します。「差引翌期首現在利益積立金額④」欄をそれぞれ計算し記入します。

⑧ 「差引合計額　31」欄は、「差引翌期首現在利益積立金額④」欄の合計額を記入します。

⑨ 「資本金又は出資金　32」、「差引合計額　36」の「①」欄は、本設例では、10,000,000円と記入します。同「32」欄、同「36」欄の「差引翌期首現在資本金等の額④」欄を計算し記入します。

＜残余財産確定事業年度　法人税・地方法人税申告書　別表五（二）　記載例＞

設　例　B

租税公課の納付状況等に関する明細書

事業年度	平成29・3・1 平成30・2・28	法人名	株式会社　みさき商事

別表五(二)　平二十九・四・一以後終了事業年度分

税目及び事業年度			期首現在未納税額 ①	当期発生税額 ②	当期中の納付税額 充当金取崩しによる納付 ③	仮払経理による納付 ④	損金経理による納付 ⑤	期末現在未納税額 ①+②－③－④－⑤ ⑥
法人税及び地方法人税	・　・	1	円		円	円	円	円
	・　・	2						
	当期分 中間	3		円				
	当期分 確定	4		148,800				148,800
	計	5		148,800				148,800
道府県民税	・　・	6						
	28・4・1 29・2・28	7	64,100		64,100			0
	当期分 中間	8						
	当期分 確定	9		0 88,300				0 88,300
	計	10	64,100	0 88,300	64,100			0 88,300
市町村民税	・　・	11						
	・　・	12						
	当期分 中間	13						
	当期分 確定	14						
	計	15						
事業税	・　・	16						
	・　・	17						
	当期中間分	18						
	計	19						
その他	損金算入のもの 利子税	20						
	損金算入のもの 延滞金（延納に係るもの）	21						
	損金算入のもの 印紙税	22		35,800			35,800	0
	損金算入のもの	23						
	損金不算入のもの 加算税及び加算金	24						
	損金不算入のもの 延滞税	25						
	損金不算入のもの 延滞金（延納分を除く。）	26						
	損金不算入のもの 過怠税	27						
	損金不算入のもの 源泉所得税	28						
	損金不算入のもの	29						

納税充当金の計算

項目	番号	金額	項目	番号	金額
期首納税充当金	30	64,100円	取崩額 その他 損金算入のもの	36	円
繰入額 損金経理をした納税充当金	31	285,700	取崩額 その他 損金不算入のもの	37	
繰入額	32		取崩額 その他	38	
繰入額 計 (31)＋(32)	33	285,700	取崩額 仮払税金消却	39	
取崩額 法人税額等 (5の③)＋(10の③)＋(15の③)	34	64,100	取崩額 計 (34)＋(35)＋(36)＋(37)＋(38)＋(39)	40	64,100
取崩額 事業税 (19の③)	35		期末納税充当金 (30)＋(33)－(40)	41	285,700

法 0301－0502

【別表五（二）　租税公課の納付状況等に関する明細書】記載手順

① 「道府県民税」「7」欄は、平成29年2月期の別表五（二）の「期末現在未納税額⑥」から記入します。本設例では、64,100円と記入します。

② 平成29年2月期の法人都民税について、納税充当金を取り崩して納付しているため、同「7」「当期中の納付税額　充当金取崩しによる納付③」欄に64,100円と記入します。

③ 「当期分　確定　4」および「9」欄は、平成30年2月期の法人税申告書に記載された法人税額等の額148,800円および法人都民税申告書に記載された法人都民税の額88,300円を「当期発生税額②」欄にそれぞれ記入します。「期末現在未納税額⑥」欄を計算し記入します。

④ 本設例において、印紙等を租税公課として35,800円計上しています。
「その他」「損金算入のもの　22」欄には、「印紙税」と記入し、「当期発生税額②」欄に35,800円を記入します。本設例では、損金経理をしているため、「当期中の納付税額　損金経理による納付⑤」欄へ35,800円と記入します。

⑤ 「期首納税充当金　30」欄は、平成29年2月期の別表五（二）の「期末納税充当金　41」欄から記入します。本設例では、64,100円と記入します。

⑥ 「繰入額　損金経理をした納税充当金　31」欄は、本設例では、平成30年2月期の損益計算書上の「法人税等」の額285,700円と記入します。別表四の「4」欄へ転記します。

⑦ 「取崩額　法人税額等　34」欄は、表示されている計算式により計算し記入します。本設例では、64,100円と記入します。

⑧ 「期末納税充当金　41」欄は、[(30)＋(33)－(40)] より計算し記入します。本設例では、285,700円と記入します。

＜残余財産確定事業年度 法人税・地方法人税申告書 別表七（一） 記載例＞

設 例 B

⑤ 欠損金又は災害損失金の損金算入等に関する明細書

事業年度	平成29・3・1 平成30・2・28	法人名	株式会社 みさき商事

控除前所得金額 （別表四「38の①」）－（別表七(二)「9」又は「21」）	1	① 5,300,000円	所得金額控除限度額 (1)× ~~50、55、60~~又は100/100	2	② 5,300,000円

事業年度	区分	控除未済欠損金額 3	当期控除額 （当該事業年度の(3)と((2)－当該事業年度前の(4)の合計額)のうち少ない金額） 4	翌期繰越額 ((3)－(4))又は(別表七(三)「15」) 5
	青色欠損・連結みなし欠損・災害損失	円	円	
	青色欠損・連結みなし欠損・災害損失			円
	青色欠損・連結みなし欠損・災害損失			
	青色欠損・連結みなし欠損・災害損失			
③	青色欠損・連結みなし欠損・災害損失		④	
平25・4・1 平26・3・31	(青色欠損)・連結みなし欠損・災害損失	1,000,000	1,000,000	0
平26・4・1 平27・3・31	(青色欠損)・連結みなし欠損・災害損失	500,000	500,000	0
平27・4・1 平28・3・31	(青色欠損)・連結みなし欠損・災害損失	1,500,000	1,500,000	0
平28・4・1 平29・2・28	(青色欠損)・連結みなし欠損・災害損失	1,300,000	1,300,000	0
	計	4,300,000	4,300,000	0
当期分	欠損金額 （別表四「48の①」）		欠損金の繰戻し額	
当期分	同上のうち 災害損失金			
当期分	同上のうち 青色欠損金			⑤
	合計			0

災害により生じた損失の額の計算

		棚卸資産 ①	固定資産 （固定資産に準ずる繰延資産を含む。） ②	計 ①＋② ③
災害の種類			災害のやんだ日又はやむを得ない事情のやんだ日	
当期の欠損金額 （別表四「48の①」）	6			円
災害により生じた損失の額 資産の滅失等により生じた損失の額	7	円	円	
災害により生じた損失の額 被害資産の原状回復のための費用等に係る損失の額	8			
災害により生じた損失の額 被害の拡大又は発生の防止のための費用に係る損失の額	9			
災害により生じた損失の額 計 (7)＋(8)＋(9)	10			
保険金又は損害賠償金等の額	11			
差引災害により生じた損失の額 (10)－(11)	12			
同上のうち所得税額の還付又は欠損金の繰戻しの対象となる災害損失金額	13			
中間申告における災害損失欠損金の繰戻し額	14			
繰戻しの対象となる災害損失欠損金額 （(6の③)と((13の③)－(14の③))のうち少ない金額）	15			
繰越控除の対象となる損失の額 （(6の③)と((12の③)－(14の③))のうち少ない金額）	16			

別表七（一） 平二十九・四・一以後終了事業年度分

法 0301－0701

【別表七（一）　欠損金又は災害損失金の損金算入に関する明細書】記載手順

①「控除前所得金額　1」欄は、[別表四「38の①」－（別表七（二）「9」又は「21」)] により計算し記入します。本設例では、5,300,000円と記入します。

②「所得金額控除限度額　(1)×50、55、60又は100/100　2」欄は、本設例では、当期が中小法人等事業年度に該当する事業年度であるため、数式部分について「~~50、55、60又は~~100」と記載し、同「2」欄は、[(1)×100／100] により計算します。本設例では、5,300,000円と記入します。

③「控除未済欠損金額　3」欄は、平成29年2月期の別表七（一）の「翌期繰越額　5」欄より当期首前9年以内に開始した事業年度に生じた青色欠損金の額で過去に繰越控除等を受けなかった額を古い事業年度から順次記入します。本設例では、前期以前から青色欠損金の控除未済額が合計4,300,000円ありますので、「事業年度」欄は、発生事業年度を記入し、「区分」欄は、青色欠損に○印を付けます。同「3」欄は、発生事業年度ごとに青色欠損金の額をそれぞれ記入します。

④「当期控除額　4」欄は、古い事業年度分から順次控除できる額を記入します。当該事業年度の「控除未済欠損金額　3」欄と「所得金額控除限度額　2」欄の金額から当該事業年度前の「4」の合計額を控除した金額を比べていずれか少ない金額を記入します。本設例では、平成26年3月期の青色欠損金の額から順次比較して記入していきます。「4」の「計」欄を計算し記入します。

⑤「翌期繰越額　5」欄は、[(3)－(4)] により計算し記入します。本設例では、0円と記入します。最後に「合計」欄を計算し記入します。

＜残余財産確定事業年度　地方税申告書　第六号様式　記載例＞

設　例　B

第六号様式（提出用）

24006B62

受付印

日付	平成 30 年 3 月 31 日
宛先	千代田都税事務所長　殿
法人番号	1 2345 6789 0123
管理番号	1,234000
所在地	東京都千代田区○○町１－１－１（電話 03- ○○○○-○○○○）
(ふりがな)	かぶしきかいしゃ　みさきしょうじ
法人名	株式会社　みさき商事
(ふりがな)	みさき　いちろう
代表者自署押印	みさき　一郎
事業種目	物品販売業
期末現在の資本金の額又は出資金の額	10,000,000
(解散日現在の資本金の額又は出資金の額)	10,000,000
同上が１億円以下の普通法人のうち中小法人等に該当しないもの	非中小法人等
期末現在の資本金の額及び資本準備金の額の合算額	10,000,000
期末現在の資本金等の額	10,000,000

平成 29 年 3 月 1 日から平成 30 年 2 月 28 日までの事業年度分又は連結事業年度分の道府県民税・事業税・地方法人特別税の　確定　申告書

事業税

摘要		課税標準	税率(/100)	税額
所得金額総額（㉜－㊳）又は別表5㊲	㉝	④ 10,000,000		
年400万円以下の金額	㉞	10,000,000	3.4000	340,000
年400万円を超え年800万円以下の金額	㉟	0,000	5.1000	0,0
年800万円を超える金額	㊱	0,000	6.7000	0,0
計 ㉞＋㉟＋㊱	㊲	10,000,000		340,000
軽減税率不適用法人の金額	㊳	0,000		0,0
付加価値額総額	㊴			
付加価値額	㊵	0,000		0,0
資本金等の額総額	㊶			
資本金等の額	㊷	0,000		0,0
収入金額総額	㊸			
収入金額	㊹	0,000		0,0
合計事業税額 ㊲＋㊵＋㊷＋㊹又は㊳＋㊵＋㊷＋㊹	㊺			340,000
平成27年改正法附則第〇条又は平成28年改正法附則第〇条の控除額	㊻	0,0		
事業税の特定寄附金税額控除額	㊼			
仮装経理に基づく事業税額の控除額	㊽			0,0
既に納付の確定した当期分の事業税額	㊾			
租税条約の実施に係る事業税額の控除額	㊿			
この申告により納付すべき事業税額	51			340,000
㊿の内訳 所得割	52	340,000	付加価値割 53	0,0
資本割	54	0,0	収入割 55	0,0
㊿のうち見込納付額	56		差引 ㊿－56 57	340,000

地方法人特別税

摘要		課税標準	税率(/100)	税額
所得割に係る地方法人特別税額	58	⑤ 340,000	43.2	146,000
収入割に係る地方法人特別税額	59	0,0		0,0
合計地方法人特別税額（58＋59）	60			146,000
仮装経理に基づく地方法人特別税額の控除額	61		既に納付の確定した当期分の地方法人特別税額 62	0,0
租税条約の実施に係る地方法人特別税額の控除額	63		この申告により納付すべき地方法人特別税額 64	146,000
64のうち見込納付額	65		差引 64－65 66	146,000

所得金額の計算の内訳

所得金額（法人税の明細書（別表4）の(33)）又は個別所得金額（法人税の明細書（別表4の2付表）の(41)）	67	① 53,000,000
加算：損金の額又は個別帰属損金額に算入した所得税額及び復興特別所得税額	68	
加算：損金の額又は個別帰属損金額に算入した海外投資等損失準備金勘定への繰入額	69	
減算：益金の額又は個別帰属益金額に算入した海外投資等損失準備金勘定からの戻入額	70	
減算：外国の事業に帰属する所得以外の所得に対して課された外国法人税額	71	
仮計 67＋68＋69－70－71	72	② 53,000,000
繰越欠損金額等若しくは災害損失金額又は債務免除等があった場合の欠損金額等の当期控除額	73	43,000,000
法人税の所得金額（法人税の明細書（別表4）の(48)）又は個別所得金額（法人税の明細書（別表4の2付表）の(55)）	74	③ 9,514,000

決算確定の日	平成　年　月　日	法第72条の〇の期限延長の処分を受けようとする税額 75	
解散の日	平成29年 2月28日	残余財産の最後の分配又は引渡しの日	平成　年　月　日
申告期限の延長の処分（承認）の有無	事業税 有・無　法人税 有・無	法人税の申告書の種類	青色　その他
この申告が中間申告の場合の計算期間	平成　年　月　日から 平成　年　月　日まで	翌期の中間申告の要否	要・否
国外関連者の有無	有・無		

道府県民税

摘要		税額
(使途秘匿金税額等) 法人税法の規定によって計算した法人税額	①	⑥ 1,426,500
試験研究費の額等に係る法人税額の特別控除額	②	
還付法人税額等の控除額	③	
退職年金等積立金に係る法人税額	④	
課税標準となる法人税額又は個別帰属法人税額 ①＋②－③＋④	⑤	1,420,000
2以上の道府県に事務所又は事業所を有する法人における課税標準となる法人税額又は個別帰属法人税額	⑥	0,000
法人税割額（⑤又は⑥×/100）	⑦	18,318
道府県民税の特定寄附金税額控除額	⑧	
外国の法人税等の額の控除額	⑨	
仮装経理に基づく法人税割額の控除額	⑩	
利子割額の控除額（控除した金額㉙）	⑪	
差引法人税割額 ⑦－⑧－⑨－⑩－⑪	⑫	18,300
既に納付の確定した当期分の法人税割額	⑬	0,0
租税条約の実施に係る法人税割額の控除額	⑭	
既還付請求利子割額が過大である場合の納付額（㉜）	⑮	0,0
この申告により納付すべき法人税割額 ⑫－⑬－⑭＋⑮	⑯	18,300
均等割：算定期間中において事務所等を有していた月数	⑰	⑦ 12 月
均等割：円×⑰/12	⑱	⑧ 70,000
均等割：既に納付の確定した当期分の均等割額	⑲	0,0
均等割：この申告により納付すべき均等割額 ⑱－⑲	⑳	70,000
この申告により納付すべき道府県民税額 ⑯＋⑳	㉑	88,300
㉑のうち見込納付額	㉒	
差引 ㉑－㉒	㉓	88,300
東京都に申告する場合の計算：特別区分の課税標準額	㉔	1,420,000
同上に対する税額 ㉔×12.9/100	㉕	18,318
市町村分の課税標準額	㉖	0,000
同上に対する税額 ㉖×3.2/100	㉗	
利子割額に関する計算：利子割額（控除されるべき額）	㉘	
控除した金額（⑦－⑧－⑨－⑩と㉘のうち少ない額）	㉙	
控除することができなかった金額 ㉘－㉙	㉚	
既に還付を請求した利子割額	㉛	
既還付請求利子割額が過大である場合の納付額 ㉛－㉚	㉜	

利子割還付額の均等割への充当　□ 希望する　□ 希望しない

還付請求		金額
中間納付額	76	
利子割額	77	
還付を受けようとする金融機関及び支払方法		口座番号（　　）

法人税の期末現在の資本金等の額又は連結個別資本金等の額	⑨ 10,000,000
法人税の当期の確定税額又は連結法人税個別帰属支払額	1,426,000

署名押印 関与税理士（電話　）

【第六号様式】記載手順

①　「事業税」「所得金額の計算の内訳　所得金額㊼」欄は、法人税の別表四の「合計　33」欄から転記します。本設例では、5,300,000円を転記します。「仮計㊲」欄は、[⑰+⑱+⑲−⑳−㉑] により計算し記入します。

②　繰越欠損金額等の当期控除額「㉓」欄には、第六号様式別表九の「④」の「計」欄から転記します。本設例では、4,300,000円と記入します。

③　「法人税の所得金額㉔」欄は、法人税の別表四の「48」欄から転記します。本設例では、951,400円と記入します。

④　「事業税」「所得割　所得金額総額㉝」欄は、[㉒−㉓] により計算し記入します。本設例では、1,000,000円と記入します。「年400万円以下の金額㉞」欄において税額を計算し記入します。「合計事業税額㊺」欄は、[㊲+㊵+㊷+㊹] により計算し、34,000円と記入します。

⑤　「所得割に係る地方法人特別税額㊽」欄は、「㊲」欄の金額を「課税標準」欄へ記入し、税率43.2%を乗じて「税額」欄を計算し記入します。

⑥　「道府県民税」「法人税法の規定によって計算した法人税額①」欄は、法人税の別表一（一）の「10」欄から転記します。「東京都に申告する場合の⑦の計算　同上に対する税額㉕」欄を計算し、同額を「法人税割額⑦」欄に記入します。本設例では、18,318円と記入します。「差引法人税割額⑫」欄、「この申告により納付すべき法人税割額⑯」欄を計算します。100円未満の端数がある場合は、その端数を切り捨てた金額を記入します。本設例では、それぞれ18,300円と記入します。

⑦　「均等割額」「算定期間中において事務所等を有していた月数⑰」欄は、本設例では12と記入します。

⑧　「　　円×⑰/12　⑱」欄には、第六号様式別表四の三「⑧」欄から転記します。本設例では、70,000円と記入します。「この申告により納付すべき均等割額⑳」欄、「この申告により納付すべき道府県民税額㉑」欄、「差引㉓」欄について計算し記入します。

⑨　「法人税の当期の確定税額又は連結法人税個別帰属支払額」欄は、法人税の別表一（一）「15」欄から転記します。

＜残余財産確定事業年度　地方税申告書　第六号様式別表四の三　記載例＞

設　例　B

第六号様式別表四の三

均等割額の計算に関する明細書

事業年度又は連結事業年度	平成29年3月1日から 平成30年2月28日まで	法人名	株式会社　みさき商事

事務所、事業所又は寮等（事務所等）の従業者数の明細

①

東京都内における主たる事務所等の所在地	事務所等を有していた月数	従業者数の合計数
東京都千代田区〇〇町１－１－１	12月	1人

特別区内における従たる事務所等

	所在地	名称（外　箇所）	月数	従業者数の合計数
1	千代田区	（外　箇所）		人
2	中央区	（外　箇所）		
3	港区	（外　箇所）		
4	新宿区	（外　箇所）		
5	文京区	（外　箇所）		
6	台東区	（外　箇所）		
7	墨田区	（外　箇所）		
8	江東区	（外　箇所）		
9	品川区	（外　箇所）		
10	目黒区	（外　箇所）		
11	大田区	（外　箇所）		
12	世田谷区	（外　箇所）		
13	渋谷区	（外　箇所）		
14	中野区	（外　箇所）		
15	杉並区	（外　箇所）		
16	豊島区	（外　箇所）		
17	北区	（外　箇所）		
18	荒川区	（外　箇所）		
19	板橋区	（外　箇所）		
20	練馬区	（外　箇所）		
21	足立区	（外　箇所）		
22	葛飾区	（外　箇所）		
23	江戸川区	（外　箇所）		
合計（主たる事務所等の従業者数の合計数を含む。）				1

市町村の存する区域内における従たる事務所等	名称（外　箇所）	所在地
	（外　箇所）	

当該事業年度又は連結事業年度（算定期間）中の従たる事務所等の設置・廃止及び主たる事務所等の異動

異動区分	異動の年月日	名称	所在地
設置			
廃止			
旧の主たる事務所等	（　月）		

均等割額の計算

区分			税率（年額）（ア）	月数（イ）	区数（ウ）	税額計算 (ア)×(イ)/12×(ウ)
特別区のみに事務所等を有する場合	主たる事務所等所在の特別区	事務所等の従業者数50人超 ①	円	月		円 00
						00
		事務所等の従業者数50人以下 ②	70000	12		00
						70000
	従たる事務所等所在の特別区	事務所等の従業者数50人超 ③				00
						00
		事務所等の従業者数50人以下 ④				00
						00
特別区と市町村に事務所等を有する場合	道府県分 ⑤					00
	特別区（市町村分）	事務所等の従業者数50人超 ⑥				00
						00
		事務所等の従業者数50人以下 ⑦				00
						00
納付すべき均等割額 ①＋②＋③＋④又は⑤＋⑥＋⑦ ⑧						70000

②

備考

【第六号様式別表四の三　均等割額の計算に関する明細書】記載手順

① 「東京都内における主たる事務所等の所在地」欄、「事務所等を有していた月数」欄、「従業者数の合計数」欄をそれぞれ記入します。

② 「均等割額の計算」欄は、本設例では、特別区に主たる事務所を有しているのみであるため、「主たる事務所等所在の特別区　事務所等の従業者数50人以下②」区分欄を使用します。都民税均等割額の税額表に基づき資本金等の額区分により算定した金額を「税率（年額）（ア）」欄に記入します。本設例では、資本金等の額が1,000万円以下で従業者数が50人以下であるため、70,000円と記入し、次に事務所等を有していた月数を「月数（イ）」欄に12と記入します。「税額計算」欄は、［（ア）×（イ）／12×（ウ）］により計算し記入します。最後に「納付すべき均等割額⑧」欄を計算し記入します。本設例では、それぞれ70,000円と記入します。

<残余財産確定事業年度　地方税申告書　第六号様式別表九　記載例>

設　例　B

第六号様式別表九

欠損金額等及び災害損失金の控除明細書

事業年度	平成29年3月1日から 平成30年2月28日まで	法人名	株式会社　みさき商事

控除前所得金額 第6号様式⑫－(別表10⑨又は㉑) ①	5,300,000円	所得金額控除限度額 ①×~~50、55、60又は~~100/100 ②	5,300,000円

事業年度	区分	控除未済欠損金額等又は控除未済災害損失金③	当期控除額④ (当該事業年度の③と(②－当該事業年度前の④の合計額)のうち少ない金額)	翌期繰越額⑤ ((③－④)又は別表11⑰)
	欠損金額等・災害損失金	円	円	
	欠損金額等・災害損失金			円
	欠損金額等・災害損失金			
	欠損金額等・災害損失金			
	欠損金額等・災害損失金			
平25・4・1 平26・3・31	(欠損金額等)・災害損失金	1,000,000	1,000,000	0
平26・4・1 平27・3・31	(欠損金額等)・災害損失金	500,000	500,000	0
平27・4・1 平28・3・31	(欠損金額等)・災害損失金	1,500,000	1,500,000	0
平28・4・1 平29・2・28	(欠損金額等)・災害損失金	1,300,000	1,300,000	0
計		4,300,000	4,300,000	0
当期分	欠損金額等・災害損失金			
当期分 同上のうち	災害損失金			円
当期分 同上のうち	青色欠損金			
合計				0

災害により生じた損失の額の計算

災害の種類		災害のやんだ日又はやむを得ない事情のやんだ日	
当期の欠損金額 ⑥	円	差引災害により生じた損失の額(⑦－⑧) ⑨	円
災害により生じた損失の額 ⑦		繰越控除の対象となる損失の額(⑥と⑨のうち少ない金額) ⑩	
保険金又は損害賠償金等の額 ⑧			

【第六号様式別表九　欠損金額等及び災害損失金の控除明細書】記載手順

①　「控除前所得金額①」欄は、[第六号様式㉒－別表十の⑨又は㉑] により計算し記入します。本設例では、5,300,000円と記入します。

②　「所得金額控除限度額　①×50、55、60又は100/100　②」欄は、本設例では、当期が中小法人等事業年度に該当する事業年度であるため、数式部分について「~~50、55、60又は~~100」と記載し、同「②」欄を [①×100／100] により計算し記入します。本設例では、5,300,000円と記入します。

③　控除未済欠損金額等「③」欄は、平成29年2月期の第六号様式別表九の「翌期繰越額⑤」欄より当期首前9年以内に開始した事業年度に生じた欠損金額等の額で過去に繰越控除を受けなかった額を古い事業年度から順次記入します。本設例では、前期以前から欠損金額等の控除未済額がありますので、「事業年度」欄は、発生事業年度を記入し、「区分」欄は、欠損金額等に○印を付けます。同「③」欄は、発生事業年度ごとに欠損金額等の額を記入します。

④　「当期控除額④」欄は、古い事業年度分から順次控除できる額を記入します。当該事業年度の控除未済欠損金額等「③」欄と「所得金額控除限度額②」欄の金額から当該事業年度前の「④」の合計額を控除した金額を比べていずれか少ない金額を記入します。本設例では、平成26年3月期の欠損金額等から順次比較して記入していきます。「④」の「計」欄を計算し記入します。

⑤　「翌期繰越額⑤」欄は、[③－④] により計算し記入します。本設例では、0円と記入します。最後に「合計」欄を計算し記入します。

＜残余財産確定事業年度 消費税及び地方消費税の申告書 記載例＞

設 例 B

GK0303

第27－(1)号様式

平成30年 3月31日　　神田 税務署長殿

収受印

納税地	東京都千代田区○○町1－1－1（電話番号 03 － ○○○○－○○○○）
(フリガナ)	カブシキガイシャ ミサキ ショウジ
法人名	株式会社 みさき商事
法人番号	1234567890123
(フリガナ)	ミサキ イチロウ
代表者氏名	みさき 一郎 ㊞

※税務署処理欄：一連番号／翌年以降送付不要／所管・要否・整理番号 00001234／申告年月日 平成 年 月 日／申告区分／指導等／庁指定／局指定／通信日付印 年 月 日／確認印／指導 年 月 日 平成／相談／区分1／区分2／区分3

法人用

平成二十七年十月一日以後終了課税期間分（一般用）

（注）平成二十八年一月一日以後に開始する課税期間から、法人番号を記載する必要があります。

自 平成 29年 3月 1日
至 平成 30年 2月 28日

課税期間分の消費税及び地方消費税の（ 確 定 ）申告書

中間申告の場合の対象期間 自 平成 年 月 日 至 平成 年 月 日

この申告書による消費税の税額の計算

課税標準額	①	1,200,000	03
消費税額	②	75,600	06
控除過大調整税額	③		07
控除税額 控除対象仕入税額	④	6,074	08
控除税額 返還等対価に係る税額	⑤		09
控除税額 貸倒れに係る税額	⑥		10
控除税額 控除税額小計(④＋⑤＋⑥)	⑦	6,074	
控除不足還付税額(⑦－②－③)	⑧		13
差引税額(②＋③－⑦)	⑨	69,500	15
中間納付税額	⑩	00	16
納付税額(⑨－⑩)	⑪	69,500	17
中間納付還付税額(⑩－⑨)	⑫	00	18
この申告書が修正申告である場合 既確定税額	⑬		19
この申告書が修正申告である場合 差引納付税額	⑭	00	20
課税売上割合 課税資産の譲渡等の対価の額	⑮	1,200,000	21
課税売上割合 資産の譲渡等の対価の額	⑯	11,200,000	22

この申告書による地方消費税の税額の計算

地方消費税の課税標準となる消費税額 控除不足還付税額	⑰		51
地方消費税の課税標準となる消費税額 差引税額	⑱	69,500	52
譲渡割額 還付額	⑲		53
譲渡割額 納税額	⑳	18,700	54
中間納付譲渡割額	㉑	00	55
納付譲渡割額(⑳－㉑)	㉒	18,700	56
中間納付還付譲渡割額(㉑－⑳)	㉓	00	57
この申告書が修正申告である場合 既確定譲渡割額	㉔		58
この申告書が修正申告である場合 差引納付譲渡割額	㉕	00	59
消費税及び地方消費税の合計(納付又は還付)税額	㉖	88,200	60

㉖＝(⑪＋㉒)－(⑧＋⑫＋⑲＋㉓)・修正申告の場合㉖＝⑭＋㉕
㉖が還付税額となる場合はマイナス「－」を付してください。

付記事項

項目	有	無	
割賦基準の適用	○	●	31
延払基準等の適用	○	●	32
工事進行基準の適用	○	●	33
現金主義会計の適用	○	●	34
課税標準額に対する消費税額の計算の特例の適用	○	●	35

参考事項

控除税額の計算方法			
課税売上高5億円超又は課税売上割合95%未満	○	個別対応方式	41
	●	一括比例配分方式	
上記以外	○	全額控除	

特定課税仕入れに係る消費税額 ○　基準期間の課税売上高 12,000千円

①及び②の内訳 区分	課税標準額	消費税額
3%分	千円	円
4%分	千円	円
6.3%分	1,200千円	75,600円

⑰又は⑱の内訳 区分	地方消費税の課税標準となる消費税額
4%分	円
6.3%分	69,500円

還付を受けようとする金融機関等：銀行・金庫・組合・農協・漁協／本店・支店・出張所・本所・支所／預金 口座番号／ゆうちょ銀行の貯金記号番号 －／郵便局名等

※税務署整理欄

税理士署名押印 ㊞（電話番号 － － ）

○ 税理士法第30条の書面提出有
○ 税理士法第33条の2の書面提出有

1 2 3 4 5 6 7 8 9

【消費税及び地方消費税の確定申告書】記載手順

① 「この申告書による消費税の税額の計算」「課税標準額①」欄は、課税売上高（税込み）1,296,000円に100/108を乗じて、1,000円未満の端数を切り捨てた金額1,200,000円を記入します。

② 「消費税額②」欄は、①で算出した課税標準額1,200,000円に6.3%を乗じて計算した消費税額75,600円を記入します。

③ 「控除税額　控除対象仕入税額④」欄は、付表2「㉒」欄から転記します。本設例では、6,074円を記入します。「控除税額小計⑦」欄は、[④+⑤+⑥]により計算し記入します。

④ 「差引税額⑨」欄および「納付税額⑪」欄を、計算し記入します。本設例では、69,500円と記入します。100円未満の端数は切り捨てます。

⑤ 「課税売上割合　課税資産の譲渡等の対価の額⑮」欄は、付表2の「④」欄から、「課税売上割合　資産の譲渡等の対価の額⑯」欄は、付表2の「⑦」欄からそれぞれ転記します。

⑥ 「この申告書による地方消費税の税額の計算」「地方消費税の課税標準となる消費税額　差引税額⑱」欄は、申告書「差引税額⑨」欄の金額を転記します。本設例では、69,500円と記入します。

⑦ 「譲渡割額　納税額⑳」欄は、申告書「地方消費税の課税標準となる消費税額　差引税額⑱」欄の金額に17/63を乗じて計算した金額18,700円を記入します。「納付譲渡割額㉒」欄は、表示されている算式により計算し記入します。本設例では、18,700円と記入します。それぞれ100円未満の端数は切り捨てます。

⑧ 「消費税及び地方消費税の合計税額㉖」欄は、本設例では、申告書「⑪」欄と「㉒」欄の合計88,200円と記入します。

⑨ 「付記事項」の欄および「参考事項」の欄は、それぞれ掲げる該当事項に○印をします。

＜残余財産確定事業年度　消費税及び地方消費税の申告書　付表2　記載例＞

設　例　B

第28－(1)号様式

付表2　課税売上割合・控除対象仕入税額等の計算表

一 般

課税期間	29・3・1～30・2・28	氏名又は名称	株式会社　みさき商事

項目		金額
課税売上額（税抜き）	①	1　1,200,000 円
免税売上額	②	
非課税資産の輸出等の金額、海外支店等へ移送した資産の価額	③	
課税資産の譲渡等の対価の額（①＋②＋③）	④	※申告書の⑮欄へ 1,200,000
課税資産の譲渡等の対価の額（④の金額）	⑤	1,200,000
非課税売上額	⑥	2　10,000,000
資産の譲渡等の対価の額（⑤＋⑥）	⑦	※申告書の⑯欄へ 11,200,000
課税売上割合（④／⑦）		3　〔10.7　%〕※端数切捨て
課税仕入れに係る支払対価の額（税込み）	⑧	※注2参照 4　972,000
課税仕入れに係る消費税額（⑧×6.3／108）	⑨	※注3参照 56,700
特定課税仕入れに係る支払対価の額	⑩	※注2参照 ※上記課税売上割合が95%未満、かつ、…れがある事業者のみ記載してください 5
特定課税仕入れに係る消費税額（⑩×6.3／100）	⑪	※注3参照
課税貨物に係る消費税額	⑫	
納税義務の免除を受けない（受ける）こととなった場合における消費税額の調整（加算又は減算）額	⑬	
課税仕入れ等の税額の合計額（⑨＋⑪＋⑫±⑬）	⑭	56,700
課税売上高が5億円以下、かつ、課税売上割合が95%以上の場合（⑭の金額）	⑮	
課税売上高が5億円超又は課税売上割合が95%未満の場合　個別対応方式　⑭のうち、課税売上げにのみ要するもの	⑯	
課税売上高が5億円超又は課税売上割合が95%未満の場合　個別対応方式　⑭のうち、課税売上げと非課税売上げに共通して要するもの	⑰	
課税売上高が5億円超又は課税売上割合が95%未満の場合　個別対応方式　個別対応方式により控除する課税仕入れ等の税額〔⑯＋（⑰×④／⑦）〕	⑱	
課税売上高が5億円超又は課税売上割合が95%未満の場合　一括比例配分方式により控除する課税仕入れ等の税額（⑭×④／⑦）	⑲	6　6,074
控除税額の調整　課税売上割合変動時の調整対象固定資産に係る消費税額の調整（加算又は減算）額	⑳	
控除税額の調整　調整対象固定資産を課税業務用（非課税業務用）に転用した場合の調整（加算又は減算）額	㉑	
差引　控除対象仕入税額〔（⑮、⑱又は⑲の金額）±⑳±㉑〕がプラスの時	㉒	※申告書の④欄へ 6,074
差引　控除過大調整税額〔（⑮、⑱又は⑲の金額）±⑳±㉑〕がマイナスの時	㉓	※申告書の③欄へ
貸倒回収に係る消費税額	㉔	※申告書の③欄へ

注意 1　金額の計算においては、1円未満の端数を切り捨てる。
2　⑧及び⑩欄には、値引き、割戻し、割引きなど仕入対価の返還等の金額がある場合（仕入対価の返還等の金額を仕入金額から直接減額している場合を除く。）には、その金額を控除した後の金額を記入する。
3　上記2に該当する場合には、⑨又は⑪欄には次の算式により計算した金額を記入する。

課税仕入れに係る消費税額⑨＝〔課税仕入れに係る支払対価の額（仕入対価の返還等の金額を控除する前の税込金額）× $\frac{6.3}{108}$〕－〔仕入対価の返還等の金額（税込み）× $\frac{6.3}{108}$〕

特定課税仕入れに係る消費税額⑪＝〔特定課税仕入れに係る支払対価の額（特定課税仕入対価の返還等の金額を控除する前の支払対価の額）× $\frac{6.3}{100}$〕－〔特定課税仕入対価の返還等の金額 × $\frac{6.3}{100}$〕

4　⑩及び⑪欄は、課税売上割合が95%未満、かつ、特定課税仕入れがある事業者のみが記載する。
なお、課税売上割合が95%未満、かつ、特定課税仕入れがある事業者は、併せて別表を提出する。
5　㉓欄と㉔欄のいずれにも記載がある場合は、その合計金額を申告書③欄に記入する。

【付表2　課税売上割合・控除対象仕入税額等の計算表】記載手順

① 「課税売上額（税抜き）①」欄には、課税売上高1,296,000円（税込み）に100/108を乗じて計算した金額1,200,000円を記入します。「課税資産の譲渡等の対価の額④」欄は、[①+②+③] により計算し記入します。本設例では、1,200,000円と記入します。また、「④」欄の金額は消費税及び地方消費税の申告書の「⑮」欄へ転記します。

② 「非課税売上額⑥」欄は、本設例では、土地売却収入の10,000,000円を記入します。「資産の譲渡等の対価の額⑦」欄は、[⑤+⑥] により計算し記入します。本設例では、11,200,000円と記入します。「⑦」欄の金額は、消費税及び地方消費税の申告書の「⑯」欄へ転記します。

③ 「課税売上割合④/⑦」欄は、表示されている算式により計算した割合を記入します。本設例では、10.7と記入します。

④ 「課税仕入れに係る支払対価の額（税込み）⑧」欄は、電話代などのその他経費の支払金額972,000円（税込み）を記入します。

⑤ 「課税仕入れに係る消費税額⑨」欄は、表示されている算式により計算し記入します。本設例では、56,700円と記入します。「課税仕入れ等の税額の合計額⑭」欄は、表示されている算式により計算し記入します。本設例では、56,700円と記入します。

⑥ 本設例では、課税売上割合が95%未満となります。したがって、「課税売上高が5億円超又は課税売上割合が95%未満の場合」の欄を使用します。「一括比例配分方式により控除する課税仕入れ等の税額⑲」欄は、表示されている算式により計算し記入します。本設例では、6,074円と記入します。「差引　控除対象仕入税額㉒」欄は、表示されている算式により計算し記入します。本設例では、6,074円と記入します。消費税及び地方消費税の申告書「④」欄へ転記します。

設例Ｃ－②

実在性のない資産が判明したことにより過年度損益修正損を計上する場合の申告

設例Ｃ－①の次の事業年度です。清算手続を進めていましたが、平成30年9月30日に残余財産が確定しました。平成30年9月期は、消費税等の納税義務がありませんでした。消費税等の会計処理は、従前より税込経理方式で行ってきました。

【清算事業年度末（平成30年6月30日現在）の貸借対照表】

貸借対照表（平成30年6月30日）　　**(単位：円)**

現金及び預金	1,282,500	未払法人税等	70,000
商品	600,000	借入金	4,000,000
		資本金	10,000,000
		繰越利益剰余金	△12,187,500
資産合計	1,882,500	負債・純資産合計	1,882,500

※未払法人税等の額70,000円は、法人都民税の均等割額です。
※借入金4,000,000円は、すべて代表者からの借り入れです。
※青色欠損金の額は、1,600,000円です。

【平成30年7月1日から平成30年9月30日までの間の取引】

① 在庫商品600,000円を現金800,000円で販売しました。

(借方)		(貸方)	
現金及び預金	800,000円	棚卸資産処分収入	800,000円
棚卸資産処分原価	600,000円	商　　品	600,000円

② 平成30年6月期の未払法人税等70,000円を納付しました。

(借方) 未払法人税等	70,000円	(貸方) 現金及び預金	70,000円

③ 電話代などのその他経費486,000円、印紙代など租税公課50,000円を現金で支払いました。

(借方) その他経費	486,000円	(貸方) 現金及び預金	486,000円
(借方) 租税公課	50,000円	(貸方) 現金及び預金	50,000円

④ 借入金について残余財産が残らないよう1,459,000円を代表者へ返済し、残額について債務免除を受けました。

(借方) 借入金	4,000,000円	(貸方) 現金及び預金	1,459,000円
		債務免除益	2,541,000円

⑤ 決算において法人税等の未払額17,500円を計上しました。

(借方) 法人税等	17,500円	(貸方) 未払法人税等	17,500円

【残余財産確定事業年度の貸借対照表、損益計算書並びに申告書】

貸借対照表（平成30年9月30日）　　(単位：円)

現金及び預金	17,500	未払法人税等	17,500
		資本金	10,000,000
		繰越利益剰余金	△10,000,000
資産合計	17,500	負債・純資産合計	17,500

※事業年度末現在において、残余財産は残らないものとする。

損益計算書（平成30年7月1日から平成30年9月30日）　　(単位：円)

棚卸資産処分原価	600,000	棚卸資産処分収入	800,000
租税公課	50,000	債務免除益	2,541,000
その他経費	486,000		
法人税等	17,500		
当期純利益	2,187,500		
合計	3,341,000	合計	3,341,000

※法人税等、未払法人税等の額17,500円は、当期に発生する法人都民税の均等割額です。

※法人都民税の均等割額は、残余財産確定事業年度の調整計算（月数按分）をしています。[計算式：70,000円×3月（当期の月数）／12月＝17,500円]

▶設例C－②のポイント

① 残余財産確定事業年度の青色欠損金を控除する前の所得金額は2,205,000円［当期純利益2,187,500円＋納税充当金17,500円］となります。所得の金額の計算上、前期から繰り越された青色欠損金の額1,600,000円を控除することができます。さらに、残余財産がないと見込まれるときに該当するため、期限切れ欠損金の額（別表五（一）期首現在利益積立金額の差引合計額に記載されるべき金額がマイナスである場合のその金額）12,187,500円のうち、605,000円［青色欠損金控除前の所得金額2,205,000円－青色欠損金の額1,600,000円］を損金の額に算入することができます。その結果として、法人税の課税所得はゼロになります。したがって、法人税および地方法人税の課税はありません。

② 法人事業税は、この事業年度の所得金額がゼロとなるため、課税されません。また、法人都民税の法人税割については、その課税標準となる法人税額がゼロであることから課税されません。ただし、均等割は発生します。事業年度が3か月であることから月数按分により3か月分の納付が求められます。

上記の設例に基づいて、平成29年4月1日現在の法令および規則により計算しています。なお、消費税等については、納税義務がないものとし、経理処理は、税込経理方式を採用するものとします。

＜C－②参考書式＞

法人税・地方法人税申告書　別表一（一）　各事業年度の所得に係る申告書――普通法人（特定の医療法人を除く。）、一般社団法人等及び人格のない社団等の分

法人税・地方法人税申告書　別表一（一）次葉

法人税・地方法人税申告書　別表二　同族会社等の判定に関する明細書

法人税・地方法人税申告書　別表四　所得の金額の計算に関する明細書

法人税・地方法人税申告書　別表五（一）　利益積立金額及び資本金等の額の計算に関する明細書

法人税・地方法人税申告書　別表五（二）　租税公課の納付状況等に関する明細書

法人税・地方法人税申告書　別表七（一）　欠損金又は災害損失金の損金算入に関する明細書
法人税・地方法人税申告書　別表七（三）　民事再生等評価換えが行われる場合以外の再生等欠損金の損金算入及び解散の場合の欠損金の損金算入に関する明細書
地方税申告書　第六号様式
地方税申告書　第六号様式別表四の三　均等割額の計算に関する明細書
地方税申告書　第六号様式別表九　欠損金額等及び災害損失金の控除明細書
地方税申告書　第六号様式別表十一　民事再生等評価換えが行われる場合以外の再生等欠損金額等及び解散の場合の欠損金額等の控除明細書
※申請書サンプルは、平成29年4月1日現在のものを使用しています。

<残余財産確定事業年度　法人税・地方法人税申告書　別表一（一）　記載例>

設例C－②

FB0603

平成30年10月31日
神田 税務署長殿

納税地	東京都千代田区○○町1－1－1　電話（03　）○○○○－○○○○
（フリガナ）	カブシキカイシャ　ミサキショウジ
法人名	株式会社　みさき商事
法人番号	1 2 3 4 5 6 7 8 9 0 1 2 3
（フリガナ）	ミサキ　イチロウ
代表者自署押印	みさき　一郎　㊞
代表者住所	東京都千代田区△△町1－1－1
事業種目	物品販売業
期末現在の資本金の額又は出資金の額	10,000,000円
同上が1億円以下の普通法人のうち中小法人等に該当しないもの	非中小法人等
同非区分	特定同族会社・同族会社・非同族会社
一般社団・財団法人のうち非営利型法人に該当するもの	非営利型法人
経理責任者自署押印	㊞
旧納税地及び旧法人名等	
添付書類	貸借対照表、損益計算書、株主（社員）資本等変動計算書、損益金処分表、勘定科目内訳明細書、事業概況書、組織再編成に係る契約書等の写し、組織再編成に係る移転資産等の明細書

税務署処理欄	
青色申告	一連番号
整理番号	0 0 0 0 1 2 3 4
事業年度（至）	年　月　日
売上金額	兆　十億　百万
申告年月日	年　月　日
通信日付印・確認印・庁指定・局指定・指導等・区分	
申告区分	法人税：中間・期限後・修正／地方法人税：中間・期限後・修正

平成 3 0 年 7 月 1 日 事業年度分の法人税 確定 申告書
平成 3 0 年 9 月 30 日 課税事業年度分の地方法人税 確定 申告書
（中間申告の場合の計算期間　平成　年　月　日／平成　年　月　日）

翌年以降送付要否	要・否	適用額明細書提出の有無	有・無
税理士法第30条の書面提出有	有	税理士法第33条の2の書面提出有	有

この申告書による法人税額の計算

項目	番号	金額（円）
所得金額又は欠損金額（別表四「48の①」）	1	0
法人税額（54）又は（55）	2	0
法人税額の特別控除額	3	
差引法人税額（2）－（3）	4	0
連結納税の承認を取り消された場合等における既に控除された法人税額の特別控除額の加算額	5	
土地譲渡利益金額 課税土地譲渡利益金額	6	000
同上に対する税額（21）＋（22）＋（23）	7	
留保金 課税留保金額（別表三（一）「41」）	8	000
同上に対する税額（別表三（一）「49」）	9	
		00
法人税額計（4）＋（5）＋（7）＋（9）	10	0
仮装経理に基づく過大申告の更正に伴う控除法人税額	11	
控除税額	12	
差引所得に対する法人税額（10）－（11）－（12）	13	00
中間申告分の法人税額	14	00
差引確定法人税額（13）－（14）	15	00
控除税額の計算 所得税の額（別表六（一）「6の③」）	16	
外国税額（別表六（二）「20」）	17	
計（16）＋（17）	18	
控除した金額（12）	19	
控除しきれなかった金額（18）－（19）	20	
土地譲渡税額の内訳 土地譲渡税額（別表三（二）「27」）	21	0
同上（別表三（二の二）「28」）	22	0
同上（別表三（三）「23」）	23	00
この申告による還付金額 所得税額等の還付金額（20）	24	
中間納付額（14）－（13）	25	
欠損金の繰戻しによる還付請求税額	26	
計（24）＋（25）＋（26）	27	
この申告が修正申告である場合 この申告前の所得金額又は欠損金額	28	
この申告により納付すべき法人税額又は減少する還付請求税額	29	00
欠損金又は災害損失金等の当期控除額	30	2205000
翌期へ繰り越す欠損金又は災害損失金（別表七（一）「5の合計」）	31	0

この申告書による地方法人税額の計算

項目	番号	金額（円）
課税標準法人税額の計算 所得の金額に対する法人税額	32	0
課税留保金額に対する法人税額	33	
課税標準法人税額（32）＋（33）	34	000
地方法人税額（58）	35	0
課税留保金額に係る地方法人税額（59）	36	
所得地方法人税額（35）＋（36）	37	0
外国税額の控除額（別表六（二）「50」）	38	
仮装経理に基づく過大申告の更正に伴う控除地方法人税額	39	
差引地方法人税額（37）－（38）－（39）	40	00
中間申告分の地方法人税額	41	00
差引確定地方法人税額（40）－（41）	42	00
この申告による還付金額（41）－（40）	43	
この申告が修正申告である場合 この申告前の 所得の金額に対する法人税額（68）	44	
課税留保金額に対する法人税額（69）	45	
課税標準法人税額（70）	46	000
この申告により納付すべき地方法人税額（71）	47	00
剰余金・利益の配当（剰余金の分配）の金額		
残余財産の最後の分配又は引渡しの日	平成　年　月　日	決算確定の日　平成　年　月　日

還付を受けようとする金融機関等：銀行・金庫・組合・農協・漁協　本店・支店・出張所・本所・支所　預金　郵便局名等　口座番号　ゆうちょ銀行の貯金記号番号　※税務署処理欄

法 0301-0101

税理士署名押印　㊞

別表一（一）　普通法人（特定の医療法人を除く。）、一般社団法人等及び人格のない社団等の分……平二十九・四・一以後終了事業年度等分

【別表一（一）各事業年度の所得に係る申告書】記載手順

① 「この申告書による法人税額の計算」「所得金額又は欠損金額　1」欄は、別表四「48の①」欄から転記します。本設例では、0円と記入します。

② 「法人税額　2」欄には、別表一（一）次葉「54」欄から転記します。本設例では、0円と記入します。「差引法人税額　4」欄、「法人税額計　10」欄、「差引所得に対する法人税額　13」欄、「差引確定法人税額　15」欄については、それぞれの算式に基づき計算し記入します。本設例では、それぞれ0円と記入します。「10」欄の金額を地方税申告書の第六号様式の「①」欄へ転記します。

③ 「欠損金又は災害損失金等の当期控除額　30」欄は、［別表七(一)「4」の「計」＋別表七(三)「10」］により計算し記入します。本設例では、2,205,000円と記入します。「翌期へ繰り越す欠損金又は災害損失金　31」欄は、別表七（一)「5」の「合計」欄から転記します。本設例では、0円と記入します。

④ 「この申告書による地方法人税額の計算」「課税標準法人税額の計算　基準法人税額　所得の金額に対する法人税額　32」欄を計算し記入します。本設例では、0円と記入します。同額を別表一（一）次葉「56」欄に転記します。

⑤ 「地方法人税　35」欄は、別表一（一）次葉「58」欄から転記します。本設例では、0円と記入します。「所得地方法人税額　37」欄、「差引地方法人税額　40」欄、「差引確定地方法人税額　42」欄については、それぞれの算式に基づき計算し記入します。本設例では、それぞれ0円と記入します。

＜残余財産確定事業年度　法人税・地方法人税申告書　別表一（一）次葉　記載例＞

設例Ｃ－②

事業年度等	平成30・7・1 平成30・9・30	法人名	株式会社　みさき商事

別表一（一）次葉　平二十九・四・一以後終了事業年度等分

法人税額の計算

区分	項目	番号	金額	項目	番号	金額
中小法人等の場合	(1)の金額又は800万円×$\frac{3}{12}$相当額のうち少ない金額	48	0	(48)の15%相当額	52	0
	(1)のうち年800万円相当額を超える金額 (1)－(48)	49	0	(49)の23.4%相当額	53	0
	所得金額 (48)＋(49)	50	0	法人税額 (52)＋(53)	54	0
その他の法人の場合	所得金額 (1)	51		法人税額 ((51)の23.4%相当額)	55	

地方法人税額の計算

項目	番号	金額	項目	番号	金額
所得の金額に対する法人税額 (32)	56	0	(56)の4.4%相当額	58	0
課税留保金額に対する法人税額 (33)	57		(57)の4.4%相当額	59	

この申告が修正申告である場合の計算

区分	項目	番号	金額	区分	項目	番号	金額
法人税額の計算・この申告前の	所得金額又は欠損金額	60		地方法人税額の計算・この申告前の	所得の金額に対する法人税額	68	
	課税土地譲渡利益金額	61			課税留保金額に対する法人税額	69	
	課税留保金額	62			課税標準法人税額 (68)＋(69)	70	
	法人税額	63			確定地方法人税額	71	
	還付金額	64	外		中間還付額	72	
法人税額の計算	この申告により納付すべき法人税額又は減少する還付請求税額 ((15)－(63))若しくは((15)＋(64))又は((64)－(27))	65	外		欠損金の繰戻しによる還付金額	73	
この申告前の	欠損金又は災害損失金等の当期控除額	66		地方法人税額の計算	この申告により納付すべき地方法人税額 ((42)－(71))若しくは((42)＋(72)＋(73))又は(((72)－(43))＋((73)－(43の外書)))	74	
	翌期へ繰り越す欠損金又は災害損失金	67					

法 0301－0101－次

【別表一（一）次葉】記載手順

① 本設例では、当期末における資本金の額が1億円以下の普通法人であるため、別表一（一）次葉の「中小法人等の場合」を使用して計算します。「(1)の金額又は800万円×　/12相当額のうち少ない金額　48」欄は、分子が空欄になっていますので、当期の月数（暦に従って計算し、1月未満の端数は切り上げる）を記入します。本設例では、3と記入します。同「48」欄は、0円と［800万円×3／12］相当額のうち少ない金額を記入します。本設例では、0円と記入します。「(1)のうち年800万円相当額を超える金額　49」欄、「所得金額　50」欄について計算し記入します。本設例では、それぞれ0円と記入します。

② 「(48)の15%相当額　52」欄、「(49)の23.4%相当額　53」欄、「法人税額　54」欄について計算し記入します。本設例では、それぞれ0円と記入します。別表一（一）の「2」欄に転記します。

③ 「地方法人税額の計算　所得の金額に対する法人税額　56」欄は、別表一（一）の「32」欄から転記します。本設例では、0円と記入します。「(56)の4.4%相当額　58」欄を計算し記入します。本設例では、0円と記入します。別表一（一）の「35」欄に転記します。

＜残余財産確定事業年度 法人税・地方法人税申告書 別表二 記載例＞

設例Ｃ－②

同族会社等の判定に関する明細書

別表二 平二十九・四・一以後終了事業年度又は連結事業

事業年度又は連結事業年度	平成30・7・1 平成30・9・30	法人名	株式会社 みさき商事

区分	項目	番号	金額等	区分	項目	番号	金額等
同族会社の判定	期末現在の発行済株式の総数又は出資の総額	1	内 200 (2)	特定同族会社の判定	(21)の上位1順位の株式数又は出資の金額	11	
	(19)と(21)の上位3順位の株式数又は出資の金額	2	200 (3)		株式数等による判定 (11)/(1)	12	%
	株式数等による判定 (2)/(1)	3	100.0 % (4)		(22)の上位1順位の議決権の数	13	
	期末現在の議決権の総数	4	内		議決権の数による判定 (13)/(4)	14	%
	(20)と(22)の上位3順位の議決権の数	5			(21)の社員の1人及びその同族関係者の合計人数のうち最も多い数	15	
	議決権の数による判定 (5)/(4)	6	%		社員の数による判定 (15)/(7)	16	%
	期末現在の社員の総数	7			特定同族会社の判定割合 ((12)、(14)又は(16)のうち最も高い割合)	17	%
	社員の3人以下及びこれらの同族関係者の合計人数のうち最も多い数	8			判定結果	18	特定同族会社 **同族会社**（○印）(5) 非同族会社
	社員の数による判定 (8)/(7)	9	%				
	同族会社の判定割合 ((3)、(6)又は(9)のうち最も高い割合)	10	100.0 %				

判定基準となる株主等の株式数等の明細

順位 株式数等	順位 議決権数	判定基準となる株主（社員）及び同族関係者 住所又は所在地	氏名又は法人名	判定基準となる株主等との続柄	株式数又は出資の金額等 被支配会社でない法人株主等 株式数又は出資の金額 19	議決権の数 20	その他の株主等 株式数又は出資の金額 21	議決権の数 22
1 (1)		東京都千代田区△△町1－1－1	みさき 一郎	本人			200	

法 0301－0200

【別表二　同族会社等の判定に関する明細書】記載手順

①「判定基準となる株主等の株式数等の明細」は、その会社の株主の1人およびその同族関係者の所有する株式数の合計が最も多いものから順次記入していきます。本設例では、みさき一郎が発行済株式総数200株をすべて保有しているため、第1順位がみさき一郎となり、「株式数又は出資の金額等　その他の株主等　株式数又は出資の金額　21」欄は、200と記入します。

②「同族会社の判定」「期末現在の発行済株式の総数又は出資の総額　1」欄は、本設例では、200と記入します。

③「⒆と㉑の上位3順位の株式数又は出資の金額　2」欄は、「判定基準となる株主等の株式数等の明細」より計算して記入します。本設例では、200と記入します。

④「株式数等による判定⑵/⑴　3」欄は、表示されている算式により計算した割合を記入します。本設例では、100.0と記入します。さらに、「同族会社の判定割合　10」欄を記入します。本設例では、100.0と記入します。

⑤「判定結果　18」欄は、該当するものを○印で囲んで表示します。本設例では、当期末の資本金の額が1億円以下であり、「同族会社の判定割合　10」欄が50％超であるため同族会社に該当します。

＜残余財産確定事業年度　法人税・地方法人税申告書　別表四　記載例＞

設例C－②

別表四

所得の金額の計算に関する明細書

事業年度	平成30・7・1 平成30・9・30	法人名	株式会社　みさき商事

区分		総額 ①	処分 留保 ②	社外流出	③
当期利益又は当期欠損の額	1	(1) 2,187,500円	2,187,500円	配当	円
				その他	
加算 損金経理をした法人税及び地方法人税（附帯税を除く。）	2				
加算 損金経理をした道府県民税及び市町村民税	3				
加算 損金経理をした納税充当金	4	(2) 17,500	17,500		
加算 損金経理をした附帯税（利子税を除く。）、加算金、延滞金（延納分を除く。）及び過怠税	5			その他	
加算 減価償却の償却超過額	6				
加算 役員給与の損金不算入額	7			その他	
加算 交際費等の損金不算入額	8			その他	
加算	9				
加算	10				
加算 小計	11	17,500	17,500		
減算 減価償却超過額の当期認容額	12				
減算 納税充当金から支出した事業税等の金額	13				
減算 受取配当等の益金不算入額（別表八(一)「13」又は「26」）	14			※	
減算 外国子会社から受ける剰余金の配当等の益金不算入額（別表八(二)「26」）	15			※	
減算 受贈益の益金不算入額	16			※	
減算 適格現物分配に係る益金不算入額	17			※	
減算 法人税等の中間納付額及び過誤納に係る還付金額	18				
減算 所得税額等及び欠損金の繰戻しによる還付金額等	19			※	
減算	20				
減算 小計	21			外※	
仮計 (1)+(11)−(21)	22	(3) 2,205,000	2,205,000	外※	
関連者等に係る支払利子等の損金不算入額（別表十七(二の二)「25」又は「30」）	23			その他	
超過利子額の損金算入額（別表十七(二の三)「10」）	24			※	
仮計 ((22)から(24)までの計)	25	2,205,000	2,205,000	外※	
寄附金の損金不算入額（別表十四(二)「24」又は「40」）	26			その他	
沖縄の認定法人の所得の特別控除額（別表十(一)「9」又は「13」）	27			※	
国家戦略特別区域における指定法人の所得の特別控除額（別表十(二)「8」）	28			※	
法人税額から控除される所得税額（別表六(一)「6の③」）	29			その他	
税額控除の対象となる外国法人税の額（別表六(二の二)「7」）	30			その他	
組合等損失額の損金不算入額又は組合等損失超過合計額の損金算入額（別表九(二)「10」）	31				
対外船舶運航事業者の日本船舶による収入金額に係る所得の金額の損金算入額又は益金算入額（別表十(四)「20」、「21」又は「23」）	32			※	
合計 (25)+(26)+(27)+(28)+(29)+(30)+(31)±(32)	33	2,205,000	2,205,000	外※	
契約者配当の益金算入額（別表九(一)「13」）	34				
特定目的会社等の支払配当又は特定目的信託に係る受託法人の利益の分配等の損金算入額（別表十(七)「13」、別表十(八)「11」又は別表十(九)「16」若しくは「33」）	35				
中間申告における繰戻しによる還付に係る災害損失欠損金額の益金算入額	36			※	
非適格合併又は残余財産の全部分配等による移転資産等の譲渡利益額又は譲渡損失額	37			※	
差引計 ((33)から(37)までの計)	38	(4) 2,205,000	2,205,000	外※	
欠損金又は災害損失金等の当期控除額（別表七(一)「4の計」+(別表七(二)「9」若しくは「21」又は別表七(三)「10」)）	39	Δ2,205,000		※	Δ2,205,000
総計 (38)+(39)	40	(5) 0	2,205,000	外※	Δ2,205,000
新鉱床探鉱費又は海外新鉱床探鉱費の特別控除額（別表十(三)「43」）	41			※	
農業経営基盤強化準備金積立額の損金算入額（別表十二(十四)「10」）	42				
農用地等を取得した場合の圧縮額の損金算入額（別表十二(十四)「43の計」）	43				
関西国際空港用地整備準備金積立額の損金算入額（別表十二(十一)「15」）	44				
中部国際空港整備準備金積立額の損金算入額（別表十二(十二)「10」）	45				
再投資等準備金積立額の損金算入額（別表十二(十五)「12」）	46				
残余財産の確定の日の属する事業年度に係る事業税の損金算入額	47				
所得金額又は欠損金額	48	(6) 0	2,205,000	外※	Δ2,205,000

平二十九・四・一以後終了事業年度分

法 0301−0401

【別表四　所得の金額の計算に関する明細書】記載手順

① 損益計算書上の当期純利益2,187,500円を「当期利益又は当期欠損の額　1」欄に記入します。

② 「損金経理をした納税充当金　4」欄は、別表五（二）の「31」欄から転記します。本設例では、17,500円と記入します。「加算」「小計　11」欄を計算し記入します。

③ 「仮計　22」欄は、[(1)+(11)−(21)] により計算し記入します。本設例では、2,205,000円と記入します。

④ 「合計　33」欄および「差引計　38」欄については、それぞれの算式に基づき計算し記入します。本設例では、それぞれ2,205,000円と記入します。「33」欄から、地方税申告書の第六号様式の「㊿67」欄へ転記します。

⑤ 「欠損金又は災害損失金等の当期控除額　39」欄は、[別表七（一）「4」の「計」＋別表七(三)「10」] により計算し記入します。本設例では、△2,205,000円と記入します。

⑥ 「総計　40」欄は、[(38)+(39)] により計算し記入します。本設例では、0円と記入します。最後に「所得金額又は欠損金額　48」欄を計算し記入します。本設例では、0円と記入します。別表一（一）の「1」欄、および地方税申告書の第六号様式の「74」欄へ転記します。

<残余財産確定事業年度　法人税・地方法人税申告書　別表五（一）記載例>

設例C－②

別表五(一)

平二十九・四・一以後終了事業年度分

利益積立金額及び資本金等の額の計算に関する明細書

事業年度	平成30・7・1 平成30・9・30	法人名	株式会社　みさき商事

Ⅰ　利益積立金額の計算に関する明細書

区分		期首現在利益積立金額 ①	当期の増減 減 ②	当期の増減 増 ③	差引翌期首現在利益積立金額 ①－②＋③ ④
利益準備金	1	円	円	円	円
	2				
	3				
	4				
	5				
	6				
	7				
	8				
	9				
	10				
	11				
	12				
	13				
	14				
	15				
	16				
	17				
	18				
	19				
	20				
	21				
	22				
	23				
	24				
	25				
繰越損益金（損は赤）	26	△12,187,500	△12,187,500	△10,000,000	△10,000,000
納税充当金	27	70,000	70,000	17,500	17,500
未納法人税等（退職年金等積立金に対するものを除く。）未納法人税及び未納地方法人税（附帯税を除く。）	28			中間 確定 0	0
未納道府県民税（均等割額及び利子割額を含む。）	29	△70,000	△70,000	中間 確定 △17,500	△17,500
未納市町村民税（均等割額を含む。）	30			中間 確定	
差引合計額	31	△12,187,500	△12,187,500	△10,000,000	△10,000,000

Ⅱ　資本金等の額の計算に関する明細書

区分		期首現在資本金等の額 ①	当期の増減 減 ②	当期の増減 増 ③	差引翌期首現在資本金等の額 ①－②＋③ ④
資本金又は出資金	32	10,000,000円	円	円	10,000,000円
資本準備金	33				
	34				
	35				
差引合計額	36	10,000,000			10,000,000

法 0301－0501

【別表五（一）　利益積立金額及び資本金等の額の計算に関する明細書】記載手順

①　「繰越損益金　26」欄は、平成30年6月期の別表五（一）の「差引翌期首現在利益積立金額④」欄から記入します。本設例では、△12,187,500円と記入します。また、「当期の増減　減②」欄に△12,187,500円と記入します。

②　平成30年9月末時点の貸借対照表の「繰越利益剰余金」の額△10,000,000円を同「26」「当期の増減　増③」欄に記入します。「差引翌期首現在利益積立金額④」欄を計算し記入します。

③　「納税充当金　27」欄は、平成30年6月期の別表五（一）の「差引翌期首現在利益積立金額④」欄から記入します。本設例では、70,000円と記入します。当期中に納税充当金を取り崩して納付していますので、「当期の増減　減②」欄には、前期分の法人都民税の均等割額70,000円と記入します。

④　当期末に未払計上した「未払法人税等」の額17,500円を同「27」「当期の増減　増③」欄に記入します。「差引翌期首現在利益積立金額④」欄を計算し記入します。

⑤　「未納法人税等　未納道府県民税　29」欄は、平成30年6月期の別表五（一）の「差引翌期首現在利益積立金額④」欄から記入します。本設例では、△70,000円と記入します。当期中に納付していますので、「当期の増減　減②」に△70,000円と記入します。

⑥　平成30年9月期の法人都民税申告書に記載された確定納税額を同「29」「当期の増減　増③」「確定」欄に記入します。本設例では、△17,500円と記入します。「差引翌期首現在利益積立金額④」欄を計算し記入します。

⑦　「差引合計額　31」欄は、「差引翌期首現在利益積立金額④」欄の合計額を記入します。また、本設例では、同「31」「期首現在利益積立金額①」欄の金額を別表七（三）の「5」欄、および地方税申告書の第六号様式別表十一の「⑤」欄へ転記します。

⑧　「資本金又は出資金　32」、「差引合計額　36」の「①」欄は、平成30年6月期の別表五（一）の「差引翌期首現在資本金等の額④」欄から記入します。本設例では、10,000,000円と記入します。「差引翌期首現在資本金等の額④」欄を計算し記入します。

<残余財産確定事業年度 法人税・地方法人税申告書 別表五(二) 記載例>

設例C－②

租税公課の納付状況等に関する明細書

事業年度	平成30・7・1 平成30・9・30	法人名	株式会社 みさき商事

税目及び事業年度				期首現在未納税額 ①	当期発生税額 ②	当期中の納付税額 充当金取崩しによる納付 ③	仮払経理による納付 ④	損金経理による納付 ⑤	期末現在未納税額 ①+②−③−④−⑤ ⑥
法人税及び地方法人税		・ ・	1	円		円	円	円	円
		29・7・1 30・6・30	2						
	当期分	中間	3		円				
		確定	4		0				0
		計	5		0				0
道府県民税		・ ・	6						
		29・7・1 30・6・30	7	70,000		70,000			0
	当期分	中間	8						
		確定	9		0 17,500				0 17,500
		計	10	70,000	0 17,500	70,000			0 17,500
市町村民税		・ ・	11						
		・ ・	12						
	当期分	中間	13						
		確定	14						
		計	15						
事業税		・ ・	16						
		・ ・	17						
		当期中間分	18						
		計	19						
その他	損金算入のもの	利子税	20						
		延滞金(延納に係るもの)	21						
		印紙税	22		50,000			50,000	0
			23						
	損金不算入のもの	加算税及び加算金	24						
		延滞税	25						
		延滞金(延納分を除く。)	26						
		過怠税	27						
		源泉所得税	28						
			29						

納税充当金の計算

期首納税充当金		30	70,000円	取崩額	その他 損金算入のもの	36	円
繰入額	損金経理をした納税充当金	31	17,500		その他 損金不算入のもの	37	
		32			その他	38	
	計 (31)+(32)	33	17,500		仮払税金消却	39	
取崩額	法人税額等 (5の③)+(10の③)+(15の③)	34	70,000		計 (34)+(35)+(36)+(37)+(38)+(39)	40	70,000
	事業税 (19の③)	35		期末納税充当金 (30)+(33)−(40)		41	17,500

別表五(二)

平二十九・四・一以後終了事業年度分

法 0301－0502

【別表五（二）　租税公課の納付状況等に関する明細書】記載手順

① 「道府県民税」「7」欄は、平成30年6月期の別表五（二）の「期末現在未納税額⑥」欄から記入します。本設例では、70,000円と記入します。

② 平成30年6月期の法人都民税について、納税充当金を取り崩して納付しているため、同「7」「当期中の納付税額　充当金取崩しによる納付③」欄に70,000円と記入します。

③ 「当期分　確定　9」欄は、平成30年9月期の法人都民税申告書に記載された確定納税額17,500円を同「9」「当期発生税額②」に記入します。「期末現在未納税額⑥」欄を計算し記入します。

④ 本設例において、印紙等を租税公課として50,000円計上しています。「その他」「損金算入のもの　22」欄は、「印紙税」と記入し、「当期発生税額②」欄に50,000円と記入します。本設例では、損金経理をしているため、「当期中の納付税額　損金経理による納付⑤」欄へ50,000円と記入します。

⑤ 「期首納税充当金　30」欄は、平成30年6月期の別表五（二）の「期末納税充当金　41」欄から記入します。本設例では、70,000円と記入します。

⑥ 「繰入額　損金経理をした納税充当金　31」欄は、本設例では、平成30年9月期の損益計算書上の「法人税等」の額17,500円と記入します。別表四の「4」欄へ転記します。

⑦ 「取崩額　法人税額等　34」欄は、［(5の③)＋(10の③)＋(15の③)］により計算し記入します。本設例では、70,000円と記入します。

⑧ 「期末納税充当金　41」欄は、［(30)＋(33)－(40)］により計算し記入します。本設例では、17,500円と記入します。

＜残余財産確定事業年度　法人税・地方法人税申告書　別表七（一）　記載例＞

設例Ｃ－②

⑤ 欠損金又は災害損失金の損金算入等に関する明細書

事業年度	平成30・7・1 平成30・9・30	法人名	株式会社　みさき商事

別表七(一)　平二十九・四・一以後終了事業年度分

控除前所得金額 (別表四「38の①」)－(別表七(二)「9」又は「21」)	1	【1】2,205,000円	所得金額控除限度額 (1)×(~~50、55、60又は~~100)/100	2	【2】2,205,000円

事業年度	区分	控除未済欠損金額 3	当期控除額 (当該事業年度の(3)と((2)－当該事業年度前の(4)の合計額)のうち少ない金額) 4	翌期繰越額 ((3)－(4))又は(別表七(三)「15」) 5
	青色欠損・連結みなし欠損・災害損失	円	円	
	青色欠損・連結みなし欠損・災害損失			円
	青色欠損・連結みなし欠損・災害損失			
	青色欠損・連結みなし欠損・災害損失			
	青色欠損・連結みなし欠損・災害損失			
	【3】青色欠損・連結みなし欠損・災害損失		【4】	
平28・4・1 平29・3・31	(青色欠損)・連結みなし欠損・災害損失	1,000,000	1,000,000	0
	青色欠損・連結みなし欠損・災害損失			
平29・7・1 平30・6・30	(青色欠損)・連結みなし欠損・災害損失	600,000	600,000	0
計		1,600,000	1,600,000	0
当期分	欠損金額 (別表四「48の①」)		欠損金の繰戻し額	
	同上のうち　災害損失金			
	同上のうち　青色欠損金			【5】
合計				0

災害により生じた損失の額の計算

災害の種類			災害のやんだ日又はやむを得ない事情のやんだ日	
災害を受けた資産の別		棚卸資産 ①	固定資産 (固定資産に準ずる繰延資産を含む。) ②	計 ①＋② ③
当期の欠損金額 (別表四「48の①」)	6			円
災害により生じた損失の額　資産の滅失等により生じた損失の額	7	円	円	
災害により生じた損失の額　被害資産の原状回復のための費用等に係る損失の額	8			
災害により生じた損失の額　被害の拡大又は発生の防止のための費用に係る損失の額	9			
災害により生じた損失の額　計 (7)＋(8)＋(9)	10			
保険金又は損害賠償金等の額	11			
差引災害により生じた損失の額 (10)－(11)	12			
同上のうち所得税額の還付又は欠損金の繰戻しの対象となる災害損失金額	13			
中間申告における災害損失欠損金の繰戻し額	14			
繰戻しの対象となる災害損失欠損金額 ((6の③)と((13の③)－(14の③))のうち少ない金額)	15			
繰越控除の対象となる損失の額 ((6の③)と((12の③)－(14の③))のうち少ない金額)	16			

法 0301－0701

【別表七（一）　欠損金又は災害損失金の損金算入に関する明細書】記載手順

①「控除前所得金額　1」欄は、[別表四「38の①」－(別表七(二)「9」又は「21」)] により計算し記入します。本設例では、2,205,000円と記入します。

②「所得金額控除限度額　(1)×50、55、60又は100/100　2」欄は、本設例では当期が中小法人等事業年度に該当する事業年度であるため、数式部分について「~~50、55、60又は~~100」と記載し、同「2」欄は、[(1)×100／100] により計算し記入します。本設例では、2,205,000円と記入します。

③「控除未済欠損金額　3」欄は、平成30年6月期の別表七（一）の「翌期繰越額　5」欄より当期首前9年以内に開始した事業年度に生じた青色欠損金の額で過去に繰越控除等を受けなかった額を古い事業年度から順次記入します。本設例では、青色欠損金の控除未済額が平成29年3月期に1,000,000円、平成30年6月期に600,000円ありますので、「事業年度」欄は、発生事業年度を記入し、「区分」欄は、青色欠損に○印を付けます。同「3」欄には、それぞれ1,000,000円、600,000円と記入します。

④「当期控除額　4」欄は、古い事業年度分から順次控除できる額を記入します。当該事業年度の「控除未済欠損金額　3」欄と「所得金額控除限度額　2」欄の金額から当該事業年度前の「4」の合計額を控除した金額を比べていずれか少ない金額を記入します。本設例では、平成29年3月期の青色欠損の額から順次比較し記入していきます。それぞれ、1,000,000円、600,000円と記入します。「4」の「計」欄を計算し記入します。別表七（三）「7」欄へ転記します。

⑤「翌期繰越額　5」欄は、[(3)－(4)又は別表七(三)「15」] により計算し記入します。本設例では、0円と記入します。最後に「合計」欄を計算し記入します。

<残余財産確定事業年度　法人税・地方法人税申告書　別表七（三）　記載例>

設例Ｃ－②

⑤ 民事再生等評価換えが行われる場合以外の再生等欠損金の損金算入及び解散の場合の欠損金の損金算入に関する明細書

事業年度	平成30・7・1 平成30・9・30	法人名	株式会社　みさき商事

別表七（三）　平二十九・四・一以後終了事業年度分

債務免除等による利益の内訳	債務の免除を受けた金額	1	円	所得金額差引計 （別表四「38の①」）－（7）	9	③ 605,000 円
	私財提供を受けた金銭の額	2				
	私財提供を受けた金銭以外の資産の価額	3		当期控除額 （(4)、(8)と(9)のうち少ない金額）	10	④ 605,000
	計 (1)＋(2)＋(3)	4				
欠損金額等の計算	適用年度終了の時における前期以前の事業年度又は連結事業年度から繰り越された欠損金額及び個別欠損金額	5	① 12,187,500	調整前の欠損金の翌期繰越額 （13の計）	11	0
	適用年度終了の時における資本金等の額 （別表五(一)「36の④」） （プラスの場合は0）	6	0			
	欠損金又は災害損失金の当期控除額 （別表七(一)「4の計」）	7	② 1,600,000	欠損金額からないものとする金額 （(10)と(11)のうち少ない金額）	12	0
	差引欠損金額 (5)－(6)－(7)	8	10,587,500			

欠損金の翌期繰越額の調整

発生事業年度	調整前の欠損金の翌期繰越額 （別表七(一)「3」－「4」） 13	欠損金額からないものとする金額 （当該発生事業年度の(13)と((12)－当該発生事業年度前の(14)の合計額)のうち少ない金額） 14	差引欠損金の翌期繰越額 (13)－(14) 15
	円	円	円
平28・4・1 平29・3・31	0	0	0
平29・7・1 平30・6・30	0	0	0
計	0	0	0

法 0301－0703

【別表七（三）　民事再生等評価換えが行われる場合以外の再生等欠損金の損金算入及び解散の場合の欠損金の損金算入に関する明細書】記載手順

①　「欠損金額等の計算」適用年度終了の時における前期以前の事業年度等から繰り越された欠損金額等「5」欄は、別表五（一）「期首現在利益積立金額①」の「差引合計額　31」欄から転記します。本設例では、12,187,500円と記入します。

②　「欠損金又は災害損失金の当期控除額　7」欄は、別表七（一）「4」の「計」欄から転記します。本設例では、1,600,000円と記入します。「差引欠損金額8」欄は、[(5)－(6)－(7)] により計算し記入します。

③　「所得金額差引計　9」欄は、[(別表四「38の①」)－(7)] により計算し記入します。本設例では、605,000円と記入します。

④　「当期控除額　10」欄は、本設例では、「差引欠損金額8」欄、「所得金額差引計　9」欄とのいずれか少ない金額を記入します。10,587,500円と605,000円ですので605,000円と記入します。

＜残余財産確定事業年度 地方税申告書 第六号様式 記載例＞

設例Ｃ－②

第六号様式（提出用）

受付印 24006B62

整理番号	事務所	管理番号
		1234000

平成 30 年 10 月 31 日
千代田都税事務所長 殿

法人番号	1 2345 6789 0123

所在地	東京都千代田区〇〇町１－１－１ （電話 03－〇〇〇〇－〇〇〇〇）
（ふりがな）	かぶしきがいしゃ みさきしょうじ
法人名	株式会社 みさき商事
（ふりがな）	みさき いちろう
代表者自署押印	みさき 一郎
経理責任者自署押印	

事業種目	物品販売業
期末現在の資本金の額又は出資金の額（解散日現在の資本金の額又は出資金の額）	10,000,000 / 10,000,000
同上が１億円以下の普通法人のうち中小法人等に該当しないもの	非中小法人等
期末現在の資本金の額及び資本準備金の額の合算額	10,000,000
期末現在の資本金等の額	10,000,000

平成30年7月1日から平成30年9月30日までの事業年度分又は連結事業年度分の道府県民税・事業税・地方法人特別税の確定申告書

（事業税）

摘要		課税標準	税率	税額
所得割	所得金額総額（㉖－㉗又は別表5㉗）㉝	0		
	年400万円以下の金額 ㉞	000		00
	年400万円を超え年800万円以下の金額 ㉟	000		00
	年800万円を超える金額 ㊱	000		00
	計 ㉞＋㉟＋㊱ ㊲	000		00
	軽減税率不適用法人の金額 ㊳	000		00
付加価値割	付加価値額総額 ㊴			
	付加価値額 ㊵	000		00
資本割	資本金等の額総額 ㊶			
	資本金等の額 ㊷	000		00
収入割	収入金額総額 ㊸			
	収入金額 ㊹	000		00
合計事業税額 ㊲＋㊵＋㊷＋㊹又は㊳＋㊵＋㊷＋㊹ ㊺				00
㊻		00	事業税の特定寄附金税額控除額 ㊼	
仮装経理に基づく事業税額の控除額 ㊽			既に納付の確定した当期分の事業税額 ㊾	
租税条約の実施に係る事業税額の控除額 ㊿			差引事業税額 (51)	00
㊿の内訳	所得割 (52)	00	付加価値割 (53)	00
	資本割 (54)	00	収入割 (55)	00
	㊿のうち見込納付額 (56)		差引 (57)	00

（地方法人特別税）

摘要	課税標準	税率	税額
所得割に係る地方法人特別税額 (58)	00		00
収入割に係る地方法人特別税額 (59)	00		00
合計地方法人特別税額（(58)＋(59)）(60)			00
仮装経理に基づく地方法人特別税額の控除額 (61)		(62)	00
租税条約の実施に係る地方法人特別税額の控除額 (63)		(64)	00
(60)のうち見込納付額 (65)		差引 (64)－(65) (66)	0

所得金額の計算の内訳		
所得金額（法人税の明細書（別表4）の(33)）又は個別所得金額（法人税の明細書（別表4の2付表）の(41)）	(67)	22,050,000
加算	損金の額又は個別帰属損金額に算入した所得税額及び復興特別所得税額 (68)	
	損金の額又は個別帰属損金額に算入した海外投資等損失準備金勘定への繰入額 (69)	
減算	益金の額又は個別帰属益金額に算入した海外投資等損失準備金勘定からの戻入額 (70)	
	外国の事業に帰属する所得以外の所得に対して課された外国法人税額 (71)	
仮計 (67)＋(68)＋(69)－(70)－(71)	(72)	22,050,000
繰越欠損金額等若しくは災害損失金額又は債務免除等があった場合の欠損金額等の当期控除額	(73)	22,050,000
法人税の所得金額（法人税の明細書（別表4）の(48)）又は個別所得金額（法人税の明細書（別表4の2付表）の(55)）	(74)	0

決算確定の日	平成 年 月 日	法第15条の4の徴収猶予を受けようとする税額 (75)	
解散の日	平成29年 6月30日	残余財産の最後の分配又は引渡しの日	平成 年 月 日
申告期限の延長の処分（届出）の有無	事業税 有・無 法人税 有・無	法人税の申告書の種類	青色 その他
この申告が中間申告の場合の計算期間	平成 年 月 日から 平成 年 月 日まで	翌期の中間申告の要否	国外関連者の有無 有・無

（道府県民税）

摘要		税額
（使途秘匿金税額等）法人税法の規定によって計算した法人税額	①	0
試験研究費の額等に係る法人税額の特別控除額	②	
還付法人税額等の控除額	③	
退職年金等積立金に係る法人税額	④	
課税標準となる法人税額又は個別帰属法人税額及びその法人税額 ①＋②－③＋④	⑤	000
２以上の道府県に事務所又は事業所を有する法人における課税標準となる法人税額又は個別帰属法人税額	⑥	000
法人税割額（⑤又は⑥×$\frac{}{100}$）	⑦	0
道府県民税の特定寄附金税額控除額	⑧	
外国の法人税等の額の控除額	⑨	
仮装経理に基づく法人税割額の控除額	⑩	
利子割額の控除額（控除した金額㉙）	⑪	
差引法人税割額 ⑦－⑧－⑨－⑩－⑪	⑫	00
既に納付の確定した当期分の法人税割額	⑬	00
租税条約の実施に係る法人税割額の控除額	⑭	
既還付請求利子割額が過大である場合の納付額（㉜）	⑮	00
この申告により納付すべき法人税割額 ⑫－⑬－⑭＋⑮	⑯	00
均等割 算定期間中において事務所等を有していた月数	⑰	3月
均等割 円×$\frac{⑰}{12}$	⑱	1,7500
均等割 既に納付の確定した当期分の均等割額	⑲	00
均等割 この申告により納付すべき均等割額 ⑱－⑲	⑳	1,7500
この申告により納付すべき道府県民税額 ⑯＋⑳	㉑	1,7500
㉑のうち見込納付額	㉒	
差引 ㉑－㉒	㉓	1,7500
特別区分の課税標準額	㉔	000
同上に対する税額 ㉔×$\frac{}{100}$	㉕	0
市町村分の課税標準額	㉖	000
同上に対する税額 ㉖×$\frac{}{100}$	㉗	
利子割額に関する計算 利子割額（控除されるべき額）	㉘	
控除した金額（⑦－②－⑨又は⑪と㉘のうち少ない額）	㉙	
控除することができなかった金額 ㉘－㉙	㉚	
既に還付を請求した利子割額	㉛	
既還付請求利子割額が過大である場合の納付額	㉜	

利子割還付額の均等割への充当 □希望する □希望しない

還付請求	中間納付額	㉟	
	利子割額	㊱	
	還付を受けようとする金融機関及び支払方法		口座番号（ ）

法人税の期末現在の資本金等の額又は連結個別資本金等の額	10,000,000
法人税の当期の確定税額又は連結法人税個別帰属支払額	0

関与税理士署名押印 （電話）

1 2 3 4 5 6 7 8 9 10

【第六号様式】記載手順

①「事業税」「所得金額の計算の内訳　所得金額㊼」欄は、法人税申告書の別表四の「合計　33」欄から転記します。「仮計㊲」欄は、[㊼＋㊽＋㊾－㊿－㉑]により計算します。本設例では、それぞれ2,205,000円と記入します。

②　繰越欠損金額等の当期控除額「㉓」欄は、第六号様式別表九の「④」の「計」欄と別表十一の「⑪」欄の合計額を記入します。本設例では、2,205,000円と記入します。

③「法人税の所得金額㉔」欄は、法人税申告書の別表四の「48」欄から転記します。本設例では、0円と記入します。

④「事業税」「所得割　所得金額総額㉝」欄は、[㊲－㉓]により計算し記入します。本設例では、0円と記入します。

⑤「道府県民税」「法人税法の規定によって計算した法人税額①」欄は、法人税申告書の別表一（一）の「10」欄の金額を記入します。「東京都に申告する場合の⑦の計算　同上に対する税額㉕」欄を計算し、同額を「法人税割額⑦」欄に記入します。本設例では、0円を記入します。「差引法人税割額⑫」欄、「この申告により納付すべき法人税割額⑯」欄を計算します。本設例では、それぞれ0円と記入します。

⑥「均等割額」「算定期間中において事務所等を有していた月数⑰」欄は、本設例では、3と記入します。

⑦「　　円×⑰/12　⑱」欄は、第六号様式別表四の三「⑧」欄から転記します。本設例では、17,500円と記入します。「この申告により納付すべき均等割額⑳」欄、「この申告により納付すべき道府県民税額㉑」欄、「差引㉓」欄を、計算します。本設例では、それぞれ17,500円と記入します。

⑧「解散の日」欄は、解散決議があった日を記入します。本設例では、平成29年6月30日と記入します。

⑨「法人税の申告書の種類」欄は、本設例では、青色の箇所に○印を付けて表示します。

⑩「法人税の期末現在の資本金等の額」欄は、本設例では、10,000,000円と記入します。

<残余財産確定事業年度 地方税申告書 第六号様式別表四の三 記載例>

設例C－②

第六号様式別表四の三

均等割額の計算に関する明細書

事業年度又は連結事業年度	平成30年 7月 1日から 平成30年 9月30日まで	法人名	株式会社 みさき商事

事務所、事業所又は寮等（事務所等）の従業者数の明細

① 東京都内における主たる事務所等の所在地	事務所等を有していた月数	従業者数の合計数
東京都千代田区○○町１－１－１	3 月	1 人

特別区内における従たる事務所等

	所在地	名称（外 箇所）	月数	従業者数の合計数
1	千代田区	（外 箇所）		人
2	中央区	（外 箇所）		
3	港区	（外 箇所）		
4	新宿区	（外 箇所）		
5	文京区	（外 箇所）		
6	台東区	（外 箇所）		
7	墨田区	（外 箇所）		
8	江東区	（外 箇所）		
9	品川区	（外 箇所）		
10	目黒区	（外 箇所）		
11	大田区	（外 箇所）		
12	世田谷区	（外 箇所）		
13	渋谷区	（外 箇所）		
14	中野区	（外 箇所）		
15	杉並区	（外 箇所）		
16	豊島区	（外 箇所）		
17	北区	（外 箇所）		
18	荒川区	（外 箇所）		
19	板橋区	（外 箇所）		
20	練馬区	（外 箇所）		
21	足立区	（外 箇所）		
22	葛飾区	（外 箇所）		
23	江戸川区	（外 箇所）		
合計（主たる事務所等の従業者数の合計数を含む。）				1

市町村の存する区域内における従たる事務所等	名称（外 箇所）	所在地
	（外 箇所）	

当該事業年度又は連結事業年度（算定期間）中の従たる事務所等の設置・廃止及び主たる事務所等の異動

異動区分	異動の年月日	名称	所在地
設置			
廃止			
旧の主たる事務所等	（ 月）		

均等割額の計算

区分			税率（年額）（ア）	月数（イ）	区数（ウ）	税額計算 (ア)×(イ)/12×(ウ)
特別区のみに事務所等を有する場合	主たる事務所等所在の特別区	事務所等の従業者数50人超 ①	円	月		円 00
						00
		事務所等の従業者数50人以下 ②	70,000	3		00
						17,500
	従たる事務所等所在の特別区	事務所等の従業者数50人超 ③				00
						00
		事務所等の従業者数50人以下 ④				00
						00
特別区と市町村に事務所等を有する場合	道府県分 ⑤					00
	特別区（市町村分）	事務所等の従業者数50人超 ⑥				00
						00
		事務所等の従業者数50人以下 ⑦				00
						00
納付すべき均等割額 ①＋②＋③＋④又は⑤＋⑥＋⑦ ⑧						17,500
備考						

【第六号様式別表四の三　均等割額の計算に関する明細書】記載手順

①「東京都内における主たる事務所等の所在地」欄、「事務所等を有していた月数」欄、「従業者数の合計数」欄をそれぞれ記入します。

②「均等割額の計算」欄は、本設例では、特別区に主たる事務所を有しているのみであるため、「主たる事務所等所在の特別区　事務所等の従業者数50人以下②」区分欄を使用します。都民税均等割額の税額表に基づき資本金等の額区分より算定した金額を「税率(年額)（ア)」欄に記入します。本設例では、資本金等の額が1,000万円以下で従業者数が50人以下であるため、70,000円と記入し、次に事務所を有していた月数を「月数（イ)」欄に3と記入します。「税額計算」欄は、［(ア)×(イ)／12×(ウ)］により計算し記入します。最後に「納付すべき均等割額⑧」欄を計算し記入します。本設例では、それぞれ17,500円と記入します。

＜残余財産確定事業年度　地方税申告書　第六号様式別表九　記載例＞

設例C－②

第六号様式別表九

欠損金額等及び災害損失金の控除明細書

事業年度	平成30年 7月 1日から 平成30年 9月 30日まで	法人名	株式会社　みさき商事

控除前所得金額 第6号様式㉙－(別表10⑨又は㉑)	①	2,205,000円	所得金額控除限度額 ①× ~~50、55、60又は~~100 / 100	②	2,205,000円

事業年度	区分	控除未済欠損金額等又は控除未済災害損失金③	当期控除額④ (当該事業年度の③と(②－当該事業年度前の④の合計額)のうち少ない金額)	翌期繰越額⑤ ((③－④)又は別表11⑰)
	欠損金額等・災害損失金	円	円	
	欠損金額等・災害損失金			円
	欠損金額等・災害損失金			
	欠損金額等・災害損失金			
	欠損金額等・災害損失金			
	欠損金額等・災害損失金			
平28・4・1 平29・3・31	(欠損金額等)・災害損失金	1,000,000	1,000,000	0
	欠損金額等・災害損失金			
平29・7・1 平30・6・30	(欠損金額等)・災害損失金	600,000	600,000	0
計		1,600,000	1,600,000	0
当期分	欠損金額等・災害損失金			
当期分 同上のうち	災害損失金			円
当期分 同上のうち	青色欠損金			
合計				0

災害により生じた損失の額の計算

災害の種類		災害のやんだ日又はやむを得ない事情のやんだ日	
当期の欠損金額 ⑥	円	差引災害により生じた損失の額(⑦－⑧) ⑨	円
災害により生じた損失の額 ⑦		繰越控除の対象となる損失の額(⑥と⑨のうち少ない金額) ⑩	
保険金又は損害賠償金等の額 ⑧			

【第六号様式別表九　欠損金額等及び災害損失金の控除明細書】記載手順

① 「控除前所得金額①」欄は、［第六号様式㉜－（別表十⑨又は㉑）］により計算し記入します。本設例では、2,205,000円と記入します。

② 「所得金額控除限度額　①×50、55、60又は100/100　②」欄は、本設例では、当期が中小法人等事業年度に該当する事業年度であるため、数式部分について「~~50、55、60又は~~100」と記載し、同「②」欄は、［①×100／100］により計算し記入します。本設例では、2,205,000円と記入します。

③ 控除未済欠損金額等「③」欄は、平成30年6月期の第六号様式別表九の「翌期繰越額⑤」欄より当期首前9年以内に開始した事業年度に生じた欠損金額等の金額で過去に繰越控除を受けなかった金額を古い事業年度から順次記入します。本設例では、欠損金額等の控除未済額が平成29年3月期に1,000,000円と平成30年6月期に600,000円あります。「事業年度」欄は、発生事業年度を記入し、「区分」欄は、欠損金額等に○印を付けます。同「③」欄は、それぞれ1,000,000円、600,000円と記入します。

④ 「当期控除額④」欄は、古い事業年度分から順次控除できる金額を記入します。当該事業年度の控除未済欠損金額等「③」欄と「所得金額控除限度額②」欄の金額から当該事業年度前の「④」の合計額を控除した金額を比べていずれか少ない金額を記入します。本設例では、平成29年3月期の欠損金額等の額から順次比較して記入していきます。それぞれ、1,000,000円、600,000円と記入します。「④」の「計」欄の金額は、第六号様式別表十一の「⑦」欄へ転記します。

⑤ 「翌期繰越額⑤」欄は、［③－④］により計算し記入します。本設例では、0円と記入します。最後に「合計」欄を計算し記入します。

＜残余財産確定事業年度　地方税申告書　第六号様式別表十一　記載例＞

設例Ｃ－②

民事再生等評価換えが行われる場合以外の再生等欠損金額等及び解散の場合の欠損金額等の控除明細書	事業年度	平成30年　7月　1日から 平成30年　9月　30日まで	法人名	株式会社　みさき商事

			円				円
債務免除等による利益の内訳	債務の免除を受けた金額	①		所得金額	所得金額差引計 ((第6号様式㉒又は別表5㉓)－⑦)	⑨	3　605,000
	私財提供を受けた金銭の額	②			⑦の金額を控除する前の所得 (第6号様式㉒又は別表5㉓)	⑩	
	私財提供を受けた金銭以外の資産の価額	③		当期控除額	④、⑧又は⑨のうち最も少ない金額	⑪	4　605,000
	計(①＋②＋③)	④	1		④、⑤－⑥又は⑩のうち最も少ない金額	⑫	
欠損金額等の計算	適用年度終了の時における前期以前の事業年度から繰り越された欠損金額等	⑤	12,187,500	調整前の欠損金額等の翌期繰越額(⑮の計)		⑬	0
	適用年度終了の時における資本金等の額(プラスの場合は0)	⑥	2　0	欠損金額等からないものとする金額(⑪と⑬のうち少ない金額)		⑭	0
	当期控除を受ける欠損金額等又は災害損失金額(別表9④の計)	⑦	1,600,000				
	差引欠損金額等(⑤－⑥－⑦)	⑧	10,587,500				

欠損金額等の翌期繰越額の調整

発生事業年度	調整前の欠損金額等の翌期繰越額 (第6号様式別表9③－④)	欠損金額等からないものとする金額 (当該発生事業年度の⑮と(⑭－当該発生事業年度前の⑯の合計額)のうち少ない金額)	差引欠損金額等の翌期繰越額 (⑮－⑯)
	⑮	⑯	⑰
	円	円	円
平28・4・1 平29・3・31	0	0	0
平29・7・1 平30・6・30	0	0	0
計	0	0	0

【第六号様式別表十一　民事再生等評価換えが行われる場合以外の再生等欠損金額等及び解散の場合の欠損金額等の控除明細書】記載手順

①「欠損金額等の計算」「適用年度終了の時における前期以前の事業年度から繰り越された欠損金額等⑤」欄は、法人税の別表五(一)「期首現在利益積立金額①」の「差引合計額　31」欄を記入します。本設例では、12,187,500円と記入します。

②「当期控除を受ける欠損金額等又は災害損失金額⑦」欄は、第六号様式別表九の「④」の「計」欄から転記します。本設例では、1,600,000円と記入します。「差引欠損金額等⑧」欄は、[⑤－⑥－⑦]により計算し記入します。本設例では、10,587,500円と記入します。

③「所得金額差引計⑨」欄は、[第六号様式㊷－第六号様式別表十一⑦]により計算し記入します。本設例では、605,000円と記入します。

④「当期控除額　④、⑧又は⑨のうち最も少ない金額　⑪」欄は、本設例では、「差引欠損金額等⑧」欄と「所得金額差引計⑨」欄のうち少ない金額を記入します。10,587,500円と605,000円のうち少ない金額である605,000円と記入します。

設例D

親会社が子会社の第三者に対する債務を肩代わりした場合

ここでは、親会社により株式を100%保有される子会社（以下「100%子会社」といいます）が第三者（銀行等）から借入をしている状態で解散をした場合において、その第三者との関係上、親会社が返済資金を用意するケースについて考えてみます。

たとえば、親会社が100%子会社に対して貸付を行い、子会社はそれを元手として第三者へ返済するという取引を想定してみます。下図のように、100%子会社は、第三者に対する借入を返済できますが、新たに親会社に対して借入が生じることになります。

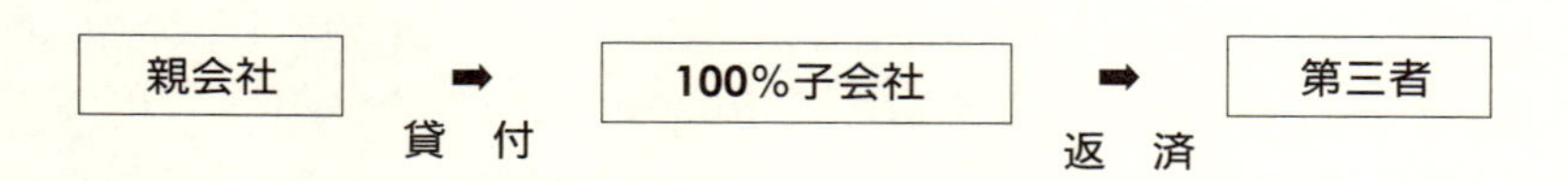

この場合、子会社の残余財産の状況によっては、親会社では貸付金の債権放棄を検討するようなケースですが、ここで税法上の取扱いに注意が必要となります。

親会社が100%子会社に対する債権放棄をしたときは、債権放棄損が計上されますが、この債権放棄損について寄附金に該当するか否か判断する必要があります。この点について通達では、その損失負担等をしなければ、今後、より大きな損失を蒙ることになることが明らかであると認められるため、やむをえずその損失負担等をした場合等、相当な理由があると認められるときは、寄附金の額に該当しない（法基通9-4-1）とされています。相当な理由があると認められれば、親会社の債権放棄損については損金の額に算入されることが認められます。一方、子会社ではこの金額を債務免除益として益金の額に算入することになるため課税対象となります。

ただし、親会社の債権放棄損が寄附金に該当する場合には、損金不算入（法法37条2項）となり、子会社の債務免除益は益金不算入（法法25条の2第1項）となります。

法人税基本通達9-4-1（子会社等を整理する場合の損失負担等）

法人がその子会社等の解散、経営権の譲渡等に伴い当該子会社等のために債務の引受けその他の損失負担又は債権放棄等（以下9－4－1において「損失負担等」という。）をした場合において、その損失負担等をしなければ今後より大きな損失を蒙ることになることが社会通念上明らかであると認められるためやむを得ずその損失負担等をするに至った等そのことについて相当な理由があると認められるときは、その損失負担等により供与する経済的利益の額は、寄附金の額に該当しないものとする。（昭55年直法2－8「三十三」により追加、平10年課法2－6により改正）

（注）　子会社等には、当該法人と資本関係を有する者のほか、取引関係、人的関係、資金関係等において事業関連性を有する者が含まれる（以下9－4－2において同じ。）。

これ以外にも、子会社等を再建する場合の無利息貸付け等（法基通9-4-2）など子会社の再建支援等により損失負担等をした場合の取扱いについてや、子会社を清算した場合の株式消却損の損金不算入、一定の制限のもとでの子会社の繰越欠損金の引継ぎなど、他にも、注意が必要となります。

第5　株主の税務

1　法人株主の税務

法人株主に関する税務上の問題として、①評価損の計上、②みなし配当および株式譲渡損益の問題があげられます。

1　株式評価損の計上

法人税法においては「内国法人がその有する資産の評価換えをしてその帳簿価額を減額した場合には、その減額した部分の金額は、その内国法人の各事業年度の所得の金額の計算上、損金の額に算入しない。」と規定され、原則的に評価損の計上は税法上認められていません（法法33条1項)。ただし、法人税法33条2項において「内国法人の有する資産につき、災害による著しい損傷により当該資産の価額がその帳簿価額を下回ることとなつたことその他の政令で定める事実が生じた場合において、その内国法人が当該資産の評価換えをして損金経理によりその帳簿価額を減額したときは、その減額した部分の金額のうち、その評価換えの直前の当該資産の帳簿価額とその評価換えをした日の属する事業年度終了の時における当該資産の価額との差額に達するまでの金額は、前項の規定にかかわらず、その評価換えをした日の属する事業年度の所得の金額の計算上、損金の額に算入する。」と規定され、例外的に評価損の計上が認められます。

有価証券について評価損が計上できる場合については法人税法施行令に規定があります。ここでは売買目的有価証券以外の有価証券であることを前提に話を進めていきます。

売買目的有価証券以外の有価証券について評価損が計上できる場合について、「その有価証券を発行する法人の資産状態が著しく悪化したため、その価額が著しく低下したこと。」と規定されています（法法令68条1項2号ロ)。法人税法基本通達によれば、ここに規定する「有価証券を発行する法人の資産状態が著しく悪化したこと」には、次に掲げる事実がこれに該当します（法基通

9-1-9)。

①当該有価証券を取得して相当の期間を経過した後に当該発行法人について次に掲げる事実が生じたこと。

　イ　特別清算開始の命令があったこと。

　ロ　破産手続開始の決定があったこと。

　ハ　再生手続開始の決定があったこと。

　ニ　更生手続開始の決定があったこと。

②当該事業年度終了の日における当該有価証券の発行法人の1株または1口当たりの純資産価額が当該有価証券を取得した時の当該発行法人の1株または1口当たりの純資産価額に比しておおむね50パーセント以上下回ることとなったこと。

以上のうち①に掲げる法的手続があった場合は評価損を計上できる可能性が高いのですが、上記手続以外で清算会社となった場合には②の基準で検討することとなります。この判断基準については法人基本通達9-1-7に規定する上場有価証券等の著しい価額の低下の判定が準用されるとされており（法基通9-1-11)、同基本通達9-1-7には「『有価証券の価額が著しく低下したこと』とは、当該有価証券の当該事業年度終了の時における価額がその時の帳簿価額のおおむね50%相当額を下回ることとなり、かつ、近い将来その価額の回復が見込まれないことをいうものとする。」と規定されています。

この「当該事業年度終了の時における価額」について、評価する会社が清算会社であるため売買実例や比準価格を用いるのは適切でなく、純資産価額を参酌して算定すべきではないかという見解もあります[1)]。

また、「近い将来その価額の回復が見込まれない」という点については、清算会社であるためこの条件はクリアしているものと考えられます。

[2] 残余財産の分配に係るみなし配当および株式譲渡損益

会社の業績悪化により解散せざるをえない状況になった会社については、債権者に対する支払いも満足にできない場合も多く、とても株主に対する残余財

---

1)　税務経理協会編『最新情報を図で読み解く　会社清算の法務＆税務（改訂増補版)』(税務経理協会、2012年）197頁。

産の分配まで手が回らないでしょう。そのような場合については残余財産の分配がないのであるから、それに対する課税の問題は生じず、また株式もただなくなるだけであるから株式消滅に関する損失が計上されるだけとなります。ただ、完全支配関係がある子会社が清算した場合、株式が消滅しても譲渡対価の額が譲渡原価の額となり、消滅損は計上されなくなるので注意が必要です（法法61条の2第16項）。

以下、残余財産の分配がある場合を前提に進めていきます。

(1)　みなし配当課税

清算手続が完了し株主に対して残余財産が分配される場合には、まず株主の税務としてみなし配当課税の問題があります。

法人税法においては、「法人の株主等である内国法人が……次に掲げる事由により金銭その他の資産の交付を受けた場合において、その金銭の額……が当該法人の資本金等の額……のうちその交付の基因となつた当該法人の株式又は出資に対応する部分の金額を超えるときは、……その超える部分の金額は、第23条第1項第1号又は第2号（受取配当等の益金不算入）に掲げる金額とみなす。」と規定されています（法法24条1項）。そして配当したとみなされる事由の一つに「解散による残余財産の分配」があげられています（法法24条1項3号）。

みなし配当とされる金額ですが、上記規定によって以下の計算式となります。

みなし配当金額 ＝残余財産分配額－資本金額のうち株式又は出資に対応する部分の金額

この「資本金額のうち株式又は出資に対応する部分の金額」については、みなし配当が行われる事由（たとえば合併か分割か解散か等）ごとに法人税法施行令において詳細に規定されています。解散による残余財産の分配の場合については、式で現すと下記のように規定されています（法法令23条1項3号）。

資本金額のうち株式又は出資に対応する部分の金額

$$＝\text{払戻し等の直前の払戻等対応資本金額等} \times \frac{\text{当該直前に有していた当該払戻法人の当該払戻し等に係る株式の数}}{\text{当該払戻法人の当該払戻し等に係る株式の総数}}$$

さらに上記「払戻し等の直前の払戻等対応資本金額等」は以下の算式で求め

られます。

> 払戻し等の直前の払戻等対応資本金額等
> ＝直前資本金額等
> $\times\dfrac{\text{解散による残余財産の分配により交付した金銭の額及び金銭以外の資産の価額}}{\text{払戻法人の前期期末時の資産の帳簿価額から負債の帳簿価額を減算した金額}}$

具体的に金額をみてみましょう。

残余財産分配額5,000円、資本金等に対応する金額が3,000円とした場合、みなし配当金額は

　5,000円－3,000円＝2,000円

という計算式により2,000円となります。

みなし配当とされた金額については、受取配当等の益金不算入の規定が適用されて、一定の金額が益金不算入となります（法法23条）。配当を支払う会社と受ける会社との資本関係によって益金不算入額が異なってきますので、両者の関係がどのようなものとなっているのかは十分に確認しておきましょう。

また、みなし配当に際しては源泉所得税が差し引かなければならないので、分配をする会社においてもその点に留意しなければなりません（所法181・182条）。

税率は所得税法によりますと20パーセントとされていますが、東日本大震災からの復興のための施策を実施するために必要な財源の確保に関する特別措置法により所得税額の2.1パーセント相当額の復興特別所得税をさらに徴収する必要があります(東日本大震災からの復興のための施策を実施するために必要な財源の確保に関する特別措置法28条)。

(2)　株式譲渡損益

上述のとおり残余財産の分配によりみなし配当が生じることとなりますが、それと同時に株式の譲渡損益も計算しなければなりません。

この場合の譲渡対価の額は、残余財産の分配額から上述したみなし配当の金額を控除した額となります（法法61条の2第1項、法法規27条の3)。

具体的金額で株式譲渡損益をみてみましょう。

上記(1)みなし配当課税の設例を参考にします。

譲渡対価の額は、残余財産の分配額から上述したみなし配当の金額を控除した額となりますので、3,000円となります。

この金額と株式の帳簿価額との差額が株式譲渡損益として認識されることとなります。

つまり、株式の帳簿価額が4,000円であれば3,000円－4,000円＝△1,000円なので、1,000円の譲渡損となり、株式の帳簿価額が2,000円であれば3,000円－2,000円＝1,000円となり、1,000円の譲渡益となります。

(3)　完全支配関係がある法人が解散した場合

法人に関する上述した取扱いについては、一般的な法人が株主であった場合についての取扱いであり、実際には解散する会社が100パーセント子法人を業績不振等の理由で解散させるという場合もあるでしょう。

平成22年の税制改正によりグループ法人税制が適用されることとなった結果、この100パーセント子会社の場合には株式譲渡損益・消滅損益は計上しないこととされています（法法61条の2第1項1・2号・61条の2第16項）。

その代わり、完全支配関係にある法人において残余財産の確定の日の翌日前9年以内に開始した各事業年度において生じた欠損金額（「未処理欠損金額」）があるときは、親会社における未処理欠損金額とみなされ、親会社に引き継がれることとされています（法法57条2項）。

この未処理欠損金額ですが、欠損金の繰り戻しによる還付（法法80条）を受けるべき金額の計算の基礎となったものを除くとされています（法法57条2項括弧書）。

3　個人株主の税務

個人株主も基本的な課税関係は前述したところの法人の取扱いと同様ですが、個人株主は評価損を計上できないこと、株式譲渡損については他の所得との通算はできない等、法人の場合とは少々異なる取扱いがあるので、その点に留意すべきです。

(1)　みなし配当課税

株主が個人であっても法人の場合と同様に残余財産の分配額によってはみな

し配当課税が生じます（所法25条）。みなし配当額の計算については法人が株主である場合で述べたことと同様です。配当に際しては源泉徴収されるという点も同様です（所法181条）。

みなし配当は通常の配当とみなされるため、所得税法上配当控除の対象となり、配当金額に一定の割合を乗じた金額が配当控除として税額控除できるため、確定申告に際しては留意しておかなければなりません（所法92条）。

(2)　株式譲渡損益

個人株主が残余財産の分配を受けた場合、上述した法人株主の場合と同様に株式譲渡損益が発生することとなります（措法37条の10第3項3号）。この場合の譲渡の収入金額、譲渡損益の計算については上述した法人株主の場合と同様の計算となります。

ただ、株式の譲渡損については「株式等に係る譲渡所得等の金額の計算上生じた損失の金額があるときは、同法その他所得税に関する法令の規定の適用については、当該損失の金額は生じなかつたものとみなす。」と規定されているため（措法37条の10第1項）、他の所得金額と通算させることはできません。

さらに業績悪化により解散せざるをえなかったような会社の場合においては残余財産の分配がない場合も多いでしょう。そのような場合には当然株式譲渡による収入金額はゼロです。この場合、株式を譲渡したわけではなく、ただ株式が消滅したものであるため他の株式譲渡益と通算することはできず、また他の所得とも通算することはできないこととなります[2)]。

---

2)　税務経理協会編・前掲注1）201頁。

第6　債権者の税務

1　貸倒引当金・貸倒損失

解散する会社の債権者側の税務の代表的なものとして貸倒引当金、貸倒損失の規定があげられます。

負債に比して資産に十分に余裕があると認められる状況において解散をする場合には、まずは一般債権者に対して弁済をするところから始めるため債権回収不能となる可能性はあまりないかもしれません。

貸倒引当金の計上・貸倒損失の計上が問題となってくるのは、やはり債務者である会社が債務超過状態で解散を選ばざるをえない状況になったときでしょう。

⃞1　貸倒引当金

まずは貸倒引当金についてみてみることにします。

法人税法の規定によると貸倒引当金が認められる法人は、平成23年度改正により以下の法人とされています（法法52条1項1号～3号）。

① 資本金の額もしくは出資金の額が1億円以下の法人のうち100パーセント子法人等を除く法人
② 資本または出資を有しない普通法人
③ 公益法人等または協同組合等
④ 人格のない社団等
⑤ 銀行、保険会社その他これらに準ずる法人
⑥ 金融に関する取引に係る金銭債権を有する一定の法人（①から⑤に該当する法人を除く。この法人については、この制度の対象となる金銭債権が一定の金銭債権に限定されている）

貸倒引当金繰入額については、法人税法において、その有する金銭債権のうち、更生計画認可の決定に基づいて弁済を猶予され、または賦払により弁済されること等によりその一部につき貸倒れその他これに類する事由による損失が

見込まれるもの（「個別評価金銭債権」）のその損失の見込額として、損金経理により貸倒引当金勘定に繰り入れた金額については、当該繰り入れた金額のうち、個別評価金銭債権の取立てまたは弁済の見込みがないと認められる部分の金額を基礎として政令で定めるところにより計算した金額に達するまでの金額は、当該事業年度の所得の金額の計算上、損金の額に算入するとされています。

以上の規定により債権者側としては、状況に応じて回収不能額を見積もっていくこととなりますが、更生手続開始の申立て、再生手続開始の申立て、破産手続開始の申立て、特別清算開始の申立てがあった場合には、金銭債権の額（当該金銭債権の額のうち、当該債務者から受け入れた金額があるため実質的に債権とみられない部分の金額および担保権の実行、金融機関または保証機関による保証債務の履行その他により取立て等の見込みがあると認められる部分の金額を除く）の50パーセント相当額について貸倒引当金の計上が認められます（法法令96条1項3号）。

2　貸倒損失

次に貸倒損失の規定についてみてみることにします。

貸倒損失についての実務上の取扱いは、法人税基本通達によることになります。

まず金銭債権の全部または一部の切り捨てをした場合の貸倒れとして法人基本通達においては、更生計画認可の決定があった場合、特別清算に係る協定の認可の決定があった場合、法令の規定による整理手続によらない関係者の協議決定（①債権者集会の協議決定で合理的な基準により債務者の負債整理を定めているもの、②行政機関または金融機関その他の第三者のあっせんによる当事者間の協議により締結された契約でその内容が①に準ずるもの）があった場合に切り捨てられることとなった部分の金額は、その事実の発生した日の属する事業年度において貸倒損失として損金の額に算入するとされています（法基通9-6-1(1)～(3)）。

また、債務者の債務超過の状態が相当期間継続し、その金銭債権の弁済を受けることができないと認められる場合において、その債務者に対し書面により明らかにされた債務免除額についても同様の処理が認められます（法基通9-6-1(4)）。

次に回収不能額の貸倒損失処理について、その債務者の資産状況、支払能力等からみてその全額が回収できないことが明らかになった場合には、その明らかになった事業年度において貸倒損失として損金経理をすることができるとされています（法基通9-6-2）。この場合において、当該金銭債権について担保物があるときは、その担保物を処分した後でなければ貸倒損失として損金経理をすることはできないものとされ、保証債務は、現実にこれを履行した後でなければ貸倒れの対象にすることはできないことに留意が必要です（法基通9-6-2）。

さらに、債務者について一定の事実（①債務者との取引を停止した時以後1年以上経過した場合、②法人が同一地域の債務者について有する当該売掛債権の総額がその取立てのために要する旅費その他の費用に満たない場合において、当該債務者に対し支払いを督促したにもかかわらず弁済がないとき）が発生した場合には、売掛債権（売掛金、未収請負金その他これらに準ずる債権をいい、貸付金その他これに準ずる債権を含まない）について法人が当該売掛債権の額から備忘価額を控除した残額を貸倒損失として損金経理をしたときは、これを認めるとされています（法基通9-6-3）。

以上述べてきたことは債権者が法人であることを前提としてきましたが、個人事業主であっても同様の取扱いがあります（所法51・52条、所基通51-11～51-13・52-1～52-15等参照）。

債権者は以上の諸規定を参考にしながら、状況に応じて債権に対する会計処理を行うこととなります。

3　寄附金

以上述べてきたことは一般債権者についての取扱いです。

これに対して債権者が債務者の親会社である場合には状況が変わってくることとなります。

親会社が子会社を支援していくことは実務上一般的に行われていることでしょうが、その支援については一般債権者とは異なり、後々支出した金額を回収するということを考えていない場合も多く、そうなってしまうと実質的には贈与ともとらえられかねないことになり、税法上寄附金に該当することとなるかが問題となってきます。

これについて法人基本通達はその9-4-1において以下のように規定しています。

「法人がその子会社等の解散、経営権の譲渡等に伴い当該子会社等のために債務の引受けその他の損失負担又は債権放棄等（以下9-4-1において「損失負担等」という。）をした場合において、その損失負担等をしなければ今後より大きな損失を蒙ることになることが社会通念上明らかであると認められるためやむを得ずその損失負担等をするに至った等そのことについて相当な理由があると認められるときは、その損失負担等により供与する経済的利益の額は、寄附金の額に該当しないものとする。」

ここでいう子会社等には、当該法人と資本関係を有する者のほか、取引関係、人的関係、資金関係等において事業関連性を有する者が含まれるとされています（法基通9-4-1（注））。

では具体的に子会社等を整理または再建する場合の損失負担等が経済合理性を有しているか否かはどのように検討するのかということについて、国税庁ＨＰで公開されている「質疑応答事例」では、経済合理性を有しているか否かの判断は、次のような点について、総合的に検討することとなると回答しています[1)]。

①　損失負担等を受ける者は、「子会社等」に該当するか（法基通9-4-1（注）参照）。

②　子会社等は経営危機に陥っているか（倒産の危機にあるか、倒産の危機に至らないまでも経営成績が悪いなど、放置した場合には今後より大きな損失を蒙ることが社会通念上明らかであるかどうか）。

③　損失負担等を行うことは相当か（支援者にとって相当な理由はあるか）。

④　損失負担等の額（支援額）は合理的であるか（過剰支援になっていないか）。

⑤　整理・再建管理はなされているか（その後の子会社等の立直り状況に応じて支援額を見直すこととされているか、子会社等の整理の場合には、一般的にその必要はないが、整理に長期間を要するときは、その整理計画の実施状況の管理を行うこととしているかどうかを検討する）。

⑥　損失負担等をする支援者の範囲は相当であるか（特定の債権者等が意図的に加わっていないなどの恣意性がないか）。

⑦　損失負担等の額の割合は合理的であるか（特定の債権者だけが不当に負担を重くしまたは免れていないか）。

1）　https://www.nta.go.jp/shiraberu/zeiho-kaishaku/shitsugi/hojin/13/01.htm

親会社は以上のような諸状況を考慮し、検討したうえで税務上の処理をすることとなるのですが、完全支配関係（法人による完全支配関係に限る）がある他の内国法人に対して支出した寄附金の額は、当該内国法人の各事業年度の所得の金額の計算上、損金の額に算入しないとする規定がある（法法37条2項）ので注意しなければなりません。

4　保証債務を履行するための資産の譲渡

中小同族企業の多くは役員が銀行等金融機関からの借入金に対して保証をしている場合が多く見受けられるところです。このような状況において法人が弁済不能となった場合には保証をしている役員の個人的財産（個人的な預金は会社にすでに拠出しているであろうから、不動産の場合が多いであろう）により金融機関に対して会社の債務を弁済することになります。

このようなときに譲渡所得が発生する可能性もありますが、そのような場合に「資産の譲渡代金が回収不能となった場合等の所得計算の特例」を適用することとなります。

「資産の譲渡代金が回収不能となった場合等の所得計算の特例」とは、「その年分の各種所得の金額（事業所得の金額を除く。）の計算の基礎となる収入金額若しくは総収入金額（不動産所得又は山林所得を生ずべき事業から生じたものを除く。）の全部若しくは一部を回収することができないこととなつた場合又は政令で定める事由により当該収入金額若しくは総収入金額の全部若しくは一部を返還すべきこととなつた場合には、政令で定めるところにより、当該各種所得の金額の合計額のうち、その回収することができないこととなつた金額又は返還すべきこととなつた金額に対応する部分の金額は、当該各種所得の金額の計算上、なかつたものとみなす。」（所法64条1項）という内容の特例で、保証債務の履行については、「保証債務を履行するため資産の譲渡があつた場合において、その履行に伴う求償権の全部又は一部を行使することができないこととなつたときは、その行使することができないこととなつた金額（不動産所得の金額、事業所得の金額又は山林所得の金額の計算上必要経費に算入される金額を除く。）を前項に規定する回収することができないこととなつた金額とみなして、同項の規定を適用する。」（同64条2項）と規定されています。

この特例により所得がなかったものとする部分の金額は次の3つのうち一番

低い金額です（所基通64-2の2）。なお、求償権の全部もしくは一部を行使することができなくなったかどうかの判定については、所基通51-11～51-16までの取扱いに準ずることになります（所基通64-1）。

①　肩代りをした債務のうち、回収できなくなった金額
②　保証債務を履行した人のその年の総所得金額等の合計額
③　売った土地建物などの譲渡益の額

この他、所得税基本通達に細かい取扱いも規定されていますが、この特例を適用する場合には十分に確認しなければなりません。

5　会社解散に伴うその他の税務

(1)　完全支配関係にある子会社の解散に伴う親法人の処理

前掲第5 1 (3)（参照）。

(2)　会社の解散に伴う役員退職給与

会社の解散に際し注意すべき点の一つとして役員退職給与の取扱いがあげられます。

会社の業績悪化により解散せざるをえないような場合においては、役員退職給与を支払うような金銭的余裕はないのが通常でしょうが、業績悪化以外の理由（たとえば経営者の高齢化と後継者不在）による解散で会社財産的にもある程度の余裕がある場合には、会社の解散に際し役員退職金を支給することもありうる話ではあります。

役員退職給与に関して注意すべき点としましては、ⓐ損金算入時期の問題と、ⓑ支給額の問題とがあげられます。

ⓐ　損金算入時期

一般的な取扱いとして、退職した役員に対する退職給与の額の損金算入の時期は、株主総会の決議等によりその額が具体的に確定した日の属する事業年度となります。ただし、法人がその退職給与の額を支払った日の属する事業年度においてその支払った額につき損金経理をした場合には、この取扱いは認めることとされております（法基通9－2－28）。清算人も法人税法上の役員であり（法法2条15号）、この取扱いが適用されます。

このため、清算事務の過程で多額の売却益が発生しそうな場合等資金状況の

変化も考慮しながら退職金の損金算入時期と金額を考慮すべきといわれております[1)]。

また、会社解散により取締役は清算人となりますが、役員としての地位または職務の内容が激変し、実質的に退職したと同様の事情にあると認められることによるものである場合には、「退職金の打ち切り支給」も認められると解されています[2)]。

法人税基本通達においては、「法人が役員の分掌変更又は改選による再任等に際しその役員に対し退職給与として支給した給与については、その支給が、例えば次に掲げるような事実があったことによるものであるなど、その分掌変更等によりその役員としての地位又は職務の内容が激変し、実質的に退職したと同様の事情にあると認められることによるものである場合には、これを退職給与として取り扱うことができる。」と規定し、「常勤役員が非常勤役員（常時勤務していないものであっても代表権を有する者及び代表権は有しないが実質的にその法人の経営上主要な地位を占めていると認められる者を除く。）になったこと。取締役が監査役（監査役でありながら実質的にその法人の経営上主要な地位を占めていると認められる者及びその法人の株主等で法人税法施行令第71条第1項第5号《使用人兼務役員とされない役員》に掲げる要件の全てを満たしている者を除く。）になったこと。分掌変更等の後におけるその役員（その分掌変更等の後においてもその法人の経営上主要な地位を占めていると認められる者を除く。）の給与が激減（おおむね50％以上の減少）したこと。」をあげています（法基通9-2-32）ので、この点参考にすべきでしょう[3)]。

なお、法人基本通達９-2-32の（注）において「本文の『退職給与として支給した給与』には、原則として、法人が未払金等に計上した場合の当該未払金等の額は含まれない。」とされていることについても留意すべきです。

1）　税務経理協会編『最新情報を図で読み解く　会社清算の法務＆税務（改訂増補版）』（税務経理協会・2012年）83頁。

2）　前掲注1）80頁。

3）　所得税基本通達30－2においても「引き続き勤務する役員又は使用人に対し退職手当等として一時に支払われる給与のうち、次に掲げるものでその給与が支払われた後に支払われる退職手当等の計算上その給与の計算の基礎となった勤続期間を一切加味しない条件の下に支払われるものは、30－1にかかわらず、退職手当等とする。」と規定され、その(6)において「法人が解散した場合において引き続き役員又は使用人として清算事務に従事する者に対し、その解散前の勤続期間に係る退職手当等として支払われる給与」とされています。

ⓑ　支給額

上述のとおり清算人は法人税法上の役員として取り扱われるので、取締役等と同様に法人税法上の役員給与に関する諸規定が適用されます。

そのため、不相当に高額な部分の金額は、その法人の各事業年度の所得の金額の計算上、損金の額に算入されません（法法34条2項）。

不相当に高額な金額について、「内国法人が各事業年度においてその退職した役員に対して支給した退職給与の額が、当該役員のその内国法人の業務に従事した期間、その退職の事情、その内国法人と同種の事業を営む法人でその事業規模が類似するものの役員に対する退職給与の支給の状況等に照らし、その退職した役員に対する退職給与として相当であると認められる金額を超える場合におけるその超える部分の金額」という規定はありますが（法法令70条2項）、具体的な計算方法についての規定は法人税法上なく[4)]、実務上十分に検討する必要があります。

(3)　破産管財人に対する給与及び源泉所得税

会社が破産した場合には、裁判所により破産管財人が選任されます（破産74条、破産規則（平成16年10月6日最高裁判所規則第14号）23条）。破産管財人にはほとんどの場合、弁護士が選任されるようです[5)]。また破産管財人に対する報酬は裁判所が決定をします（破産87条）が、破産管財人の報酬は破産財団から支払われます。破産管財人の報酬額について、前掲破産規則においては「その職務と責任にふさわしい額を定めるものとする」と規定されています（破規27条）。破産する会社の規模もまちまちですので、破産管財人の報酬も会社の規模によりケースバイケースということでしょうか[6)]。

この破産管財人報酬は、所得税法204条1項2号に規定する弁護士の業務に関する報酬または料金に該当するとして源泉徴収の対象となります。

国税庁ＨＰの質疑応答事例では、「破産管財人の業務は、弁護士法第3条第1項《弁護士の職務》に規定する『一般の法律事務』には該当しませんが、同

4）　インターネットで検索しますといくつか算定方法は出てくるものの、算定にあたっては類似法人との比較が重要になってくるため、ある程度多額の支給を検討する場合には、何かしら経営に関する統計数値が書かれた資料・書籍等を参考にする必要もあるでしょう。

5）　破産規則（平成16年10月6日最高裁判所規則第14号）23条には「その職務を行うに適した者を選任するものとする。」と規定されています。

6）　インターネットで調べれば破産する会社の規模に応じたある程度の相場は出てきますが、この額が正確なものであるか不明なため本稿では紹介しません。

法第30条の5《業務の範囲》の業務を定める法務省令（弁護士法人の業務及び会計帳簿等に関する規則）第1条第1号《弁護士法人の業務の範囲》にいう業務に該当するとともに、弁護士は、正当の理由がなければ、法令により官公署の委嘱した事項を行うことを辞することができないものとされています（弁護士24条）。したがって、弁護士法は、弁護士の使命及び職責にかんがみ、弁護士が破産管財人の地位に就きその業務を行うことを予定しているものと考えられます。また、所得税法204条第1項第2号に規定する『弁護士の業務』を弁護士法第3条第1項に規定する『一般の法律事務』に限定すべき理由はなく、弁護士としての専門的知識をもって行う業務も同号にいう『弁護士の業務』に含まれると考えられます。以上のことから、弁護士が破産管財人として行う業務は、『弁護士の業務』に該当し、破産管財人報酬は、弁護士の業務に関する報酬又は料金に該当することとなります。」と説明されております[7]。

7）http://www.nta.go.jp/shiraberu/zeiho-kaishaku/shitsugi/gensen/05/15.htm
なお、この問題点に関する研究として片山正史「破産法における配当等と源泉徴収制度－労働債権の配当と破産管財人の管財人報酬を中心として－」税務大学校論叢58号参照。

第7　会社の清算と滞納

1　滞納処分

1　税の滞納と清算人

会社が支払不能（破産2条11項、会社517条1項2号、民再93条1項2号、会更49条1項2号）や債務超過（破産16条1項、会社510条2号）の状態となり、経済的に破綻した状態を一般的に倒産といいます。このような状態においては、税が滞納となっている場合がほとんどといえるでしょう。実際に、会社が倒産状態にある場合には、倒産処理手続に移行することとなります。ここにいう倒産処理手続は、大まかに分けて私的整理と法的整理の二種類があります。

実際、多くの場合、債権者や債務者等の合意のもとに行われる私的整理の方法がとられます。私的整理のメリットとしては、手続費用を抑えられることと迅速に対応が可能という点があげられますが、デメリットとして適正性や公平性の面で限界があるという点があります。他方で、裁判所の関与のもとで行われる法的整理は、私的整理にくらべて手続費用がかかり、各種の手続がある点で迅速性に欠けることがデメリットとしてあげられますが、適正性や公平性が担保される点がメリットとしてあげられます。

法的整理は、手続の目的によって清算型と再生型に分けられ、清算型には破産（破産法）や特別清算（会社法）、再生型には、民事再生（民事再生法）や会社更生（会社更生法）があります。すなわち、債務者の総財産を換価して総債務を弁済して債務を清算するのか債務者の財産を基礎に経済活動を継続しつつ収益をあげて、権利の内容を変更した債務を弁済しながら債務者の経済的な再生を図るのかによって採るべき倒産処理手続が異なるということです。

そこで、株式会社が解散した場合などには、清算人を選任して清算することとなります（会社475条・476条）。一方、その清算の遂行に著しい支障を来す事情がある場合や債務超過の疑いがある場合には、債権者等は特別清算開始の申立てをすることができます（会社511条）。特別清算は、利害関係人の利害を適切に調整しつつ、清算株式会社（債務者）の財産の適正・公平な清算を図ることを目的とした清算型の倒産処理手続であって、裁判所の関与のもとに、債務者と債権者との協定により、簡易・迅速に債務の整理を行うことができます。ただし、特別清算開始後に破産手続開始の原因となる事実があり、協定の成立または実行の見込みがないときは、裁判所は破産法に従って破産手続開始の決定をしなければならないとされています（会社574条）。また、清算会社に特別清算開始命令（会社514条）があった場合であっても、滞納処分は制限を受けない可能性があるので（会社515条1項但書）、やはり会社の解散や清算をする場合には、滞納処分にまで気を配る必要があるといえます。

なお、滞納税金には、国税のほか地方税の場合もあります。また、個人の道府県民税に係る徴収および滞納処分なども国税徴収法に規定する滞納処分の例によることとされています（地法48条1項・68条6項等）。本節では、話が散らばらないようにこれらを「滞納国税」と集約して進めていくことにします。

2　滞納処分

滞納処分とは、納税者がその国税を納期期限内に納付しない場合に、債権者である国がその国税債権を強制的に実現するための手続であると同時に、任意に履行されない納税義務の強制的な履行確保の手段です。滞納処分の基本的手続は、財産の差押えにはじまり、換価（財産の金銭化）、配当の順に執行されることになります。この場合、滞納処分といっても一個の独立した行政処分ではなく、強制徴収の目的達成のために行う差押え、公売等の各種処分の総体をさします。つまり、差押えや公売等の処分がそれぞれ一個完全な行政処分です。税金の滞納があれば滞納者の権利・利益に多大な影響を及ぼすものであるので、当事者はもちろんのこと、税の実務家である税理士においても、滞納処分に関する知識を備え、同処分の進行過程を把握しておくことは重要といえるでしょう。

滞納処分はまず、国税通則法37条に基づいて督促が行われることから始まります。次に、滞納処分を行うために滞納者が差押えの対象となる財産を有しているかどうか、滞納者の所有している財産を差し押さえることが適当であるかどうかについて財産調査が行われることになります（徴法141条以下）。検査の対象となるのは、「財産に関する帳簿書類」[1)]です。当然のことといえますが、この時点では滞納者および税理士は滞納税額や差押えの対象となる財産の存否については明らかにしておかなければなりません。また、後に詳述しますが、国税徴収法は滞納者が保有する財産のみならず一定の要件に該当する第三者に納税義務を負わせる制度（「第二次納税義務」という）を用意しているので、注意が必要です。

この財産調査を経た後、差押えをはじめとした滞納処分へ移行していくこととなります。滞納処分の第一段階としては、滞納者の特定の財産について法律上または事実上の処分が禁止される差押えが行われます。差押えとは、滞納者の特定の財産を国が換価できる状態におく処分であり、差押えによってその財産の帰属が滞納者から国に変わるものではありません。他方で、国税の徴収手続には納税の緩和制度が設けられており、財産の差押えの後であっても一定の要件を満たす場合には、納税の猶予（通法46条）や換価の猶予（徴法151条、151条の2）ができます。

次に、第二段階として、租税債権者である国が差し押さえた財産を強制的に金銭に換える換価処分がなされることになります。ここにいう換価処分とは、動産や不動産等の売却処分と差押債権等の取立てがありますが、通常、滞納処分による差押財産の換価とは、売却処分（狭義の換価）をさします（徴法89条）。差押財産の換価は、原則として公売（入札またはせり売）によって行われることになります（徴法94条）。

最後に、第三段階として、滞納処分に基づいて得られた金銭を、その差押えに係る国税（滞納処分費を含む）、交付要求を受けた国税、地方税および公課その他の一定の債権者に配分し、なお残余財産があればこれが滞納者に交付する手続である配当が行われます。

このようにして、滞納処分は進行していきますが、国税徴収法は納税者の財産につき滞納処分を執行してもなお徴収すべき額に不足すると認められるときに一定の者に対して、二次的にその納税義務を負わせる制度を設けています（これを「第二次納税義務」という）。これは、形式的には第三者に財産が帰属している場合であっても、一定の要件を満たせば、納税者の納税義務を第三者に

1）　ここにいう「財産に関する帳簿書類」とは、金銭出納帳、売掛帳、買掛帳、土地家屋等の賃貸借契約書、預金台帳、売買契約書、株主名簿、出資者名簿等これらの者の債権もしくは債務または財産の状況等を明らかにするため必要と認められる一切の帳簿書類（その作成または保存に代えて電磁的記録の作成または保存がされている場合における当該電磁的記録を含む）をいいます（徴基通141-6）。

＜国税徴収手続の流れ＞

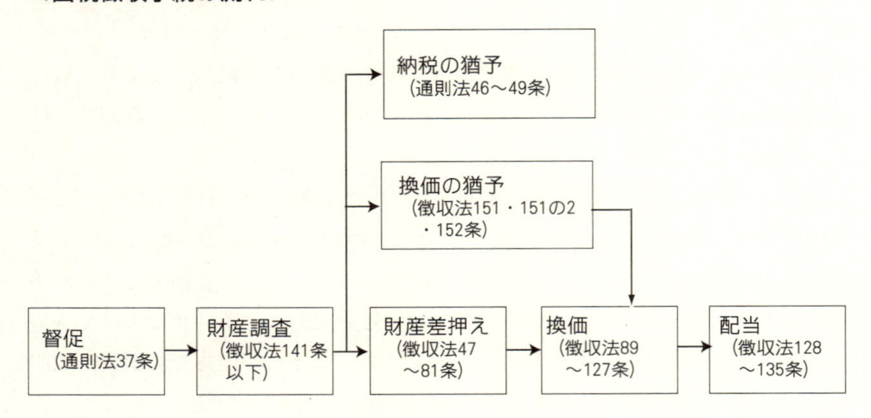

補充的に負わせる制度です。ここにおける第三者とは、清算会社との関係では取引先の場合もありうるので、その後の信用関係に大いに影響してくることはいうまでもありません。そこで、後述しますが第二次納税義務を類型ごとに確認しておくことも必要となります。

2　交付要求

1　交付要求の要件

滞納者の財産について、複数の執行機関が各々独自に差押等の強制換価手続を行ってしまうと、各債権者の間で混乱を来すおそれがあります。そのために、先に差押えをした執行機関に換価手続を任せて、その他の執行機関が執行する手続に参加することにより、滞納国税の交付を受けることができます。これを交付要求といいます。これによって、各債権者間における手続上の混乱を避けることができるのです。

また、交付要求は、広義における交付要求と狭義における交付要求とに大別されます。すなわち、広義における交付要求とは、①強制換価手続の執行機関に対して配当を要求するだけの交付要求（狭義）と②交付を要求することに加え、先行の滞納処分による差押えが解除されたときに差押えの効力を生じさせる参加差押えをさします。他方、狭義における交付要求とは、前者①のみをさします。通常、交付要求という場合には、狭義の交付要求をさすとされています[2]。

それでは、どのような場合に交付要求をなされるのか。以下において、交付要求の適用要件をみていくこととします。

交付要求の適用要件は、①滞納者の財産について強制換価手続[3]が行われたこと、②滞納国税があることの2つです。この両要件を満たす場合、交付要求がなされることになります（徴法82条1項）。ここに、交付要求をすることができる国税とは、納期限を経過した国税であればよく、督促の有無、猶予期間中、滞納処分の停止中であるかどうか問わないこととされています（徴基通82－1⑴⑵、153－10）ので注意を要します。また、注意する点としては、①滞納者の財産について差押えをした後、滞納者が死亡したときは、その差押えを受けた財産を相続した相続人の固有の滞納国税について、交付要求をすることができること（徴基通82-1⑶）、②国税につき徴している第三者の担保財産を滞納処分の例により処分する場合には、その差押え時における第三者の国税につき交付要求をすることができること。なお、担保権の設定時において納税者に帰属していたが、差押え時には第三者に帰属している財産も上記の第三者の財産に含まれます（徴基通82－1⑷）。③非上場株式等についての贈与税の納税猶予（措法70条の7第1項）、非上場株式等についての相続税の納税猶予（措法70条の7の2第1項）または非上場株式等の贈与者が死亡した場合の相続税の納税猶予（措法70条の7の4第1項）の規定による納税の猶予を受けている納税者から、免除申請書の提出があった場合には（措法70条の7第17項・第70条の7の2第17項または第70条の7の4第12項）、当該申請書において免除を受けようとする贈与税または相続税については、税務署長が免除等の通知を発する日までは（措法70条の7第18項・第70条の7の2第18項または70条の7の4第12項）、「滞納に係る国税」（徴法82条1項）にはあたらない（措法70条の7第14項8号・第70条の7の2第14項8号・第70条の7の4第11項）ことから、交付要求をすることができないことなどがあげられます。

他方で、交付要求には一定の制限があることにも留意する必要があります。すなわち、

2）　安藤裕編『図解国税徴収法（平成27年版）』（大蔵財務協会、2015年）337頁。

3）　強制換価手続とは、滞納処分、強制執行、担保権の実行としての競売、企業担保権の実行手続および破産手続をさします（徴法2条1項12号）。

①滞納者が他に換価の容易な財産で第三者の権利の目的となっていないものを有しており、②その財産によりその国税の全額を徴収することができると認められるときは、交付要求はできません。ここにいう、「換価の容易な財産」とは、評価が容易であり、かつ、滞納処分との関係において市場性のある財産をいいますが、その財産は、換価をするために直ちに差押えをすることができるものに限られます。なお、債権については、確実に取り立てることができると認められるものも、換価の容易な財産に含まれる（徴基通83-2、50-5）とされています。このような交付要求の制限にかかる規定の趣旨は、国税が交付要求することとなると、国税優先の原則（徴法8条）により、国税に劣後する債権者の利害に重大な影響を及ぼすことになるため、一定の場合に債権者を保護する必要があるからです[4)]。

2　交付要求の終期

交付要求といえどいつでもできるというわけではありません。つまり、交付要求には期間の終期があります。具体的には、以下のような終期があります。

①滞納処分については、売却決定の日の前日（換価に付すべき財産が金銭による取立ての方法により換価するものであるときは、その取立ての時）（徴法130条1項、徴令48条2項）。

②不動産に対する強制競売または不動産を目的とする担保権の実行としての競売の場合には、執行裁判所の定める配当要求の終期（配当要求の終期が延期された場合等には、延期等後の配当要求の終期）（民執49条1項・2項・3項、52条・87条1項2号・188条）。

③不動産に対する強制管理および担保不動産収益執行の場合には、執行裁判所が定める期間の終期（民執107条1項・4項、188条）。

④船舶（民執112条《船舶執行の方法》に規定する船舶をいう）、航空機または自動車、建設機械もしくは小型船舶に対する強制執行またはこれらの財産を目的とする担保権の実行としての競売の場合には、②に準ずる時（民執121条・189条、民執規84条・97条・98条・98条の2・174条～177条の2まで）。

⑤動産（民執122条第1項《動産執行の開始》に規定する動産をいう）に対する強

4）　最判昭和49年8月6日訟月20巻11号103頁。

制執行または動産を目的とする担保権の実行としての競売の場合には、次に掲げる時とされています（民執140条）。（イ）売得金については、執行官がその交付を受ける時（民執137条（執行停止中の売却）または民保49条3項《動産に対する仮差押えの執行》の規定により供託された売得金については、動産に対する強制執行または担保権の実行としての競売が続行されることとなった時）。（ロ）手形等（民執136条参照）の支払金については、執行官がその支払いを受ける時。

⑥金銭の支払いまたは動産の引渡しを目的とする債権に対する強制執行の場合には、次に掲げる時となります（民執165条）。ただし、金銭の支払いを目的とする債権につき管理命令が発せられている場合には、上記③に準ずることとなります（民執166条1項・161条1項・6項・107条4項参照）。すなわち、（イ）第三債務者が民事執行法156条1項または2項《第三債務者の供託》の規定による供託をした時、（ロ）取立訴訟の訴状が第三債務者に送達された時、（ハ）売却命令により執行官が売得金の交付を受けた時、（ニ）動産引渡請求権の差押えの場合にあっては、執行官がその動産の引渡しを受けた時。

⑦　②から⑥までに掲げる財産権以外の財産権に対する強制執行またはこれらの財産権を目的とする担保権の実行としての競売の場合には、特別の定めがあるもののほか、⑥に準ずるとされています（民執167条1項・193条2項）。

⑧企業担保権の実行手続が開始された場合には、一括競売により換価をするときは競落期日の終了時、任意売却により換価をするときは裁判所が定めて公告した日（企担51条の2）です。以上のように、各処分や競売、強制執行との関係で、交付要求の終期は異なってきます。言い換えれば、上記の終期が到来するまでは交付要求の可能性があるということになります。

3　交付要求の手続および効果

ここでは、まず交付要求の手続についてみていくこととします。最初の手続としては、①交付要求は強制換価手続を開始した執行機関に対し、交付要求書（徴令36条1項、徴規3別紙第7号書式）により交付要求がなされます。次に、②滞納者および交付要求に係る財産上の質権者等で判明しているものに対し、交付要求通知書（徴令36条2項・3項）により通知（徴法82条2項・3項）がなされます。ただし、強制換価手続が企業担保権の実行手続または破産手続であるときは、質権者等に対する通知の必要がないとされているので、通知がありません（徴令36条4項）。要するに、税務署長は、①強制換価手続をした執行機関に対し、交付要求書を、②滞納者や担保権者等に対しては交付要求通知書を送らなければならないとされています。

そして、適正な手続に基づく交付要求の効果としては、①配当を受ける効力と②徴収権の消滅時効の中断の効力を有し、交付要求がされている間は中断の効果が継続する（通法73条1項5号）とされています。

また、交付要求を受けた執行機関の強制換価手続が解除されず、または取り消されない限り、その処分の目的となった財産について、差押え後に権利の移転があっても、その交付要求により配当を受けることができるとされています（徴基通82-8(2)）。

さらに、交付要求を受けた執行機関の強制換価手続が解除または取り消された場合には、交付要求は効力を失うこととなりますが（徴基通82-8(1)）、過去に遡って消滅時効の中断の効力が失わせるものではなく、徴収権の消滅時効は、交付要求の効力が失われた時から改めて進行していくこととなります（通法73条2項）。

4　交付要求の解除および手続

交付要求は、一定の要件を満たすと解除されることがあります。つまり、交付要求に係る国税が消滅したとき、または強制換価手続により配当を受けることができる債権者から交付要求を解除すべきことの請求があり、それを相当と認めるときは、交付要求を解除しなければならないとされています（徴法84条1項・85条2項、徴令37条）。前者の交付要求に係る国税の消滅とは、納付や充当、更正の取消し（減額）等をさします（徴法84条1項）。また、後者の強制換価手続により配当を受けることができる債権者が、①その交付要求により自己の債権の全部または一部の弁済を受けることができないこと、②滞納者が、他に換価の容易な財産で第三者の権利の目的となっていないものを有していること、③②の財産により滞納国税の全額を徴収することができることのいずれにも該当する場合において、解除請求をして、その請求が相当と認められるときは、交付要求が解除となります。他方で、解除の請求が妥当と認められない場合には、その旨が請求者に通知されることになります（徴法85条2項後段）。

3　破産の場合の免責

1　破産の場合の免責

倒産状態になった法人や個人事業者には、取引先や銀行などの債権者が複数存在しています。このような状態において、各債権者のそれぞれが自らの債権を回収しようとすると混乱してしまいます。そこで、債権者や債務者等の利害関係人の利害を適切に調整し、債務者の財産を公平に清算していく必要があります。また、個人（自然人）についても経済的破綻状態に陥る場合がありますので、このような場合の経済的再生の可能性についても配慮する必要があります。このような必要性から、倒産処理等の法的整理手続については、破産法、会社法、民事再生法、会社更生法が用意されており、それぞれにその目的が定められています。

ここでは、国税の徴収と密接な関係のある破産法との関係についてみていくこととします。

破産法の目的は、①債権者その他の利害関係人の利害および債務者との間の権利関係を適切に調整すること、②債務者の財産等の適正かつ公平な清算を図ること、③債務者について経済生活の再生の機会を確保することにあります。このような目的からすれば、適正な清算整理を終え経済生活の再生を図るためには、当然に租税債権についても免責されると考えるのが通常ですが、その取扱いは個人と法人の場合で異なってきますので注意が必要です。さらに、目的の違う国税徴収法と破産法の関係では相互に調整が必要になってきますので、2つの異なる目的をもった法律の関係も含めて考える必要があります。

個人が自己破産する場合の破産の目的は、免責の許可を受けることにあります。免責とは、借金など債務の支払義務を免除してもらうことをいいます。もっとも、免責の許可を受けたかどうかにかかわらず、そもそも免責許可によっても、支払義務を免れることができない債権というものがあります。そのような債権のことを非免責債権といい、この非免責債権の1つに、「租税等の請求権」があります（破産253条1項1号）。「租税等の請求権」とは、「国税徴収法又は国税徴収の例によって徴収することのできる請求権」（破産97条1項4号）のことをさします。前者の国税徴収法によって徴収することのできる請求権とは、国税の債権です。国税には、所得税、贈与税、相続税等があります。つまり、税金を滞納していた場合には、自己破産しても、それらの支払義務は免れないということになります。

また、後者の国税徴収法の例によって徴収することのできる請求権とは、わかりにくい表現ですが、国税ではないものの、国税の場合と同様に徴収することができる請求権のことをいいます。つまり、地方税法や国民年金法などによって、国税徴収法の例によって徴収することができる請求権があり、たとえば市町村民税、固定資産税、事業税、自動車税などの地方税があげられます。さらに、国民健康保険の保険料や国民年金の保険料なども、滞納した場合には、国税徴収法の例によって徴収することとされています。すなわち、滞納している税金や国民健康保険料などの租税等の請求権は、自己破産をしても免責されないのです。

他方、法人の場合には、解散・清算により法人自体が消滅することになります。いかに租税債権といっても、清算を終えて消滅した法人に対して徴収を行うことはできません。ただし、ここにいう清算については、清算会社における清算結了の登記がなされたとしても、当該法人にかかる法人税の徴収手続がその財産につき完全に終了するまでは、その限りにおいてその法人の清算は結了せず、なお法人格が存続するものとしたものとして免責されない場合があります[5)]。また、後に詳述しますが、ここで注意が必要なことは、法人から事業主やその他の関係者に資産の移転がある場合などは、第二次納税義務等が適用される可能性があることです。

さて、ここからは破産手続の流れを概観していきます。まず、①破産手続開始の申立て（破産18条1項）は開始申立てのよってなされます。適用対象となる債務者には自然人と法人との場合があり、開始申立権者は債務者や債権者等となり、開始原因は支払不能や債務超過等となります（破産15条・16条）。また、ⓐ開始決定前の保全処分等として、すでに行われている強制執行等の中止命令（破産24条1項。ただし、滞納処分については制限されない）であったり、ⓑ上記のような中止命令では十分ではないときに、強制執行等および滞納処分（交付要求を除く）が禁止される包括的禁止命令（破産25条1項）、ⓒ処分禁止の

5）　たとえば、神戸地判昭和63・7・13訟月35巻8号1633頁・税資165号250頁。

【国税徴収手続と破産手続の流れ】

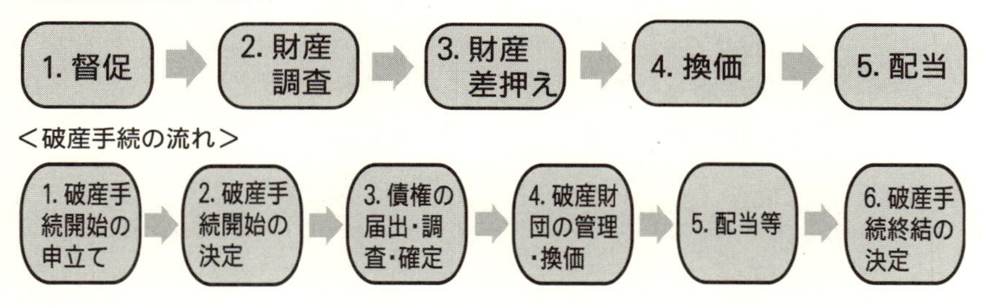

仮処分等の保全処分（破産28条1項）等の処分が行われる場合があります。

次に、破産手続開始の決定（破産30条）に移ることとなります。ここでは、まず破産管財人の選任（破産31条1項・74条1項）がなされ、破産管財人には破産財団に属する財産の管理・処分権が専属することになりますので、破産者は財産を管理・処分することができなくなります。次に、破産手続開始の公告等が行われます。つまり、破産手続開始の官報公告（破産32条1項）や破産者や知れている債権者への通知（破産32条3項）がなされ、合わせて破産手続の登記（破産257条・258条）もなされます。さらに、破産手続開始の決定がなされると、強制執行等の禁止はもちろんすでにされている強制執行等は失効することとなり（破産42条1項・2項）、これ以降の新たな滞納処分は禁止されることになります（破産43条1項）。ただし、すでになされている滞納処分は続行することができます（破産43条2項）。加えて、破産手続開始の実質的な効果としては、破産財団、破産債権の範囲の確定ということにあります。すなわち、破産財団は、破産者の手続開始時点で有する一切の財産であり（破産34条）、破産債権とは、原則として破産手続開始前の原因に基づいて生じた財産上の請求権であって財団債権[6]に該当しないもの（破産2条5項）をさすことから、これらの範囲を確定していくということになります。

そして、債権の届出・調査・確定という段階へ移っていきます（破産111条以下）。国税徴収法との関わりでいえば、ここにいう債権の届出とは、破産債権に係る租税は破産裁判所への交付要求（徴法82条、破産114条）と財団債権

---

6)　「財団債権」とは、破産手続によらないで破産財団から随時弁済を受けることができる債権（破産2条7項）であり、破産債権者の共同の利益のためにする裁判上の費用の請求権、破産財団の管理、換価および配当に関する費用の請求権等（破産148条）をいいます。

に係る租税は破産管財人への交付要求（徴法82条、破規50条）をいいます。

さらには、破産財団の管理・換価（破産153条以下）という段階に移っていくことになります。ここでは、担保権が設定されている財産を任意に売却して当該担保権を消滅させるための裁判所に対する許可の申立てがなされることになります。なお、破産財団に属する財産に国税を担保するための担保権の設定を受けている場合には、この申立ての対象となります。

次に、配当等の手続です。破産財団に属する財産について担保権を設定している者は、破産手続によらずに別除権の行使ができます（破産65条1項・2条9項）。また、国税を担保するために担保権を設定している場合にも、破産手続によらず別除権の行使として滞納処分の例による差押えをすることができるとされています（通法52条1項）。さらに、破産債権に先立って、破産手続によらないで随時弁済を受けられる財団債権への弁済がなされます（破産151条・2条7項）。最後に、破産法等の優先順位に従って破産債権について配当がなされます（破産193条1項）。

このように各種手続が終わると、破産手続終結の決定（破産220条1項）となり破産手続は終了となります。

2　破産手続における債権と租税債権

破産手続における債権については、上述したように、破産手続開始の申立てがなされると強制執行等の中止命令や包括的禁止命令、処分禁止の仮処分等の保全処分がなされますので、債務者の財産に対して新たな処分等を行うことはできません。そして、破産手続開始の決定がなされると、開始の時において破産者が有する一切の財産が破産財団に属する財産として構成されます（破産34条・2条14項）。同時に、破産手続開始前の原因に基づいて生じた財産上の請求権は、破産法上の破産債権として構成されることになります（破産2条5項）。そして、新たに再構成された破産財団に属する財産を基に破産債権の清算が行われます。

ここにいう破産債権とは単一のものではなく、さらに細かく分類されます。つまり、破産債権とは、優先的破産債権（破産98条1項）、劣後的破産債権（破産99条1項）、約定劣後債権（破産99条2項）、上記以外の破産債権（一般の破産債権）に分けられ、これらの破産債権は、原則として、破産手続によらなければ行使することはできません（破産100条1項）。この他にも、破産債権に先立って破産財団から債権の満足を受けられるものとして財団債権があります。財団債権は、裁判上の費用や破産手続を進めるためにかかる費用ですので、破産債権に先立って弁済されることになるわけです。そして、租税債権については、破産手続開始前の原因に基づいて生じたもののうち、破産手続開始当時、まだ納期限から1年を経過していない本税は財団債権とされ（破産148条1項3号）、納期限から1年を経過している本税は破産債権とされます（破産98条1項1号）。最後に、財団債権や破産債権のいずれにも該当しない一般債権は、破産財団から弁済・配当を受けることができず、自由財産（破産者が破産手続開始後の原因に基づいて取得した財産等）から弁済等を受けることになります。

3　破産手続における租税債権の位置付け

破産手続開始の決定がなされると破産法上の債権に構成されることは上述したとおりですが、租税債権には本税のほか利子税、延滞税、加算税があり、原因発生時期により破産手続上それぞれ扱いが異なります。

つまり、租税債権の破産法上の地位は、発生原因の発生時期において破産手続開始前の原因に基づくものと破産手続開始後の原因に基づくものの二つに大別することができます。言い換えれば、破産手続開始前に原因があるものは優先的に、破産手続開始後の原因に基づくものは劣後的な地位に置かれるということです。また、破産法上は原因発生時期のみならず、本税・利子税・延滞税・加算税分けて優先度を変えているわけです。

まず、破産手続開始前の原因に基づくものをみていきます。すなわち、①破産手続開始当時、まだ納期限が到来していないものおよび納期限から1年を経過していない本税・加算税・延滞税（破産148条1項3号）は、財団債権となります。②破産手続開始当時、すでに納期限から1年経過している本税と利子税および延滞税のうち破産手続開始までの期間に対応するもの（破産98条1項1号）は優先債権的破産債権となります。また、③利子税と延滞税で破産手続開始後の期間に対応するもの（破産99条1項1号・97条3号）と加算税（破産99条1項1号・97条5号）は劣後的破産債権となります。

次に、破産手続開始後の原因に基づくものとして、①破産財団の管理、換価および配当に関して生ずる租税（源泉徴収に係る所得税、消費税、間接諸税等の本税、利子税、延滞税）（破産148条1項2号）は財団債権として扱われます。②上記以外の破産財団に関して生ずる租税（予納法人税等）（破産99条1項1号・97条4号）と加算税（破産99条1項1号・97条5号）は劣後的破産債権と位置づけられます。

このようにして、原因発生時期や租税債権の種類に応じて、破産手続上の地位がそれぞれ異なってくることがわかります。このような位置付けに基づき、以下の順序で配当が行われます。つまり、第一順位は優先的破産債権、第二順位は一般の破産債権、第三順位は劣後的破産債権、第四順位は約定劣後債権の順に配当されることとなります（破産194条1項）。

【破産債権に対する配当順位】

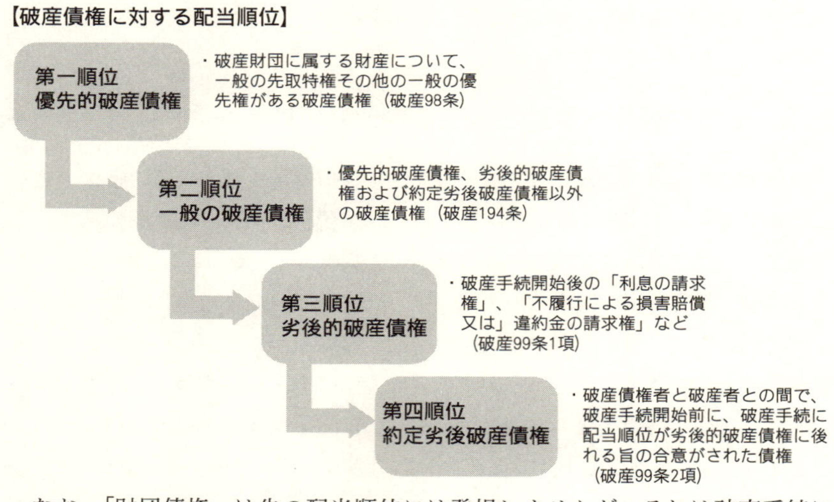

なお、「財団債権」は先の配当順位には登場しませんが、それは破産手続によらないで破産財団から随時弁済を受けることができる債権だからです。つまり、破産債権者の共同の利益のためにする裁判上の費用の請求権、破産財団の管理、換価および配当に関する費用等などは優先的に弁済を受けさせなければ、破産手続の維持が難しくなるためです。

また、優先的破産債権相互間の優先順位は、民法、商法その他の法律の定めるところによることとなり（破産98条2項）、同一順位で配当を受ける破産債権については、それぞれの債権の額の割合に応じて配当を受けることになります（破産194条2項）。

4　破産手続と租税債権の交付要求手続

破産手続との関係で、交付要求の手続としては、①財団債権に属する国税については破産管財人に、②破産債権については破産裁判所へ交付要求がなされます。すなわち、①破産手続開始の決定がされた場合には、税務署長は、財団債権である国税債権について、速やかに、破産管財人に対して交付要求書により交付要求しなければならないとされており（徴法82条・2条13号）、交付要求をした財団債権に属する租税債権については、破産管財人から随時弁済を受けることができるとされています（徴法82条1項、破産151条）。次に、②交付要求をした破産債権に属する国税債権については、税務署長は、破産債権である国税債権について、遅滞なく、破産裁判所に対して交付要求書により交付要求をしなければならないとされており（徴法82条、破産114条、徴基通82－3(2)）、交付要求をした破産債権に属する国税債権については、財団債権に属する国税債権のように随時弁済を受けることができないので、破産手続から配当を受けることになります（破産193条1項）。

他方で、破産管財人は、届出のあった租税債権について、その届出があったことを知った日から1月以内に国税通則法に定める不服申立ての方法により異議を主張することができ、破産手続開始の時に訴訟が係属しているときには、訴訟手続を受け継がなければなりません（破産134条2項・3項・4項）。なお、破産管財人は、配当を行う場合、租税債権について審査請求または訴訟等の不服申立ての手続が終了していないときは、配当額を供託ないしは寄託することになります（破産202条・214条1項2号・215条2項）。

5　財産不足になった場合の財団債権

破産財団が財団債権の総額を弁済するに足りないことが明らかになったとき、財団債権は、租税債権の優先権や一般の先取特権などの法令に定める優先権にかかわらず、債権額の割合に応じて弁済を受けることになります（破産152条1項）。なお、破産債権者の共同利益のためにする裁判上の費用の請求権（破産148条1項1号）や、破産手続開始後の原因に基づく国税であって、破産財団の管理、換価及び配当に関して生ずるもの（破産財団を構成する財産の所有・換価の事実に基づいて課せられ、あるいは当該財産から生じる収益そのものに対して課せられる国税等をいう）に係る本税及び延滞税（破産148条1項2号、最判昭和62・4・21民集41巻3号329頁）や、破産手続開始前の原因に基づく国税であって、破産手続開始当時、まだ納期限の到来していないもの及び納期限から1年（その期間中に包括的禁止命令が発せられたことにより滞納処分をすることができない期間がある場合には、当該期間を除く）を経過していないものに係る本税、利子税及び延滞税（破産148条1項3号）は財団債権となります。

6　破産手続開始の決定後の滞納処分

破産手続開始の決定後の滞納処分には、様々な制限があります。つまり、①破産手続開始の決定があった場合には、破産財団に属する財産に対する新たな滞納処分（交付要求を除く）はすることはできません（破産43条1項、徴基通47－40）。なお、②破産財団に属する財産について破産手続開始の決定前にすでに滞納処分（差押えおよびこれに続く処分）に着手しているときは、破産手続開始の決定後もその滞納処分を続行することができます（破産43条2項）。また、③国税の担保として提供されている財産については、破産手続開始の決定後においても、破産手続によらないで別除権の行使として国税通則法52条1項の規定による滞納処分の例により差押えされる可能性があることは留意しておくべきでしょう（徴基通47－43）。一方で、裁判所は破産手続開始の申立てがあった場合において、強制執行等に対する中止命令（破産24条1項1号）によって破産手続の目的を十分に達成することができないと認めるときは、破産手続開始の決定があるまでの間、すべての債権者に対して、強制執行等および滞納処分（交付要求を除く）の禁止を命ずることができます（破産25条1項）。加えて、破産管財人は、破産者が支払い不能になった後または破産手続開始の申立て後にした行為（既存の債務についてされた担保の供与または債務の消滅に関する行為に限られる）を、否認することができるとされています（破産162条）。なお、徴収権限を有する者に対してした担保の供与または債務の消滅に関する行為については、否認権を行使することができないとされているので注意が必要です（破産163条3項）。ここにおいて、否認権とは、破産者が破産手続開始前にした債権者を害すべき行為の効力を破産財団との関係で失わせて、破産財団の状態を現状に回復する権利のことをいいます。また、否認権は、破産管財人が破産裁判所に対して、訴え、否認の請求または抗弁をすることによって行使します（破産173・174条）。

4　参加差押え

1　参加差押えの意義

参加差押えとは、滞納者の財産について滞納処分の差押えが先行して行われている場合（地方税や公課等について滞納処分の例による処分として差押えが行われている場合を含む）に、その財産が不動産や自動車等の特定の財産である場合の交付要求の特別の形式をいいます。つまり、交付要求は、すでに行われている強制換価手続が取り消されまたは解除された場合には意味を失いますが、参加差押えは、先行する滞納処分手続に参加して、その換価代金から滞納に係る国税の配当を受けることができ、先行の滞納処分手続が換価に至ることなく終結し、差押えの解除が行われた場合には、その参加差押えは、参加差押えをした時にさかのぼって差押えの効力が生じ、その後はその差押えに基づき参加差押財産の換価処分ができることになるとされています（徴基通86－1）。

また、参加差押えの要件としては、①滞納者の財産について、すでに滞納処分による差押えがされていること、②滞納国税が差押えの要件（徴法47条等）を備えていることがあり、この2つの要件を満たしていなければなりません（徴法86条1項）。

他方で、①滞納者が、他に換価の容易な財産で、かつ、第三者の権利の目的となっていないものを有していること、②上記財産を換価することにより、滞納国税の全額を徴収することができると認められる場合には（徴法88条1項・83条）、参加差押えはなされません。なお、上記の要件は交付要求の制限の場合でも、同様の要件となっています。

そして、参加差押えの手続は、関係機関や関係人へ参加差押書や参加差押通知書等の通知を行うことでなされることとなります。まず、①滞納処分を執行した行政機関等に対し参加差押書（徴令38条・36条1項、徴規3条別紙8号書式）を交付し（徴法86条1項）、次に、②滞納者に対し参加差押通知書（徴令38条・36条2項）により通知します（徴法86条2項）。さらに、関係者への通知は参加差押え財産の種類により通知先が異なります。つまり、③ⓐ参加差押財産が電話加入権であるときは、第三債務者（東日本・西日本電信電話株式会社）に対し参加差押通知書（徴令38条・36条3項）により通知し（徴法86条2項）、ⓑ参加差押財産が不動産、船舶、航空機、自動車、建設機械または小型船舶であるときは、参加差押えの登記（登録）を関係機関に嘱託をし（徴法86条3項）、参加差押えに係る財産上の質権者等で判明している者に対し、参加差押通知書（徴令38条・36条3項）により通知がなされます（徴法86条4項）。

2　参加差押えの効力および参加差押えの解除

参加差押えの効力は、まず①換価代金から配当を受けることができることです（徴基通87－1⑴）。次に、②参加差押えは、徴収権の消滅時効中断の効力を有し、参加差押えがされている間は中断の効果が継続します（通法73条1項5号）。これら①と②の効力は交付要求の効力と同様ですが、交付要求との違いは③以降にでてきます。つまり、③先行の滞納処分による差押財産が相当期間内に換価に付されないときは、速やかにその財産の換価すべきことをその滞納処分をした行政機関等に催告することができ（徴法87条3項）、④参加差押えをした財産が動産、有価証券、自動車、建設機械または小型船舶である場合に、先行の滞納処分による差押えが解除されたときは、その差押えを解除した行政機関等からその財産の引渡しを受けることができます（徴基通87－1⑶）。加えて、⑤参加差押えをした財産について、先行の差押えが解除されたときは、財産の種類に応じて、さかのぼって差押えの効力が生じます（徴法87条1項）。では、どの時期までさかのぼることができるのでしょうか。それは財産の種類によって異なってきます。つまり、ⓐ動産や有価証券の場合は、参加差押書が先行の差押えをした行政機関等に交付された時（徴法87条1項1号）、ⓑ不動産（鉱業権を除く）、船舶、航空機、自動車、建設機械、小型船舶の場合は、参加差押通知書が滞納者に送達された時（ただし、参加差押えの登記または登録がその送達前にされた場合は、その登記または登録がされた時。徴法87条1項2号）、ⓒ鉱業権及び特定鉱業権の場合は、参加差押えの登録がされた時（徴法87条1項3号）、ⓓ電話加入権の場合は、参加差押通知書が第三債務者に送達された時（徴法87条1項4号）にさかのぼって差押えの効力が生じることとなります。

一方、参加差押えに係る国税が消滅したとき（納付、充当、更正の取消し（減額）等）、または強制換価手続により配当を受けることができる債権者から参加差押えを解除すべきことの請求があり、それが相当であると認めるときは、参加差押えを解除しなければならないとされています（徴法88条・84条、徴令42条）。また解除すべきことの請求とは、①その参加差押えにより自己の債権の全部または一部の弁済を受けることができないこと、②滞納者が、他に換価の容易な財産で第三者の権利の目的となっていないものを有しており、かつ、換価の容易な財産により滞納国税の全額を徴収することができることという要件のいずれも満たす場合に解除請求することができるとされています（徴法88条・85条1項）。

そして、この請求が相当と認められる場合に、税務署長は、①参加差押えに係る行政機関等に対し、参加差押解除通知書により通知をし（徴法88条1項・84条2項）、②滞納者および参加差押えの通知をした質権者等に対し、参加差押解除通知書により通知をし（徴法88条1項・84条3項）、③参加差押えの登記または登録をした財産の参加差押えを解除したときは、その登記または登録の抹消を関係機関に嘱託（徴法88条2項）することとなります。

5　第二次納税義務

1　第二次納税義務の趣旨

第二次納税義務の制度は、納税義務者が租税を滞納した場合において、形式的に第三者に財産が帰属している場合であっても、実質的には納税者にその財産が帰属していると認めても、公平を失しないときにおいて、形式的な権利の帰属を否認して、私法秩序を乱すことを避けつつ、その形式的に権利が帰属している者に対して補充的に納税義務を負わせることにより、徴収手続の合理化を図るために認められている制度[7]とされています。

第二次納税義務は、各態様ごとの個別の要件を充足する場合において、納税者の財産につき滞納処分を執行してもなお徴収すべき額に不足すると認められるときに一定の者に対して、二次的に納税義務を負わせる制度であり、主たる納税者との関係において、付従的、補充的に納税義務を負うことをいいます。

国税徴収法は、第二次納税義務にかかる規定（徴法33～39条・41条、地法

7）　吉国二郎ほか編『国税徴収法精解（平成27年改訂）』（大蔵財務協会、2015年）316頁〔福田光一〕。なお、第二次納税義務制度について言及したものとして、大阪高判昭和48年11月8日行裁例集24巻11=12号1227頁がある。

11・12条）によると、共通の要件と各態様ごとに個別の要件とに分けて規定しています。なお、共通の要件としては、主たる納税者の財産につき滞納処分を執行してもなおその徴収すべき額に不足すると認められることがあげられます。個別の要件について、以下みていくことにします。

2 清算人等の第二次納税義務

清算人等の第二次納税義務（徴法34条1項）とは、法人が解散した場合において、その法人に課されるべき、またはその法人が納付すべき国税を納付しないで残余財産の分配または引渡しをしたときに、その法人に対し滞納処分を執行してもなおその徴収すべき額に不足すると認められる場合に限り、清算人および残余財産の分配または引渡しを受けた者がその滞納に係る国税につき第二次納税義務を負うというものです。ただし、清算人は分配または引渡しをした財産の価額の限度において、残余財産の分配または引渡しを受けた者はその受けた財産の価額の限度において、それぞれその責任を負うことになります。すなわち、法人に滞納国税があるにもかかわらず清算人が残余財産を分配または引き渡した場合には、その分配または引渡しをした価額を限度に清算人または財産を受けた者は責任を負うというものです。言い換えれば、清算人は、分配または引渡しをした財産以上に責任を問われることはなく、分配または引渡しを受けた者は、受け取った財産以上の責任を問われることはありません。なお、会社法上、清算人は法人の債務を完済した後でなければ残余財産の分配をすることができませんが（会社664条）、清算人が法人の債務を弁済せずに当該法人の財産を分配した場合には、任務懈怠により法人に対する損害賠償責任を負うとする会社法の規定（会社486条1項・487条1項・652条・653条等）をもとに、租税債権の迅速かつ適切な確保という観点から、この規定が設けられています[8)]。

成立要件としては、①法人が解散した場合において、その法人に課されるべきまたはその法人が納付すべき国税を納付しないで、清算人が残余財産の分配等をしたこと、②法人に対して滞納処分を執行しても、なお徴収すべき額に不足すると認められることがあげられます。

8） 吉国ほか・前掲注4）335・336頁（福田光一）。

①における「法人が解散した場合」とは、具体例として、株主総会その他のこれに準ずる総会等の決議等による解散などをいい、また、定款で定めた存続期間の満了・解散の事由の発生、裁判所の命令または裁判による解散、主務大臣の命令による解散、休眠会社のみなし解散などがあげられます（一般法人148条、会社471・472・641・824・833条、中企協62・82条の13・106条4項、宗法43条1項および2項・81条1項、会更178・218条等)。ここで注意を要するのは、法人が解散しないものの事実上解散状態であり、財産の分配等がなされている場合には、国税徴収法34条1項の規定を適用することはできませんが、後にふれる国税徴収法39条の無償または著しい低額の譲受人等の第二次納税義務や国税通則法42条の債権者代位および詐害行為の取消等の規定が適用される余地があるということです（徴基通34－1)。また、法人に課されるべきまたはその法人が納付すべき国税とは、解散の時または残余財産の分配等の時において成立していた国税に限られません（徴基通34－2)。さらに、「残余財産」とは、法人解散の場合の現務の終了、債権の取立ておよび債務の弁済をした後に残った積極財産をいい（会社481・502・649・664条等参照)、国税徴収法34条1項にいう「残余財産」とは、国税を納付しないで、その有する財産の分配等をしたときのその積極財産をさすとされています[9]。加えて、「分配」とは、法人が清算する場合に、残余財産を社員・株主・組合員・会員等に、その出資額に応じて分配することをいい（会社504・505・666条等)、「引渡し」とは、法人が清算する場合に、残余財産を一般社団法人及び一般財団法人に関する法律239条（残余財産の帰属）等の規定により処分することをいいます（宗法50条、医療56条等)。

ただし、これらの「分配」または「引渡し」は、法人が解散した後に限らず、解散を前提にそれ以前に行った分配または引渡しが含まれる可能性があることには注意が必要です（徴基通34－3)。つまり、総会の決議に基づき解散を予定しながら、その解散前に国税を完納することなく、唯一の財産を売却し、残余財産の分配を行った場合には、その分配が解散の決議前になされていても、「残余財産の分配」の性質を有すると判断された事例があるということです。また、清算中の法人の財産を社員等に交付した場合においても、それがその社員等に対する正当な債務の弁済であるときは、残余財産の分配等にはあたりませ

9）　東京地判昭和47年9月18日訟月18巻12号1908頁。

んが、たとえ金銭の交付がなくても、社員等に対して債務の免除をした場合には、その債務免除が残余財産の分配等に準ずるものとして徴収法34条に該当する可能性があることにも留意すべきです[10]。

3 共同的な事業者の第二次納税義務

共同的な事業者の第二次納税義務（徴法37条）とは、納税者と生計を一にする配偶者その他の親族、納税者が同族会社である場合のその判定の基礎となった株主や社員の納税者と特殊な関係にある者で、その納税者の経営する事業から所得を受けているものが納税者の事業の遂行に欠くことができない重要な財産を有し、かつ、当該財産に関して生ずる所得が納税者の所得となっている場合において、その納税者がその供されている事業に係る国税を滞納し、その国税につき滞納処分を執行してもなおその徴収すべき額に不足すると認められるときは、当該財産を限度として、その滞納に係る国税の第二次納税義務をこれら共同的な事業者に負わせるものです。

成立要件は、納税者と生計を一にする配偶者その他の親族または同族会社の株主もしくは社員が、①納税者の事業の遂行に欠くことができない重要な財産を有し、②当該財産に関して生ずる所得が納税者の所得となっている場合であって、③納税者がその供されている事業に係る国税を滞納しており、④その国税につき滞納処分を執行してもなおその徴収すべき額に不足すると認められるときです。ここに、①の「重要な財産」については、納税者の事業の種類や規模等に応じて判断すべきですが、その財産がなければ事業を遂行することができないほど、その事業との関係が深い財産とされています（徴基通37－1）。また、「当該財産に関して生ずる所得が納税者の所得となっている場合」とは、重要な財産から直接または間接に生ずる所得が、①納税者の所得となっている場合や②所得税法その他の法律の規定またはその規定に基づく処分により納税者の所得とされる場合などがあげられます（徴基通37－2）。具体例としては、①所得税法56条の規定により、納税者と生計を一にする配偶者その他の親族がその納税者の経営する事業で不動産所得、事業所得または山林所得を生ずべきものから対価の支払いを受ける場合で、その対価に相当する金額が納税者の

10） 安藤・前掲2）81頁。

所得とされる場合や、②法人税法132条の規定により、同族会社の判定の基礎となった株主または社員の所得が同族会社の所得とされる場合、③同族会社の判定の基礎となった株主または社員の所有する財産をその同族会社が時価より低額で賃借しているため、その時価に相当する借賃の金額とその低額な借賃の金額との差額に相当するものが同族会社の実質的な所得となっている場合、④納税者と生計を一にする配偶者その他の親族が所有する公債、社債、無記名の株式または無記名の貸付信託もしくは証券投資信託の受益証券について、納税者が利子、配当、利益または収益の支払いを受けている場合、⑤納税者の事業の収支計算では損失が生じているが、重要財産から直接または間接に生ずる収入が納税者の収益に帰属している場合をいいます。ただし、「重要な財産」やこの財産から生じる所得が納税者に帰属しているかどうかについては、事例ごとに解釈の必要があるといえます。

4　事業を譲り受けた特殊関係者の第二次納税義務

事業を譲り受けた特殊関係者の第二次納税義務（徴法38条）とは、納税者がその親族その他納税者と特殊な関係のある個人または同族会社に事業を譲渡し、かつ、その譲受人が同一とみられる場所において同一または類似の事業を営んでいる場合において、その納税者が当該事業に係る国税を滞納し、その国税につき滞納処分を執行してもなおその徴収すべき額に不足すると認められるとき、その譲受人には、譲受財産（取得財産を含む）を限度として、その滞納に係る国税の第二次納税義務を負わせるものです。ただし、その譲渡が滞納に係る国税の法定納期限より1年以上前にされている場合は、第二次納税義務は発生しません。

この規定は、事業の譲渡が行われる場合には、その事業用の財産の権利とともに、その事業に係る債権債務を譲受人に移転することになりますが（会社22条1項）、租税については、たとえ当事者間において譲受人が納付する旨の契約を結んでいたとしても、その租税を譲受人から強制的に徴収することができないことから設けられたものです。

成立要件は、国税の法定納期限の1年前の日後に、①納税者がその親族その他納税者と特殊な関係のある個人または同族会社に事業を譲渡し、②その譲受人が同一とみられる場所において同一または類似の事業を営んでいること、③

納税者が当該事業に係る国税を滞納していること、④その国税につき滞納処分を執行してもなおその徴収すべき額に不足することです。

①における「事業の譲渡」とは、納税者が一個の債権契約で、一定の事業目的のために組織化され、有機的一体として機能する財産の全部または重要な一部の財産を納税者の親族その他の特殊関係者に譲渡することをいい、一個の債権契約によらないものであっても、社会通念上同様と認められるものは「事業の譲渡」に該当します[11)]。このような考え方から、得意先や事業場の秘けつまたはのれん等を除外して、工場、店舗、機械、商品等の事業用財産だけを譲渡する場合には、「事業の譲渡」には該当しないとされています（徴基通38－9)。ただし、契約形態が多様化する現代にあっては、「事業の譲渡」の解釈も当然に必要となってきます。つまり、納税者が結んだ契約が事業の譲渡にあたるのか否かについては、十分に考慮する必要があるということです。

5　無償または著しい低額の譲受人等の第二次納税義務

無償または著しい低額の譲受人等の第二次納税義務（徴法39条）とは、滞納者の国税につき滞納処分を執行してもなおその徴収すべき額に不足すると認められる場合において、その不足すると認められることが、当該国税の法定納期限の1年前の日以後に、滞納者がその財産につき行った無償または著しく低い額の対価による譲渡（担保の目的でする譲渡を除く)、債務の免除その他第三者に利益を与える処分に基因すると認められるときは、これらの処分により権利を取得し、または義務を免れた者は、これらの処分により受けた利益が現に存する限度において、その滞納に係る国税の第二次納税義務を負わせるものです。ここで、注意が必要なことは、第二次納税義務者が納税者の親族その他の特殊関係者である場合には、無償譲渡等の処分により受けた利益を限度として、主たる納税者の滞納国税について第二次納税義務を負うというところです。一方、親族その他の特殊関係者以外の第三者の場合には、無償譲渡等の処分により利益が現に存する限度で、主たる納税者の滞納国税について第二次納税義務を負うこととなり、「現に存する」という制限があります。

この規定は、租税の徴収を免れるためにした特定の行為について詐害行為の

11）　最判昭和49年4月9日税資75号82頁。

取消しと同様の効果を行政処分によって行わせようとするものです。つまり、民法上の詐害行為の取消し（詐害行為取消権の行使）は訴訟によってなされますが、訴訟によって処理することは、租税の簡易・迅速な確保をつながらないことを根拠に設けられたものです。ただし、この規定の解釈にあたっては議論も多く、問題とされる事例が多いのが実情です。

成立要件は、①滞納者がその財産につき行った無償または著しく低い額の対価による譲渡（担保の目的でする譲渡を除く）、債務の免除その他第三者に利益を与える処分したこと、②当該譲渡行為等が国税の法定納期限の1年前の日以後になされていること、③滞納者の国税につき滞納処分を執行してもなおその徴収すべき額に不足すると認められること、④国税の滞納が当該譲渡行為等の処分に基因すると認められることです。

①における無償による譲渡とは、譲渡に関するものとして、贈与、特定遺贈、売買、交換、債権譲渡、出資、代物弁済等による財産権の移転（相続等の一般承継によるものを含まない）（徴基通39－3）があげられます。ただし、無償譲渡等には、国および公共法人に対する処分は含まれません（徴令14条）。また、債務免除に関するものとして、民法519条による債務の免除、契約による債務の免除（徴基通39－4）、第三者に利益を与える処分として、地上権、抵当権、賃借権等の設定処分、遺産分割協議など、滞納者の積極財産の減少の結果、第三者に利益を与えることとなる処分（徴基通39－5）をさすとされています。さらに、著しく低額の譲渡における、低額の判定については、当該財産の種類、数量の多寡、時価と対価の差額の大小等を総合的に勘案して、社会通念上、通常の取引に比べ著しく低い額の対価であるかどうかによって判定されます[12)]。そして、原則として、その譲渡等の処分の基因となった契約が成立した時の現況により判定する（徴基通39－7・8）とされています。ここにおける低額の判定については、先に述べたように、譲渡等の処分行為がどのようなものか、また財産の種類・数量の多寡等の諸要素を考えなければなりませんので、取引価額の決定に際してはしっかりと検討する必要があるといえます。

12）　広島地判平成2・2・15判時1371号82頁、福岡高判平成13・11・9裁判所ウェブサイト。

事項索引

＜さ行＞

<た行>

＜な行＞

＜は行＞

＜ま行＞

＜や行＞

<ら行>

■編者・執筆者紹介

<編　者>

阿部徳幸（あべ・のりゆき）

日本大学法学部教授・税理士

＊主な著書・論文

・『現代税法入門塾（第８版）』共著（清文社、2016年）

・『宗教法人の税務調査対応ハンドブック』共著（清文社、2012年）

・「憲法と課税権の限界――憲法30条の再評価を求めて」税制研究№72（2017年8月）37～45頁

執筆担当：第Ⅰ編・第Ⅲ編第2・第3・第4・コラム1

松嶋康尚（まつしま・やすひさ）

日本大学通信教育部講師・税理士

＊主な著書・論文：松嶋隆弘編・会社法講義30講（中央経済社、2017年）

執筆担当：第Ⅲ編第1・第5・第6・コラム3

松嶋隆弘（まつしま・たかひろ）

日本大学（総合科学研究所）教授、弁護士（みなと協和法律事務所）

＊主な著書・論文

・松嶋隆弘編『会社法講義30講』（中央経済社、2017年）

・上田純子＝松嶋隆弘編『会社非訟事件の実務』（三協法規出版、2017年）

・「有価証券報告書の虚偽記載に関する損害賠償責任についての法的スキーム」ビジネス法務17巻2号(平成28年12月)138～143頁ほか

執筆担当：第Ⅱ編第2－4・コラム2

<執筆者>（五十音順）

飯島　健広（いいじま・たけひろ）

税理士

＊主な著書・論文：「消費税における法的問題――転嫁を中心として」（法研論集第9号、関東学院大学,2011年3月）

執筆担当：第Ⅲ編第2・第3・第4

小澤　覚（おざわ・さとる）

司法書士（小澤綜合法務事務所）

＊主な著書・論文：『新・中小企業組合等のための消費税転嫁対策の手引き』（全国中小企業団体中央会、2013年）

執筆担当：第Ⅱ編第２－１

金澤大祐（かなざわ・だいすけ）

日本大学大学院法務研究科助教、弁護士（堀口均法律事務所）

＊主な著書・論文

・上田純子＝松嶋隆弘編『論文演習会社法　上』（勁草書房、2017年）181-183、187-192（執筆分担）

・上田純子＝松嶋隆弘編『会社非訟事件の実務』（三協法規出版、2017年）160-185頁（執筆分担）

・「イギリスにおける取締役の債権者に対する責任についての一考察」日本大学法科大学院法務研究第14号（2017年）85頁～99頁

執筆担当：第Ⅱ編第２－５・６

甲良　崇（こおら・たかし）

税理士

＊主な著書・論文：「法人税法における同族会社の問題点」（法研論集第８号、関東学院大学、2010年3月）

執筆担当：第Ⅲ編第２・第３・第４

鶴岡　拓真（つるおか・たくま）

弁護士（篠崎・進士法律事務所）

＊主な著書・論文：『民事介入暴力対策マニュアル第5版』共著（ぎょうせい、2015年）

・『警察安全相談対処ハンドブック』共著（立花書房、2015年）

・『不当要求等対処ハンドブック』共著（立花書房、2017年）

執筆担当：第Ⅱ編第１－２・３・４

中嶋康一朗（なかじま・こういちろう）
司法書士（SAKURA司法書士法人）
執筆担当：第Ⅱ編第１－１

野中英匡（のなか・ひでまさ）
弁護士（東京富士法律事務所）
＊主な著書・論文
・『倒産法改正への30講』共著（民事法研究会、2013年）
・『倒産と担保・保証』共著（商事法務、2014年）
・『倒産法改正150の検討課題』共著（金融財政事情研究会、2014年）
・『注釈破産法』共著（金融財政事情研究会、2015年）
執筆担当：第Ⅱ編第２－２・３

本村大輔（もとむら・だいすけ）
大東文化大学経営学部非常勤講師
＊主な著書・論文
・「国税徴収法３９条における第２次納税義務と詐害行為取消権の関係性――昭和３４年国税徴収法改正議論及び債権法改正議論における両者の趣旨・成立要件を手がかりに」日本租税理論学会叢書23巻日本租税理論学会編『税制改革と消費税』（法律文化社、2013年）133～145頁
・「破産法における破産手続廃止決定と第二次納税義務［東京地裁平成26.8.28判決］」月刊税務事例48巻6号通号561　64～70頁
執筆担当：第Ⅲ編第７

詳解　会社の解散・清算をめぐる法務と税務

平成29年10月15日　印刷
平成29年10月25日　発行

定価本体　3,500円（税別）

編著者　阿部徳幸・松嶋康尚・松嶋隆弘
発行者　野村哲彦
発行所　三協法規出版株式会社
本社　〒160-0022 東京都新宿区新宿1-27-1 クインズコート新宿2階
TEL：03-6772-7700（代表） FAX：03-6772-7800
綜合営業所　〒502-0908 岐阜県岐阜市近島5-8-8
TEL：058-294-9151（代表） FAX：058-294-9153
URL　http://www.sankyohoki.co.jp/
E-mail　info@sankyohoki.co.jp

企画・製作　有限会社 木精舎
〒112-0002 東京都文京区小石川2-23-12-501

印刷・製本　萩原印刷株式会社

ISBN978-4-88260-280-4 C2032